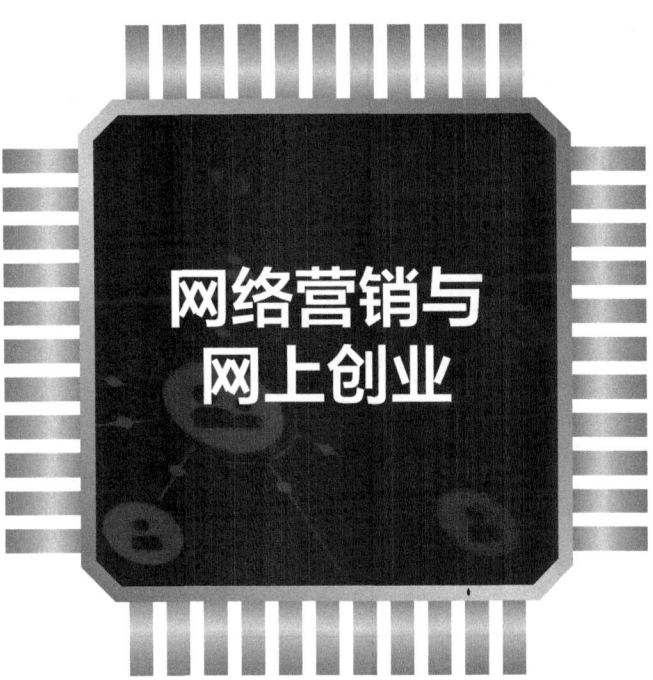

网络营销与网上创业

王 震 编著

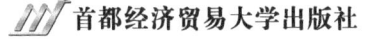

首都经济贸易大学出版社
Capital University of Economics and Business Press
·北京·

图书在版编目(CIP)数据

网络营销与网上创业 / 王震编著. -- 北京：首都经济贸易大学出版社，2020.10

ISBN 978-7-5638-3134-0

Ⅰ.①网… Ⅱ.①王… Ⅲ.①网络营销—高等学校—教材 ②电子商务—高等学校—教材 Ⅳ.①F713.36

中国版本图书馆 CIP 数据核字(2020)第 183888 号

网络营销与网上创业
Wangluo Yingxiao Yu Wangshang Chuangye
王震　编著

责任编辑	刘元春
封面设计	风得信·阿东 FondesyDesign
出版发行	首都经济贸易大学出版社
地　　址	北京市朝阳区红庙（邮编 100026）
电　　话	(010)65976483　65065761　65071505(传真)
网　　址	http://www.sjmcb.com
E - mail	publish@cueb.edu.cn
经　　销	全国新华书店
照　　排	北京砚祥志远激光照排技术有限公司
印　　刷	北京建宏印刷有限公司
开　　本	787 毫米×1092 毫米　1/16
字　　数	448 千字
印　　张	17.5
版　　次	2020 年 10 月第 1 版　2020 年 10 月第 1 次印刷
书　　号	ISBN 978-7-5638-3134-0
定　　价	39.00 元

图书印装若有质量问题，本社负责调换
版权所有　侵权必究

前　言

2019年，我国电子商务产业发展水平进一步提高，应用领域逐渐深化，配套支撑不断完善，电子商务总体发展水平走在世界前列。根据商务部发布的《中国电子商务报告(2018)》中的数据，我国电子商务交易额连续七年稳居世界第一；2013年至2018年，我国电子商务交易额从10.40万亿元增长到31.63万亿元，年均复合增长率为24.9%；2019年全国网上零售额超过10.6万亿元，同比增长16.5%；其中，实物商品网上零售额85 239亿元，占社会消费品零售总额的比重为20.7%。产业互联网的兴起带动产业电商继续快速发展。电子商务作为数字经济的主要组成部分，成为我国经济发展重要的内驱动力。

当前，任何一个企业都不能忽视网络营销在企业总体营销战略中的重要地位，甚至很多企业将网络作为企业的主要营销渠道。例如，国内知名内衣品牌——"南极人"就将原有的依托于线下渠道的营销方式改变为以网络营销为主的电商发展战略，企业旗下传统LOGO品牌、IP品牌与CP品牌并行；由南极人转型而来的南极电商已经位居国内电商企业前30位。

现今，电子商务技术越来越完善，使用越来越简便，已经不是企业开展电子商务所面临的主要困难了；但缺乏网络营销类的电子商务人才成为企业开展线上业务面临的最重要问题之一。应用型本科电子商务类专业及经管类专业的学生在毕业后，很多将从事企业的网络营销工作，但往往企业需要对他们进行再培训。究其原因是现有的应用型高校人才培养还是采用传统的培养模式，没有充分体现应用型人才培养特征；同时，现有的很多网络营销人才培养教材和辅导资料也落后于时代的发展需要。因此，迫切需要一系列更加具有时效性和可操作性，更加符合企业开展线上业务需求的实用入门教材。

本书的特点是突出网络营销的时效性、实用性和可操作性，前半部分主要讲解网络营销工具与方法，后半部分以网上创业为目标，以在淘宝平台上开店为案例，将网络营销方法与淘宝网店经营相结合，通过理论与实践相统一的模式培养学生的实践操作能力、互联网思维和商业经营能力。本书内容新颖、全面，既可以作为应用型本科院校或高职院校电子商务及经管专业的专业教材，也可以作为高校开展创新创业课程的实践教材，还可以作为相关技术人员自学用书及培训班的培训教材。

本书共分为七个单元，以培养学生的网上创业能力为目标，系统地讲解了网络营销的主要方法和网店经营方方面面的实践操作知识。

第一单元：介绍了我国互联网、电子商务和网络营销的发展趋势和最新数据，市场营销、网络营销和网络广告的基本知识。

第二单元:主要讲解使用搜索引擎优化和搜索引擎营销的知识与方法,以及搜索引擎在网络营销中的应用,为后续的淘宝直通车等相关知识技能的掌握打下基础。

第三单元:讲解各种社会化媒体的特征以及在网络营销中的应用,介绍内容营销的基本知识与技能,利用社会化媒体进行内容营销的基本方法和技巧。

第四单元:介绍开设网店的前期准备,包括各类电商平台的基本开办条件、资金要求、经营者资质等内容,讲解不同电商平台优劣势与擅长领域;重点描述网店目标消费人群的确定和网店的准确定位。

第五单元:详细讲解在淘宝平台上开设网店的过程,包括网店的申请流程和开设步骤,网店首页各模块的设计与装饰,详情页的制作,商品标题关键词的选择与优化,页面图片的美化设计等操作过程。

第六单元:讲解网店如何按照淘宝 SEO 的规则发布商品,介绍店铺商品上下架的一般规律;描述淘宝客服工作的一般流程和售前、售中、售后客服的基本技巧;介绍淘宝网店物流管理的基础知识,包括商品从入库到包装、发货、物流选择及物流设置的全过程操作。

第七单元:主要讲解淘宝网店的日常运营工作内容,包括网店的各种推广方式比较与使用方法,淘宝平台为各个网店提供各种日常促销活动,淘宝网店参与活动的流程与条件,淘宝网店日常运营数据统计分析的基本方法、要求与过程等内容。

本书配套有电子教案、电子课件、实验实训素材等教学资料。通过学习与实践网络营销与网上创业的内容,充分提高学习者的网络营销技能、创新精神和创业能力,这是本书编写的初衷。

本书由辽东学院的多位教师共同完成。其中,第四单元、第六单元、第七单元由王震编写,第一单元、第二单元、第五单元由聂丹编写,第三单元由王浩涌、付媛共同编写;聂丹对本书进行了审阅工作,最后由王震总纂成书。在编写过程中参考借鉴了许多机构、企业与同行的相关数据、著作、教材和论文等资料,尤其得到北京博导前程信息技术股份公司的大力支持,在此一并表示由衷的感谢。

由于我国电子商务和网络营销正处于快速发展期,新的技术、工具、方法不断更新,加之时间仓促,书中疏漏和不妥之处在所难免,恳请同行和读者批评指正,以便未来进一步修订与完善。

编者
2020 年 3 月

目 录

1 网络营销基础 ... 1
1.1 中国互联网发展概述 ... 1
1.2 电子商务人才需求状况 ... 5
1.3 市场营销与网络营销 ... 6
1.4 网络广告 ... 12
习题 1 ... 15

2 搜索引擎营销 ... 17
2.1 搜索引擎概述 ... 17
2.2 搜索引擎优化(SEO) ... 21
2.3 搜索引擎营销(SEM) ... 42
习题 2 ... 48

3 社会化媒体的内容营销 ... 49
3.1 内容营销 ... 49
3.2 社会化媒体 ... 54
3.3 社会化媒体内容营销的方向 ... 55
3.4 主流内容发布平台运营 ... 57
3.5 微博运营 ... 59
3.6 微信营销 ... 75
习题 3 ... 103

4 网上开店初期准备 ... 104
4.1 电商平台的选择 ... 104
4.2 网店的定位与选品 ... 116
4.3 市场调研与人群定位 ... 129
习题 4 ... 135

5 淘宝开店 ··· 136
5.1 网店创建 ··· 136
5.2 网店装修 ··· 145
习题 5 ··· 187

6 淘宝店铺管理 ··· 188
6.1 网店商品发布管理 ··· 188
6.2 网店客服管理 ··· 200
6.3 网店物流管理 ··· 217
习题 6 ··· 222

7 网店运营与数据分析 ··· 223
7.1 网店推广 ··· 223
7.2 促销活动 ··· 248
7.3 网店数据分析 ··· 265
习题 7 ··· 273

1 网络营销基础

教学内容：
- 截至2018年年底,我国互联网发展状况的简要概述；
- 电子商务及网络营销人才需求的现状；
- 市场营销与网络营销的联系与区别；
- 网络广告的基本发展情况。

能力目标：
- 通过本章学习,学生能够更好地熟悉我国互联网、电子商务和网络营销的发展趋势；
- 了解当前社会对电子商务相关人才的需求和技能要求；
- 初步掌握市场营销、网络营销和网络广告的基本知识。

1.1 中国互联网发展概述

2020年3月,中国互联网络信息中心(NNIC)发布了《第45次中国互联网络发展状况统计报告》,对中国互联网近年来的发展状况进行了统计和分析。

1.1.1 网民数量的发展状况

截至2020年3月,我国网民规模达9.04亿人,普及率为64.5%；较2018年底新增网民7508万人,较2018年末增长4.9%(见图1-1)。我国互联网基础设施建设不断优化升级,网络扶贫成为精准扶贫、精准脱贫的途径之一,提速降费政策稳步实施,推动移动互联网接入流量显著增长,网络信息服务朝着扩大网络覆盖范围、提升速度、降低费用的方向发展。出行、环保、金融、医疗、家电等行业与互联网融合程度加深,互联网服务呈现智慧化和精细化特点。

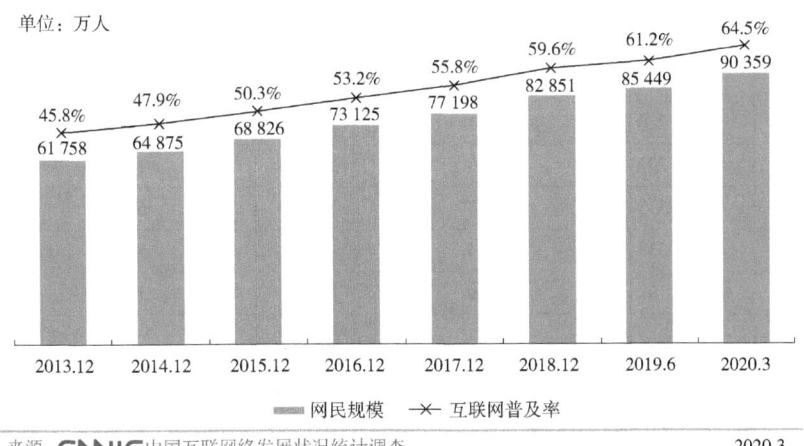

图1-1 2013—2020年中国网民数量发展状况

我国的网民数量自2008年起就居世界第一位,手机网民数量现在也居世界各国第一。截至2020年3月,我国手机网民规模达8.97亿人,较2018年年末新增网民7 992万人;网民中使用手机上网人群的占比为99.3%,网民手机上网比例继续攀升。

当前,我国农村网民规模为2.55亿人,占整体网民的28.2%,较2018年年末增加3 308万人,农村地区互联网普及率为46.2%;城镇网民规模为6.49亿人,占比达71.8%,较2018年年末增加4 200万人,城镇地区互联网普及率为76.5%。我国不断推进城镇化进程,使得城镇人口不断增加,农村人口不断减少,城乡网民结构受此影响也发生了变化。由于城乡经济发展程度不同,城乡网民在不同应用类别上的使用情况有所差异。一方面,城镇网民在网络购物、旅行预订、网上支付及互联网理财等方面的使用率高于农村网民;另一方面,城乡网民在即时通信、网络音乐、网络视频等应用上表现出的差异较小。

1.1.2 网民的互联网应用情况

2019年以来,我国个人互联网应用继续保持稳步发展。受2020年初新冠肺炎疫情影响,全国大中小学开学推迟,教学活动改至线上,在线教育用户规模较2018年年底增长110.2%;在电商直播的带动下,网络直播用户规模较2018年年底增长41.1%;网络支付的用户规模达7.68亿人,较2018年年底增长27.9%,手机网络支付用户规模增长率为31.1%。2018年年12月与2020年3月互联网应用对比分析如表1-1所示。

表1-1 2018年12月与2020年3月互联网应用对比分析

应用	2020.3		2018.12		增长率(%)
	用户规模(万)	网民使用率(%)	用户规模(万)	网民使用率(%)	
即时通信	89 613	99.2	79 172	95.6	13.2
搜索引擎	75 015	83.0	68 132	82.2	10.1
网络新闻	73 072	80.9	67 473	81.4	8.3
网络支付	76 798	85.0	60 040	72.5	27.9
网络购物	71 027	78.6	61 011	73.6	16.4
网上外卖	39 780	44.0	40 601	49.0	-2.0
旅行预订	37 296	41.3	41 001	49.5	-9.0
网约车	36 230	40.0	38 947	47.0	-7.0
在线教育	42 296	46.8	20 123	24.3	110.2
网络音乐	63 513	70.3	57 560	69.5	10.3
网络文学	45 538	50.4	43 201	52.1	5.4
网络游戏	53 182	58.9	48 384	58.4	9.9
网络视频(含短视频)	85 044	94.1	72 486	87.5	17.3
短视频	77 325	85.6	64 798	78.2	19.3
网络直播	55 982	62.0	39 676	47.9	41.1
互联网理财	16 356	18.1	15 138	18.3	8.1

2019年12月,15~19岁手机网民群体人均手机App数量最多,达84个;其次为20~29岁手机网民群体,人均手机App数量为65个;60岁及以上手机网民群体人均手机App数量为37个。与2018年12月相比,10岁及以上各年龄段手机网民人均手机App数量均有所增加(见图1-2)。

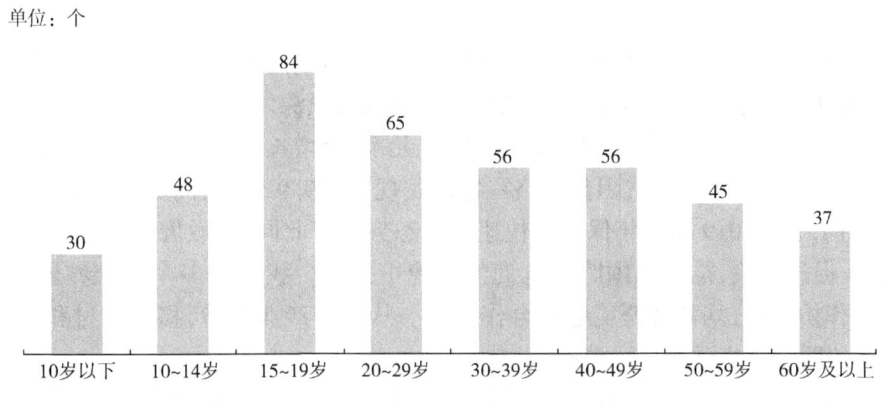

图1-2　各年龄段手机网民人均手机App数量

1.2.3　电子商务与网络购物的发展状况

2019年我国电子商务产业发展总体平稳。网络零售在扩大国内消费方面持续发力,农村电商和跨境电商迅速崛起,配套产业在支撑电子商务发展方面协同共进,共同推动我国数字经济发展。近年来网络购物用户规模及使用率如图1-3所示。

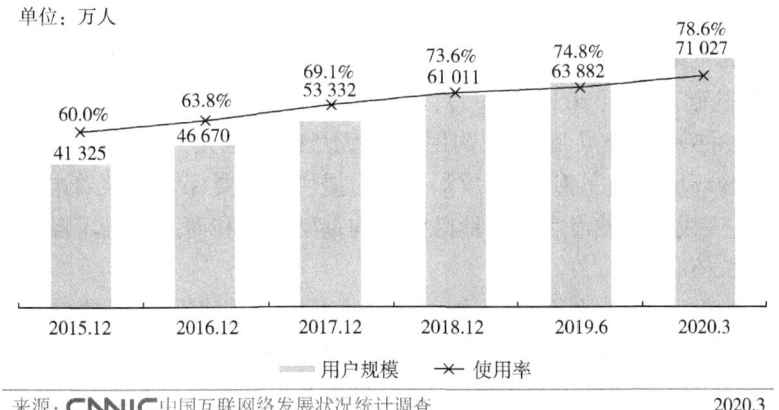

图1-3　近年来网络购物用户规模及使用率

从产业规模来看,网络零售稳定增长,中国连续七年成为全球最大的网络零售市场。2013至2018年间,我国电子商务交易额从10.40万亿元增长到31.63万亿元,年均复合增长率为24.9%,2019年仍然保持稳健增长态势。一是在消费电商市场,2019年全国网上零售额106 324亿元,比上年增长16.5%。其中,实物商品网上零售额85 239亿元,同比增长19.5%,占社会消费品零售总额的比重为20.7%。二是在产业电商市场,2018年中国产业电商市场营业收入规模达4 742.6亿元,增速为21.8%。2019年,产业互联网的兴起带动产业电商继续快速发展。电子商务作为数字经济的主要组成部分,成为我国经济发展重要的内驱动力。

从细分领域来看,农村电商发展潜力不断释放,跨境电商发展环境进一步优化。随着我国数字乡村基础设施建设的不断推进、网络扶贫行动的纵深发展,农村电商发展速度持续提升。2019年,我国农产品网络零售额达3 975亿元,同比增长27%。在电子商务扶贫方面,仅就2019年上半年,国家级贫困县网络零售额实现1 109.9亿元,同比增长29.5%,较农村整体增速高7.1%,2019年全年保持着快速增长态势。与此同时,政府相关部门不断完善跨境电商行业促进政策,推动我国跨境电商发展稳中提质。我国与多个国家签署的"一带一路"双边合作协议里,均涉及跨境电商合作内容。从配套产业来看,移动支付和快递业务迅速发展,支持网络零售激发居民消费潜力。

网络消费通过模式创新、渠道下沉、跨境电商等方式不断释放动能,形成了多个消费增长亮点。

社交电商、直播电商成为网络消费增长的新动能。作为网络消费模式创新,社交电商和直播电商有效满足了消费者的多元需求,成为网络消费重要支撑。一是社交电商增长势头迅猛,已发展成为网络消费的新生力量。数据估算显示,2019年社交电商交易额同比增长超过60%,远高于全国网络零售整体增速。社交电商借助社交媒体或互动网络媒体,通过分享、内容制作、分销等方式,实现了对传统电商模式的迭代创新。二是直播电商不断拓展网络消费空间。截至2020年3月,电商直播用户规模达2.65亿人,占网购用户的37.2%,占直播用户的47.3%。直播电商通过"内容种草"、实时互动的方式激活用户感性消费,提升购买转化率和用户体验。

下沉市场成为网络消费重要增量市场。一是下沉市场网购用户保持快速增长,为网络消费提供了用户基础。截至2020年3月,三线及以下市场网购用户占该地区网民比例较2018年年底提升3.9个百分点;农村网购用户规模达1.71亿人,占网购用户比例达24.1%。二是下沉市场网购环境日趋完善,为释放消费潜力提供了重要保障。随着电商平台渠道、物流服务加速下沉,三线以下城市和农村地区的网购基础设施和商品供给不断完善,下沉市场成为网购消费增长核心动力。

跨境电商成为促消费、稳外贸的重要力量。一是跨境电商促进消费的作用持续凸显。2019年,在明确跨境电商"按个人自用进境物品监管"性质、降低行邮税税率及扩大跨境电子商务综合试验区等多项利好政策的推动下,跨境电商保持高速增长,全年通过海关跨境电子商务管理平台零售进出口商品总额达1 862亿元,增长38.3%。二是跨境电商助力品牌出海,推动外贸"稳中提质"。2019年,国务院出台"无票免税"政策和更加便利企业的所得税核定征收办法,进一步助力跨境电商出口。日趋成熟的跨境电商产业和国内制造业体系为品牌出海提供了强大助力,多个传统制造商及电商品牌先后走向全球市场,在推动外贸转型升级的同时进一步提升了我国品牌的国际形象。数据显示,2019年中国品牌出海50强中,跨境电商品牌占9席,部分品牌影响力甚至超越传统知名品牌,体现出电子商务对制造业转型升级和品牌建设的积极作用。

1.2 电子商务人才需求状况

商务部、中央网信办、国家发展改革委三部门在2016年联合发布了《电子商务"十三五"发展规划》,确立了到2020年电子商务交易额达到40万亿元、网络零售总额10万亿元、相关从业者5 000万人三大发展目标[电子商务相关从业者将从"十二五"末(2015年)的2 690万人增加到"十三五"末(2020年)的5 000万人]。可见,国内企业对电子商务人才的需求量将是十分巨大的。

1.2.1 电子商务企业分类

电子商务企业按照运营模式分类,可以分为B2B、B2C、C2C等。商务部将电子商务企业分为网上零售类、网上批发类、网络化服务类、电子商务服务类、综合型电子商务类、其他电子商务类共6大类。

1.2.2 电子商务人才需求状况分析

根据电子商务研究中心发布的《2017年度电子商务人才状况调查报告》显示,电子商务人才可分为电商运营人才、技术型人才、推广销售人才、供应链管理人才、复合型高级人才、产品策划与研发人才、其他人才七大类。在这七大类人才中,电商企业急需电商运营、推广销售、复合型这三类人才。

1.2.2.1 电商运营人才

需要电商运营人才的企业达到71%,这类人才主要从事以下岗位。

活动策划:提升流量转化率是运营人员的核心工作,促销活动的策划与实施需要运营强大的推手。

商品编辑:产品的同质化是价格战的诱因,产品的个性和品质有赖于商品编辑人员的画龙点睛。

数据分析:电子商务是依赖数据的,通过数据分析,可以判断网站的健康状况,可以评估运营计划执行的效果,并为企业下一步行动提供决策依据。

1.2.2.2 技术性人才

需要电商运营人才的企业达到37%,这类人才主要从事以下岗位。

美工设计。现在流行"有图有真相",美工人员是电商企业不可或缺的常用人员,几乎每个网店都有美工,对于美工人员要求具备视觉营销的思维,设计能力强,并熟悉平面图形处理和网页设计技巧。

IT技术支持。电商企业依靠高度信息化产生的效率取得竞争优势,企业内部各个环节的信息系统的设计和维护是企业的核心能力,信息系统的安全是电商企业的生命线,这都有赖于IT技术人员的能力。

外语类岗位。我国现在是进出口大国,随着"一带一路"倡议的推进,外贸电商的需求将进一步扩大,这类企业需要更多的外语人员。

1.2.2.3 推广销售人才

需要电商运营人才的企业达到50%,流量获取能力是电子商务企业三大核心能力之一,随着流量购买成本的不断提高,优秀的市场推广人员成为公司的核心,这类人才主要从事以下岗位。

电商推广。电商推广指熟悉不同电商平台的推广方式,运用电商平台中的免费和收费资源,推广企业产品。

新媒体推广。新媒体推广指熟练运用新媒体进行产品推广和网店引流,通过各种形式吸引粉丝,培养品牌知名度。

客服。客服从事以信息沟通为目的的活动,通过提高客户满意度来达到利润最大化的目的。根据网络营销交易的时间间隔,可以分为售前服务、售中服务和售后服务。

1.2.2.4 供应链管理人才

需要供应链管理人才的企业达到17%,这类人才主要从事以下岗位。

采购。采购需对客户需求敏感,洞悉市场潮流变化,与供应商保持广泛而稳定的关系。

物流管理。电子商务企业的效率取决于仓储物流的管理效率,物流环节既是成本中心,也是利润中心;电子商务企业最大的投资是物流基地的建设,物流人才同样也是电子商务企业不可缺少的成员。

1.2.2.5 复合型高级人才

需要复合型高级人才的企业达到22%,了解电商发展趋势,熟悉品牌运营流程,挖掘电商发展机会的复合型高级人才将成为企业最宝贵的资源。

1.2.2.6 产品策划与研发人才

需要产品策划与研发人才的企业达到15%,这类人才能够对新产品设计和开发的全过程进行控制,熟悉市场调研方式;通过调研和数据分析,洞悉消费者的需求、期望和市场痛点,研究、开发出符合市场需求的产品或经营策略。

1.2.2.7 其他电商人才

电商企业由于从事不同行业,具有不同的需求,需要拥有特殊知识和技能的人才,如法律、编导等人才。

1.3 市场营销与网络营销

网络营销是企业整体市场营销战略的一个组成部分,网络营销是为实现企业总体经营目标所进行的,以互联网为基本手段营造网上经营环境的各种活动。

1.3.1 市场营销基本知识

市场营销是在创造、沟通、传播和交换产品中,为顾客、客户、合作伙伴以及整个社会带来经济价值的活动、过程和体系。它主要包括营销人员针对市场开展经营活动、销售行为的过程。

1.3.1.1 市场营销的流程

早期的市场营销主要应用于商品流通领域,而商品一旦到达消费者手中即进入消费领域,此后出现的问题则不属于市场营销的范畴。现代的市场营销贯穿企业经营的全过程,一个完整的市场营销流程应该包括:市场机会分析、市场细分、目标市场选择、市场定位、营销组合、确定营销计划、产品生产、营销的执行与控制、售后服务、信息反馈。

(1)市场营销计划。企业既要制定较长期战略规划,决定企业的发展方向和目标,又要有具体的市场营销计划,具体实施战略计划。

(2)市场营销组织。营销计划需要有一个强有力的营销组织来执行。根据计划目标,需要组建一个高效的营销组织结构,需要对组织人员实施筛选、培训、激励和评估等一系列管理活动。

(3)市场营销控制。在营销计划实施过程中,需要控制系统来保证市场营销目标的实施。营销控制主要有企业年度计划控制、企业盈利控制、营销战略控制等。

1.3.1.2 市场营销策略

市场营销策略是企业以顾客需要为出发点,根据经验获得顾客需求以及购买力的信息、商业界的期望值,有计划地组织各项经营活动。当前,比较常用的营销组合策略有4P、4C、4R等。

(1)4P策略。4P策略是由美国营销学学者杰罗姆·麦卡锡教授在20世纪60年代提出的"产品(product)、价格(price)、渠道(place)、促销(promotion)"四大营销组合策略。

①产品,主要包括产品的实体、服务、品牌、包装。它是指企业提供给目标市场的货物、服务的集合,包括产品的效用、质量、外观、式样、品牌、包装和规格,还包括服务和保证等因素。

②价格,主要包括基本价格、折扣价格、付款时间、借贷条件等。它是指企业出售产品所追求的经济回报。

③分销渠道,主要包括分销地点、储存设施、运输设施、存货控制,它代表企业为使其产品进入和达到目标市场所组织、实施的各种活动,包括途径、环节、场所、仓储和运输等。

④促销,主要是指企业利用各种信息载体与目标市场进行沟通的传播活动,包括广告、人员推销、营业推广与公共关系等。

以上4P是市场营销过程中可以控制的因素,也是企业进行市场营销活动的主要手段。

(2)4C策略。4C策略是由美国营销专家罗伯特·劳特朋教授在1990年提出的,以消费者需求为导向,重新设定了市场营销组合的四个基本要素:即消费者(customer)、成本(cost)、便利(convenience)和沟通(communication)。

它强调企业首先应该把追求消费者满意放在第一位,产品必须满足消费者需求,同时降低消费者的购买成本,产品和服务在研发时就要充分考虑消费者的购买力,然后要充分注意到消费者购买过程中的便利性,最后还应以消费者为中心实施有效的营销沟通。

①瞄准消费者需求。首先要了解、研究、分析消费者的需要与欲求,而不是先考虑企业能生产什么产品。

②消费者所愿意支付的成本。先了解消费者愿意付出多少成本来满足需要与欲求,而不是先给产品定价。

③消费者的便利性。产品的分销渠道应考虑到如何方便消费者购买。

④重视与消费者沟通。以消费者为中心实施营销沟通,将企业内外营销不断进行整合,把消费者和企业双方的利益无形地整合在一起。

(3)4R策略。4R策略是由美国学者唐·舒尔茨在4C营销理论的基础上提出的新营销理论。4R分别指relevance(关联)、reaction(反应)、relationship(关系)和reward(回报)。

它强调企业需要从更高层次上,以更有效的方式在企业与顾客之间建立起有别于传统的新型的主动性关系。

①紧密联系顾客。企业必须通过某些有效的方式在业务、需求等方面与顾客建立关联,形成一种互助、互求、互需的关系,把顾客与企业联系在一起,减少顾客的流失,以此来提高顾客的忠诚度,赢得长期而稳定的市场。

②提高对市场的反应速度。在相互渗透、相互影响的市场中,对企业来说最现实的问题不在于如何制订、实施计划和控制,而在于如何及时地倾听顾客的希望、渴望和需求,并及时做出反应来满足顾客的需求。

③重视与顾客的互动关系。当前,抢占市场的关键已转变为与顾客建立长期而稳固的关系,把交易转变成一种责任,建立起和顾客的互动关系。沟通是建立这种互动关系的重要手段。

④回报是营销的源泉。营销目标必须注重产出,注重企业在营销活动中的回报。回报一方面是维持市场关系的必要条件,另一方面也是营销发展的动力。营销的最终价值在于其是否给企业带来短期或长期的收入能力。

(4)4P、4C、4R的联系与区别。4P提出的"产品、价格、渠道、促销"是一种营销策略和手段;而4C所提出的"满足顾客需求,降低顾客购买成本,购买便利性,营销沟通"是一种营销理念和理想的营销标准。4C所提出的营销理念和标准最终还是要通过4P的策略和手段来实现;4P是以企业为中心的思想,而4C则是以消费者为中心的思想;4P与4C不是矛盾和对立的,二者是对同样事情的不同角度的描述。

4R是以竞争为导向的营销策略,它着眼于企业与顾客建立互动与双赢的关系,不仅积极地满足顾客的需求,而且主动地创造需求,通过关联、关系、反应等形式建立与它独特的关系,把企业与顾客联系在一起,形成了独特竞争优势。4R营销提出了如何建立关系、长期拥有客户、保证长期利益的具体操作方式,从而达到双赢的目的。4R营销同任何理论一样,也有其不足和缺陷,但也为企业营销人员提供了很好的思路。

1.3.2 网络营销概述

网络营销是随着互联网进入商业应用而产生的,尤其是网站、电子邮件、搜索引擎、社交软件等得到广泛应用之后,网络营销的价值才越来越明显。

1.3.2.1 网络营销的含义

凡是以互联网或移动互联网为主要平台开展的各种营销活动,都可称之为网络营销。网络营销不是网上销售,不等于网站推广;网络营销是手段而不是目的;它不局限于网上,也不等于电子商务;它不是孤立存在的,不能脱离一般营销环境而存在;它应该被看作传统营销理论在互联网环境中的应用和发展。

（1）网络营销不是孤立存在的。它是企业整体营销战略的一个组成部分，不可能脱离一般营销环境而独立存在。网络营销是传统营销在互联网环境中的应用和发展。

（2）网络营销不等于网上销售。网络营销是为最终实现产品销售、提升品牌形象的目的而进行的活动；网上销售是网络营销发展到一定阶段产生的结果，它只是网络营销过程中的一个组成部分。

（3）网络营销不等于电子商务。网络营销和电子商务是一对紧密相关又具明显区别的概念。电子商务的核心是电子化交易，电子商务强调的是交易方式和交易过程的各个环节；网络营销本身并不是一个完整的商业交易过程，而是为促成电子化交易提供支持，因此是电子商务中的一个重要环节。

1.3.2.2　我国网络营销的发展阶段

1995年互联网在我国开始逐步应用，此时并没有在商业中进行应用，直到1997年才有了商业的应用，出现了网络广告。因此，我国的网络营销以1997年为起始点，到现在为止，经过了五个发展阶段。

（1）2000年之前的萌芽阶段。

（2）2001—2004年的应用和发展阶段。

（3）2005—2009年的高速发展阶段。

（4）2010—2015年的社会化阶段。

（5）2016年至今的多元化生态体系阶段。

1.3.2.3　网络营销方式

随着互联网以及移动互联网的发展，新的网络应用不断出现，网络营销的方式也在不断增长与发展。按照网络应用形式的不同，可以将网络营销方式进行分类。

（1）搜索引擎营销（SEM）。搜索引擎营销包括搜索引擎广告和搜索引擎优化两种方式。

搜索引擎广告是通过为企业开通搜索引擎竞价功能，当用户搜索相关关键词时，将企业产品和服务信息展现给用户，用户点击关键词的链接进入网站/网页，从而达到营销目的的一种方式。

搜索引擎优化（SEO）指的是在了解搜索引擎自然排名机制的基础上，使用网站内及网站外的优化手段，使网站在搜索引擎的关键词排名提高，从而获得访问流量的方式。

（2）电子邮件营销。电子邮件营销是以订阅或邮件列表的方式，将行业及产品信息通过电子邮件的方式提供给所需要的用户，以此建立与用户之间的信任与信赖关系。

（3）即时通信营销。即时通信营销是指利用各种网络即时通信工具进行企业推广宣传的营销方式。国内的即时通信工具主要是微信和QQ，因此微信营销是最常见的一种网络营销形式。微信营销不存在距离的限制，用户注册微信后，可与周围同样注册的"朋友"形成一种联系，用户订阅自己所需的信息，商家通过提供用户需要的信息，推广自己的产品，从而实现点对点的营销。

（4）病毒式营销。病毒式营销是利用用户口口相传的原理，让用户之间进行自发传播，达到营销目的的方式。由于是用户自发传播，因此可以实现像病毒一样快速传播。

（5）论坛营销。通过各种论坛、贴吧、空间等网络应用细分用户，发布相关文章或留言达到传播营销信息的目的。

(6)博客和微博营销。博客营销是建立企业博客或个人博客,用于企业与用户之间的互动交流以及展示企业文化,一般以诸如行业评论、工作感想、心情随笔和专业技术等作为企业博客内容,使用户更加信赖企业,深化品牌影响力。微博营销是指通过微博平台发现并满足用户的各类需求的商业营销方式。

(7)软文营销。软文营销是由企业的市场策划人员或广告公司的文案人员来负责撰写的"文字广告",是与硬广告相对应的一种营销形式。与硬广告相比,软文追求的是一种润物无声的传播效果,通过软文影响用户的思维,进而实现产品和服务的推广。

(8)视频营销。通过网络直播或创意短视频的方式,将产品信息全面地嵌入视频中,让用户对企业的产品和服务具有更全面的认识。

网络营销方式除了上述按网络应用分类外,还可以按照商业模式进行分类,如O2O整合营销是基于线上和线下所进行的全媒体深度整合营销;通过选择报纸、杂志、广播、电视、音像、电影、出版、网络、移动终端在内的各类传播渠道,以文字、图片、声音、视频、触碰等多元化的形式,对受众进行全视角、立体式的营销覆盖,帮助企业打造多渠道、多层次、多元化、多维度、全方位的立体营销网络。

另外,通过个人博客、微博、微信、贴吧、空间、抖音等形式进行的网络营销也统称为自媒体营销;利用网络杂志、博客、微博、微信、TAG、SNS、RSS、WIKI、短视频、直播等这些新兴的媒体平台所进行营销方式也被称为新媒体营销。

1.3.2.4 网络营销的基本职能

网络营销具有树立网络品牌、开展网上销售、实现销售促进等八个职能。

(1)树立网络品牌。网络营销的重要任务之一就是在互联网上建立并推广企业的品牌,让企业的线下品牌在网上得以延伸和拓展。

(2)网站推广。网站推广是网络营销最基本的职能之一,企业的网络营销工作的基础就是推广网站或网店。

(3)信息发布。网站、网店或网络空间都是网络信息载体,通过这些网络载体发布信息是网络营销的主要职能之一。

(4)销售促进。大部分网络营销方法都与直接或间接促进销售有关,但促进销售并不限于促进线上销售,网络营销在很多情况下对于促进线下销售也十分有价值。

(5)网上销售(线上销售)。网上销售渠道建设不限于网站本身,还包括建立在综合电子商务平台上的网店,以及与其他电子商务网站不同形式的合作等。

(6)顾客服务。互联网提供了各种方便的在线顾客服务手段,常见的包括常见问题解答(FAQ)、在线表单、电子邮件、微信公众号、微博等多种方式,有效地提高了顾客服务质量。

(7)增进顾客关系。良好的顾客关系是网络营销取得成效的必要条件,通过网络交流、顾客参与等方式,在开展顾客服务的同时,也增进了顾客关系。

(8)网上调研。企业在开发新产品或新服务时,需要进行市场调研。网上调研相比传统调研有着众多的优势,不仅为制定网络营销策略提供支持,也是整个市场研究活动的辅助手段之一。

1.3.2.5 网络营销信息传递的原则

网络营销最主要的功能就是信息传递,根据信息传递的原理,网络营销的信息在传递过程中应遵循以下原则。

(1) 提供尽可能详尽而有效的网络营销信息源。

(2) 建立尽可能多的网络营销信息传递渠道。

(3) 尽可能缩短信息传递渠道。

(4) 保持信息传递的交互性。

(5) 充分提高网络营销信息传递的有效性。

1.3.3 网络营销趋势

1.3.3.1 网络营销现状

当前大量企业都开展了网络营销,网络营销一度让许多中小企业恢复生机,因此现在不少企业在网络营销上的投入也不断增大,但却达不到预期的效果。例如,以前仅靠百度竞价推广就能让一家培训机构发展得很好。但现在尽管出现了许多新的营销方法和营销思路,可是企业想靠较少的支出获得生存与发展的机会是越来越少了。主要的原因是网络营销的环境与以往相比发生了巨大的变化。

(1) 营销方式越多,对人才、能力要求就越多。网络营销的方式层出不穷,对营销人才的专业知识、市场经验、营销能力要求大大提高,具有单一能力的营销人员已经不能适应企业全面的网络营销工作,导致企业人力成本直线上升。

(2) 消费者变得越来越聪明。过去,消费者在看到广告时很兴奋,往往是看到促销全场八折,听到广告上说什么什么了,在百度上找到个什么服务就直接购买了。但是现在信息传播的多元化引起信息过剩,消费者获取产品服务促销信息变得十分简单,最终导致消费者不买单,企业成交周期变长、难度变大。

(3) 电商平台开放的免费服务越来越少。电商平台提供的免费广告推广服务越来越少,服务收费越来越高。企业往往不断增加投入,但获取的流量和成交量却逐步下降。需要花费的广告越来越多,而收到的成效越来越差,已经成为网络营销行业的普遍现象。

(4) 推广竞争者越来越多。随着电子商务和网络营销的发展,通过网络营销进行产品服务推广的企业越来越多,自然竞争者成倍增加。例如,在某个行业中,有100家供应商;在网络营销兴起的时候有3家供应商在开展网络营销,企业收获颇丰,效果十分明显。后来,其他的供应商也纷纷开展网络营销,这使得网络营销成为企业普遍的经营手段,结果使网络营销难度增加,效果变差。

虽然网络营销在现阶段出现了新的变化,企业的网络营销成本不断增加,效果不断降低,但相比于传统营销,网络营销还是有着天然的优势。

1.3.3.2 网络营销的主要优势

相对于传统营销手段来说,网络营销在传播范围、速度、成本、深度、广度等方面有不可比拟的优势。

(1) 网络媒体具有传播范围广、速度快、无地域限制、无时间约束、内容详尽、多媒体传送、形象生动、双向交流、反馈迅速等特点,可以有效降低企业营销信息传播的成本。

(2) 采用网络销售的形式,节省了店面租金,且有实现产品直销功能,能帮助企业减轻库存压力,降低运营成本。

(3)通过网络可以在全球范围内进行采购和销售,能够帮助企业快速地进入国内不同地区和国外市场。

(4)网络营销具有交互性和纵深性,实现信息的双向传播,而传统媒体的信息只能单向传播。通过双向传播,企业既有利于提高客户服务水平,又可以随时得到用户的反馈信息,进一步减少了用户和企业、品牌之间的距离,提高了响应速度。

(5)成本低、速度快、更改灵活。网络营销广告信息制作和投放的周期短,也可以随时调整网络营销内容,而传统广告制作成本高,投放周期固定。

(6)传统营销所采用的媒体形式较为单一,而网络营销可以采用多种媒体组合的形式,将文字、图像和声音有机的组合在一起,传递多感官的信息,让用户获得更多的体验。

(7)有利于细分用户,更具有针对性。通过大数据、物联网、人工智能等技术,将用户的基本信息和消费行为进行保存和分析,能够进行更为精细的用户画像,采用更有针对性的个性化营销手段。

(8)有可重复性和可检索性,网络营销可以将文字、声音、画面结合之后供用户主动检索,重复观看。

因此,虽然网络营销难度不断加大,但网络营销的发展趋势却是不断向上增长的,可以说,不开展网络营销的企业是没有前途的企业。

1.4 网络广告

网络广告是网络营销的一个重要的组成部分,企业在网络广告中的投入是可以准确量化的,因此,通过网络广告的发展可以看出网络营销的发展。

1.4.1 网络广告概述

网络广告就是通过网络广告平台在网络上投放的广告。它利用网站或手机应用上的图片、文本链接、视频、其他多媒体等方式传播产品或服务信息。与传统的四大媒体(报纸、杂志、电视、广播)广告及户外广告相比,网络广告具有得天独厚的优势。

(1)覆盖面广,用户基数大,传播范围广。

(2)不受时间限制,广告效果持久。

(3)方式灵活,互动性强。

(4)可以分类检索,广告针对性强。

(5)制作简捷,广告费用低。

(6)可以准确地统计受众数量。

(7)利用大数据等新技术可以实现精准投放。

网络广告首先在美国出现。1994年10月14日,美国著名的Wired杂志推出了网络版Hotwired,其主页上开始有AT&T等14个客户的横幅广告;而中国的第一个商业性网络广告出现在1997年3月,IBM在Chinabyte(比特网)上发布了一个产品宣传的横幅广告。

1.4.2 网络广告产业规模

《第45次中国互联网络发展状况统计报告》显示,2019年,我国网络广告整体市场规模达4 341亿元,同比增长16.8%,保持稳定发展态势(见图1-4)。作为互联网产业的核心商业模式之一,网络广告不断扩展边界和形式,营销服务链条不断延伸,信息流广告迅速发展,成为推动网络广告市场发展的主要力量。

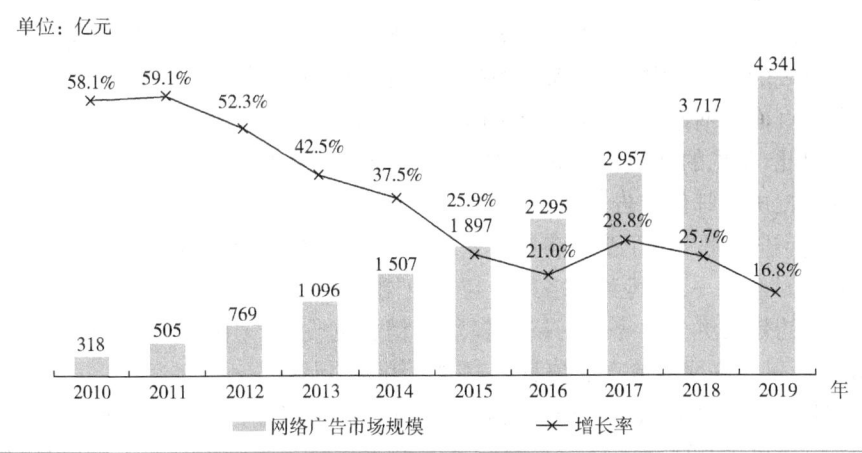

图1-4 网络广告市场规模的增长率

2019年我国网络广告产业发展主要呈现以下三个特点:一是从平台类型来看,电商、搜索平台依然是最主流的广告渠道,其中电商平台广告收入保持较快增速。随着电商平台与短视频、社交等领域的融合,个性化场景的精准推荐与多样化的广告形式显著提升了广告触达率,带动电商广告市场持续增长。受整体市场环境和新兴媒体形式影响,搜索平台广告收入呈下降趋势。新闻资讯、视频、社交等平台的广告收入均保持稳定增长。二是从市场竞争格局来看,部分企业广告收入迅速增长,推动行业竞争加剧。字节跳动、美团点评等企业依靠创新的业务模式、产品和技术优势,聚合用户流量,吸引广告主投放,市场占比进一步扩大。新兴大型企业的崛起为网络广告市场发展注入新动力,也使得头部媒体和平台的市场集中度进一步提升,行业竞争更加激烈。三是从营销模式来看,网络红人营销渐成趋势,其商业价值得到市场认可。相对于传统广告营销方式而言,网络红人营销成本较低、大众接受度高、投放效果更为精准。尤其在美妆、服饰、食品、珠宝、数码家电等行业,越来越多的品牌通过与网络红人合作实现销量的大幅增长。2019年双十一期间,淘宝网红主播引导成交的销售额最高超过27亿元。

1.4.3 网络广告的功能

对于企业来说,网络广告是其网络营销工作中必不可少的工具,网络广告的效果往往决定着网络营销的成败,网络广告与网络营销有着多个相似的功能。

(1)信息发布。网络广告是向用户传递信息的一种手段,通过网络广告投放,不仅可以将信息发布在企业自有的网站上,也可以发布在用户数量更多、用户定位程度更高的网站上,或者直接通过电子邮件发送给目标用户,从而获得更多用户的注意,大大增强了网络营销的信息发布功能。

(2)品牌推广。网络广告最主要的效果之一是对企业品牌价值的提升,这也说明了为什么用户浏览而没有点击网络广告同样会在一定时期内产生效果,在所有的网络营销方法中,网络广告的品牌推广价值最为显著。同时,网络广告丰富的表现手段也为更好地展示产品信息和企业形象提供了必要条件。

(3)网站推广。网站推广也是网络营销的主要职能,获得尽可能多的有效访问量也是网络营销取得成效的基础;网络广告对于网站推广的作用非常明显,各类网络广告通常会链接到相关的产品页面或网站首页,用户对于网络广告的每次点击,都意味着为网站带来了访问量的增加。因此,常见的网络广告形式对于网站推广都具有明显的效果,尤其是关键词广告、Banner 广告、电子邮件广告等。

(4)销售促进。用户由于受到各种形式的网络广告吸引而获取产品信息,已成为影响用户购买行为的因素之一,尤其当网络广告与企业网站、网店等网络营销手段相结合时,这种产品促销活动的效果更为显著。网络广告对于销售的促进作用不仅表现在直接的在线销售,也表现在通过互联网获取产品信息后对网下销售的促进。

(5)顾客关系。网络广告所具有的,对用户行为的跟踪分析功能,为深入了解用户的需求和购买特点提供了必要的信息。这种信息不仅成为网上调研内容的组成部分,也为建立和改善顾客关系提供了必要条件。网络广告对顾客关系的改善也促进了品牌忠诚度的提高。

(6)在线调研。网络广告对于在线调研的价值可以表现在多个方面,如对消费者行为的研究,对于在线调查问卷的推广,对于各种网络广告形式和广告效果的测试,用户对于新产品的看法等。通过专业服务商的邮件列表开展在线调查,可以迅速获得特定用户群体的反馈信息,大大提高市场调查的效率。

1.4.4 网络广告的分类

随着互联网和信息技术的发展,用户获取网上信息的方式也越来越多,网络广告的类型也变得越来越多样。根据网络广告的表现形式,网络广告的载体可以有不同的分类方式。例如:根据广告的表现形式可以分为横幅广告、文字广告、视频广告等;根据网络广告的载体可以分为邮件广告、自媒体广告、搜索引擎广告等;根据广告形式可以分为搜索广告、展示广告、分类广告、引导广告、邮件广告等。本书以网络广告的表现形式进行分类。

(1)横幅广告。这类广告一般以静态图片、动图、动画或视频等形式嵌入在网页中表现广告内容,同时还可使用软件技术产生一定的交互性。一些门户网站首页常见的旗帜广告(Banner)、通栏、竖边、巨幅广告都属于横幅广告。

(2)文本链接广告。文本链接广告是以一排文字作为一个广告,点击可以进入相应的广告页面。一般分类广告常用此种形式。

(3)与内容相结合的广告。将广告与网页内容相结合是现在十分流行的一种广告形式,既可以将视频内容与广告相结合,也可以将文字或图片内容与广告相结合。软文广告就是这类广告形式的代表。

(4)插播式广告(弹出式广告)。用户在进入某个页面后强制性的插入一个广告页面或弹出广告窗口,这种广告有各种尺寸,有全屏的也有小窗口的,而且互动的程度也不同,静态的、动态的、视频的都有,此种广告类似于电视广告。当前很多网站在播放视频前都会出现一段广告内容,或播放视频过程中暂停播放,也会出现广告都属于插播广告。

(5)富媒体广告。通过浏览器插件、脚本语言等软件开发工具编写的,具有较为复杂视觉效果和交互功能的网络广告形式。有很多网页游戏或手机游戏中都带有此类广告。

1.4.5 网络广告的计费方式

企业在进行网络营销时获取流量十分重要,网络广告是获取流量的一个重要手段,因此网络广告的投放费用也越来越高,广告商为企业投放网络广告时有多种计费方式。

(1)CPM(每千次展示成本),即广告主为其网络广告展示一千次所付的费用。当企业将广告投放到某个网页上,该网页被浏览一次即为展示一次,无论浏览者是否关注该页面都记为一次。企业在进行品牌推广时往往选用此类计费方式。

(2)CPC(每次点击成本)。当某个网页上的广告被用户点击,记为点击一次;若该广告只是被用户浏览并未点击,则不计费。按照广告点击付费的模式是网络广告最早的计费方式,例如,百度中的搜索引擎广告一般都采用 CPC 计费方式。但这种计费方式容易产生大量的虚假点击,给广告主带来额外的损失。

(3)CPA(每次行动成本),即这是指由广告所带来的浏览者产生的每次特定行为的费用,即根据每个访问者对网络广告所采取的行动收费的定价模式。对于用户行动有特别的定义,包括形成一次交易、回答一个网络问卷、获得一个注册用户、产生一次下载行为等。例如,很多手机应用商店采取的就是这种模式,通过手机用户在该应用商店下载某个 App 来向广告主收取费用。

(4)CPS(每次销售成本),这是指通过网络广告浏览者产生购买行为,根据销售的销售额或利润而收取一定比例佣金的商业合作方式。CPS 模式是 CPA 模式的一种特定形式,在国内常用作电商广告投放时的计费方式,即只有在电商卖家获得订单的时候,媒体才会得到推广费用。

习题1

1. 登录中国互联网络信息中心(www.cnnic.cn),下载并阅读最新的《中国互联网络发展状况统计报告》,了解当前中国互联网的总体发展情况。

2. 就近一年来的各电商平台的大促活动(如京东618、苏宁818、聚划算99大聚惠、天猫双十一、淘宝双十二),看该类电商平台做了哪些促销活动。

【注意】这里的促销指的是市场营销4P策略中的促销,包括广告、销售促进、人员推销、公共关系等。

3. 浏览常见的知名网站或手机App,按照网络广告的分类截取广告图片;同时,针对网络广告的每一个功能截取对应的广告图片。

4. 请根据下面的新闻报道,以市场营销的4C策略理论分析本次网络营销活动的成功之处。

金句频出热议不断,罗永浩带货哈弗 F7

【太平洋汽车网 行业频道】4 月 10 日晚 8 点,抖音一哥罗永浩以助力湖北复苏为主题,携手连续 10 年蝉联中国 SUV 销量冠军的哈费品牌,以国民神车哈弗 H6 的明星兄弟款,全球旗舰哈弗 F7 作为直播压轴产品展开第二场带货直播。这是罗永浩首次带货汽车,直播现场半价哈弗 F7 瞬间售罄,11 357 张 2 777 元的优惠券被网友疯抢,预估销售额 15.65 亿元。本场直播实现了高效引流转化,创造了汽车行业直播带货新纪录,一时轰动了汽车圈、科技圈、直播圈。在群雄逐鹿的直播卖车竞争中,哈弗也因此成了备受瞩目的最大赢家。

2　搜索引擎营销

教学内容：
- 搜索引擎的基本介绍；
- 搜索引擎优化基本知识；
- 搜索引擎营销基本操作。

能力目标：
- 通过本章使学生掌握更多搜索引擎相关知识，尤其是搜索引擎在网络营销中的应用，包括搜索引擎优化和搜索引擎营销两个部分，为后续的淘宝直通车等相关知识技能的学习打下基础。

2.1　搜索引擎概述

在《第45次中国互联网络发展状况统计报告》中可以看到，在我国互联网应用中，搜索引擎是排在第2位的上网应用。因此，搜索引擎营销是网络营销中非常重要的一个组成部分。

搜索引擎是指根据一定的策略、运用特定的计算机程序从互联网上搜集信息，在对信息进行组织和处理后，为用户提供检索服务，将用户检索相关的信息展示给用户的系统。搜索引擎包括全文检索引擎、目录索引引擎、垂直搜索引擎、集合式搜索引擎、门户搜索引擎与免费链接列表等。

2.1.1　搜索引擎的分类

2.1.1.1　全文检索引擎

全文检索引擎就是将互联网中的各个网站的信息事先提取，并建立网页数据库；当用户输入搜索信息时，将网页数据库的信息展现给用户；用户点击展现的信息后，引导用户通过网页链接到达指定页面的互联网技术。当前绝大多数的搜索引擎都是指全文检索搜索引擎，本书如无特殊说明，都是指该类搜索引擎。全文检索搜索引擎的代表有Google、百度、360搜索、必应等。

2.1.1.2　目录索引引擎

目录索引引擎或称为分类检索引擎，是互联网上最早的搜索引擎形式，主要通过人工搜集和整理互联网的资源，根据搜索到网页或网站的内容，将其网址分配到相关分类主题目录的不同层次的类目之下，形成像图书馆目录一样的分类树形结构索引。目录索引无须输入任何信息，只要根据网站提供的主题分类目录，层层点击进入，便可查到所需的信息。与全文检索搜索引擎相比，目录索引的不同之处如下。

（1）全文检索引擎属于自动网站检索，而目录索引则完全依赖人工操作。用户提交网站后，目录编辑人员会亲自浏览提交的网站，然后根据一套自定的评判标准，决定是否将用户的网站放入目录中。

（2）全文检索引擎收录网站时，只要网站本身没有违反有关的规则，一般都会进行收录；而目录索引对网站的要求则高得多，有时即使提交也不能成功。

由于目录索引搜索引擎只是通过人工方式将网站或网页进行分类，在信息搜索的范围、信息的时效性、搜索的便利性等方面都远远不及全文检索引擎。因此，这种搜索引擎很难独立发展下去，现在多数是与全文检索引擎合作，为用户提供更多的选择。hǎo123网址导航（www.hao123.com，如图2-1所示）就是一个典型的目录索引搜索引擎，后被百度收购，成为百度旗下的一个产品，为百度全文检索搜索提供目录索引方式。

图2-1　网址导航（www.hao123.com）首页

图2-2显示为1999年1月搜狐网的首页，从图中可以看出，当时的搜狐网主要功能就是一个目录索引式搜索引擎。

图2-2　1999年搜狐网的首页

2.1.1.3 元搜索引擎

元搜索引擎是在接受用户查询请求后,同时在多个搜索引擎上搜索,并将结果返回给用户。在搜索结果排列方面,有的直接按来源排列搜索结果;有的则按自定的规则将结果重新排列组合。

2.1.1.4 垂直搜索引擎

垂直搜索专注于特定的搜索领域(化工原材料、化学制品)和搜索需求(机票搜索、旅游搜索、小说搜索、视频搜索、购物搜索等),在其特定的搜索领域有更好的用户体验。例如,中国化工网就是典型的垂直搜索引擎,它在搜索化学元素、分子式等方面相对于百度等通用搜索引擎具有一定的优势。

2.1.2 常见搜索引擎及市场占有率

在中文搜索领域,百度占有绝对优势,除此之外,还有360搜索、搜狗搜索、神马搜索等,Google(香港)、微软必应也提供中文搜索。在全球的搜索市场,Google所占的市场份额遥遥领先。图2-3为2018年在中文搜索领域和全球搜索市场中,各搜索引擎产品所占的市场份额。

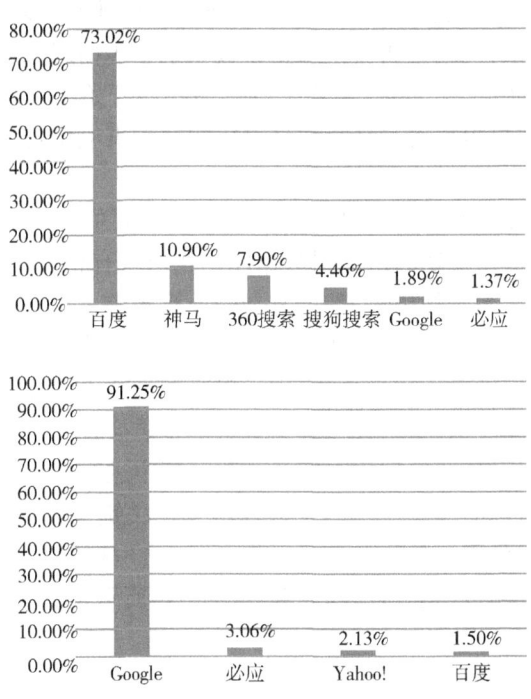

图2-3 2018年搜索引擎市场份额

2.1.3 搜索引擎工作原理

搜索引擎的基本工作原理可以分为以下四个步骤。

(1)爬行和抓取。搜索引擎派出一个能够在网上发现新网页并抓取网页信息的程序，这个程序通常被称为蜘蛛或机器人。搜索引擎蜘蛛从数据库中已知的网页开始出发，就像正常用户的浏览器一样访问这些网页并抓取文件。并且搜索引擎蜘蛛会根据网页上的链接自行访问更多页面，这个过程就叫爬行。当通过链接发现有新的网址时，蜘蛛程序将把新网址记录入数据库等待抓取。跟踪网页链接是搜索引擎蜘蛛发现新网址的最基本方法，搜索引擎蜘蛛抓取的页面文件与用户浏览器得到的完全一样，会将抓取的文件存入数据库。

搜索引擎爬行和抓取信息分两方式：一种是定期搜索，即每隔一段时间（Google 一般是 28 天），搜索引擎主动派出蜘蛛程序，对一定 IP 地址范围内的网站进行检索，一旦发现新的网站，它会自动提取网站的信息和网址加入自己的数据库；另一种是提交网站搜索，即网站拥有者主动向搜索引擎提交网址，搜索引擎在一定时间内根据网站提交的信息派出蜘蛛程序，扫描网站并将有关信息存入数据库，以备用户查询。

(2)索引。搜索引擎索引程序把蜘蛛抓取的网页文件分解、分析、存入数据库，这个过程就是索引。在索引数据库中，网页文字内容，关键词出现的位置、字体、颜色、加粗、斜体等相关信息都有相应记录。

(3)关键词处理。浏览者在搜索引擎的搜索框输入关键词，单击【搜索】，搜索引擎程序即可对输入的关键词进行处理。如中文特有的分词处理，对关键词的分辨，去除停止词，判断是否需要启动整合搜索，判断是否有拼写错误或错别字等情况。

(4)排序。对关键词进行处理后，搜索引擎排序程序开始工作，从索引数据库中找出所有包含关键词的网页，并且根据排名计算法计算出哪些网页应该排在前面，然后按一定格式返回搜索页面。

排序过程虽然在很短的时间之内就完成返回用户所要的搜索结果，实际上这是一个非常复杂的过程。排名算法需要实时从索引数据库中找出所有相关页面，实时计算相关性，加入过滤算法。搜索引擎是当今规模最大、最复杂的计算系统之一，索引数据库中保存有海量的数据，因此著名的搜索引擎公司在大数据技术方面往往有着天然的优势。

随着搜索引擎索引规则发生很大变化，主动提交网址并不保证能进入搜索引擎数据库，最好的办法是多获得一些外部链接，让搜索引擎有更多机会找到并自动将网站收录。

当用户以关键词查找信息时，搜索引擎会在数据库中进行搜寻，如果找到与用户要求内容相符的网站，便采用特殊的算法——通常根据网页中关键词的匹配程度、出现的位置、频次、链接质量——计算出各网页的相关度及排名等级，然后根据关联度高低，按顺序将这些网页链接返回给用户，其网页内容显示的原理如图 2-4 所示。这种引擎的特点是搜全率比较高。

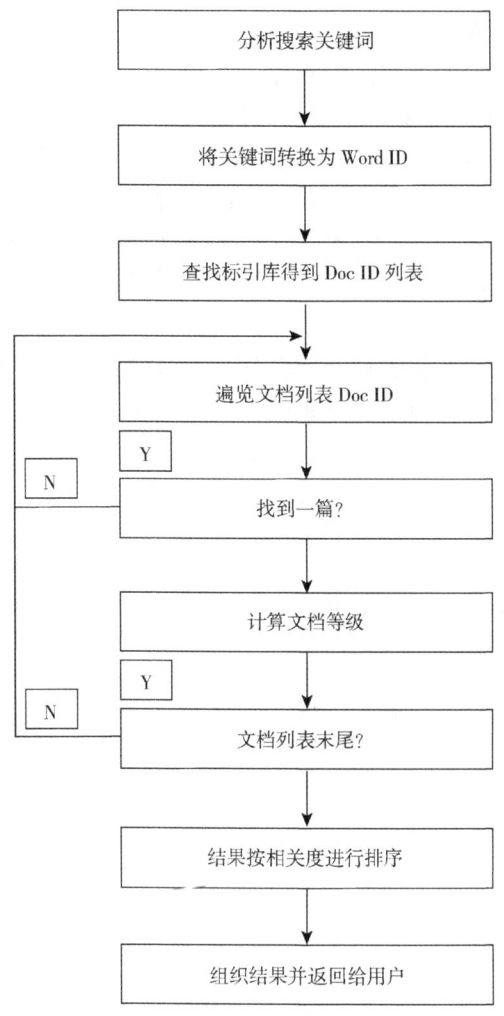

图 2-4　搜索引擎显示工作原理

2.2　搜索引擎优化(SEO)

SEO(search engine optimization),即搜索引擎优化,是利用搜索引擎的规则提高网站在有关搜索引擎内的自然排名,从而使网站或网页获得更多的点击,达到更有效传递信息的目的。为了从搜索引擎中获得更多的免费流量,网站管理者往往要从网站结构、内容建设方案、用户互动传播、页面等角度对网站进行合理规划,并使搜索引擎中显示的网站相关信息对用户来说更具有吸引力。

2.2.1　SEO 相关基础知识

SEO 可分为网站内部 SEO 和网站外部 SEO 两方面,与网站链接有着密切的关系。

2.2.1.1 网站链接

网站链接分为内部链接和外部链接两种。

(1)内部链接。内部链接是指同一个网站内,各个网页之间的链接关系。内部链接能够有效地串联起网站的所有页面,让原本简单的树形结构形成网状,对搜索引擎和用户而言都有好处。链接是搜索引擎蜘蛛爬行并抓取页面的重要途径,为搜索引擎蜘蛛提供了更多的途径来让它们沿着链接的路径最广泛地抓取页面;同时,链接在搜索引擎中排序的权重也较大。对用户而言,内部链接为用户提供了方便的指向和更多的浏览方式,能够串联起用户想要了解的内容。

(2)外部链接。外部链接分为导出链接(正向/单向链接)和导入链接(反向链接)。

导出链接是指网站或者页面中指向别的网站的链接,也被称为正向/单向链接,导出链接会导致网站的权重流向其他网站。导出链接如图2-5所示,方框内的链接不是指向网站内容,浏览者一旦单击链接,就会跳出本网站,并进入其他网站。

图2-5 导出链接

导入链接是指其他网站或页面中有指向自己的网站的链接,也称反向链接。导入链接在搜索引擎中占据很高的权重,也是影响网站在搜索引擎中排名的重要因素之一。这也是为什么有很多网站会到处寻求反向链接的原因。一般情况下,网站需要一部分导出链接,但导出链接的数量可以在一定程度上小于导入链接的数量。这样,合理的导出链接既是本网站和其他网站做链接的基础,又是网站获得排名优势的必要条件。

需要强调的是友情链接。友情链接是一个互相链接的过程。例如网站1和网站2建立了友情链接。对于网站1而言,它增加了一个指向网站2的导出链接,但同时也获得了来自网站2的导入链接。

2.2.1.2 网站内部SEO

针对网站本身进行优化,使之更加符合搜索引擎的检索和收录标准。

(1)META 标签优化,包括对 Title、Keywords、Description 等部分的优化。

(2)内部链接的优化,包括相关性链接(Tag 标签),锚文本链接,各导航链接及图片链接的优化。

(3)网站内容更新,每天保持站内的文章、消息的更新。

(4)原创,要求网站原创内容占有更大的比例。

2.2.1.3 网站外部SEO

利用网站外部的资源,提高网站外部链接的质量与数量。

(1)外部链接多样性,为网站建立包括友情链接、博客、论坛、B2B、新闻、分类信息、贴吧、知道、百科、站群、相关信息网等多种链接。

(2)外部链接的运营,外部链接应该有计划、有方法地进行运营,持续提高数量与质量。

(3)外部链接的选择,对于外部链接并不是越多越好,而是应该与网站本身有更高的相关性,并且外部链接的质量越高,在搜索引擎的表现就会越好。

2.2.1.4 网站优化

SEO 是对网站内部和外部进行优化,是不是 SEO 就等同于网站优化呢?

事实 SEO 与网站优化是有区别的。

(1)本质区别。网站优化是用网络营销导向的网站建设思想来指导网站基本要素的专业化设计,是一项系统性和全局性的工作,从而让网站更好地向用户传递网络营销信息;SEO 是以局部的观点,对有限的关键词实现在搜索引擎检索结果中排名的靠前,出发点在于适应搜索引擎的检索而不是向用户传递有价值的信息。

(2)着眼点区别。网站优化不能只是考虑搜索引擎的排名规则,更重要的是要为用户获取信息和服务提供方便。SEO 重视网站内部的基本要素,包括网站结构、网站内容、网站功能和网站服务,尤其以网站结构和网站内容优化最为重要;网站的优化就是站在浏览者的角度做好用户体验,用户体验度提高了,优化效果也就达到了。

2.2.1.5 SEO 与 SEM

(1)SEM(search engine marketing)。SEM 即搜索引擎营销。广义上,SEM 就是根据用户使用搜索引擎的方式,利用用户检索信息的机会,通过搜索引擎返回的结果,尽可能将营销信息传递给目标用户,以此来获得更好的销售或者推广效果;狭义上,SEM 就是在搜索引擎上投放关键词广告,获得用户点击。

(2)SEO 与 SEM 的区别。从狭义角度看,SEM 就是通过在搜索引擎中投放广告获得更好排名;而 SEO 则是通过优化网站或网页,提高网页友好性,从而获得靠前的排名。从广义角度看,SEM 主要有 SEO 和关键词广告两种方式,最主要目的是将网站的页面排在搜索结果靠前的位置。

如图 2-6 所示,"左侧推广链接位"和"右侧推广链接位"都属于关键词广告,通过购买关键词使网页的链接获得更好的排名,这属于 SEM 范畴,这部分每个链接下面都有蓝色的"广告"字样;而"自然搜索链接位"是网页链接的自然排名结果,这部分是免费的,企业通过对网站和网页进行 SEO 操作使链接获得更靠前的排名,这部分每个链接下面都有"百度快照"字样。不仅在搜索页面的上部有"推广链接位",在页面的下部也有"推广链接位",如图 2-7 所示。"百度快照"是指搜索引擎蜘蛛将网页抓取到数据库中的内容,如果该网页在蜘蛛抓取后进行了修改,则"百度快照"的内容与网页链接就会不同,如图 2-8、2-9 所示。有些链接下面带有"V"字样的是指该企业被百度进行了实名认证,具有更好的信誉度;"评价"是指在百度口碑中可以找到对该网站的评价,如图 2-10 所示。百度还提供"品牌专区"服务,可以展示网站更多的营销信息,并且链接的下面显示"品牌广告"字样,如图 2-11 所示。对于关键词广告采用的是按点击付费,对于品牌专区则按月付费。

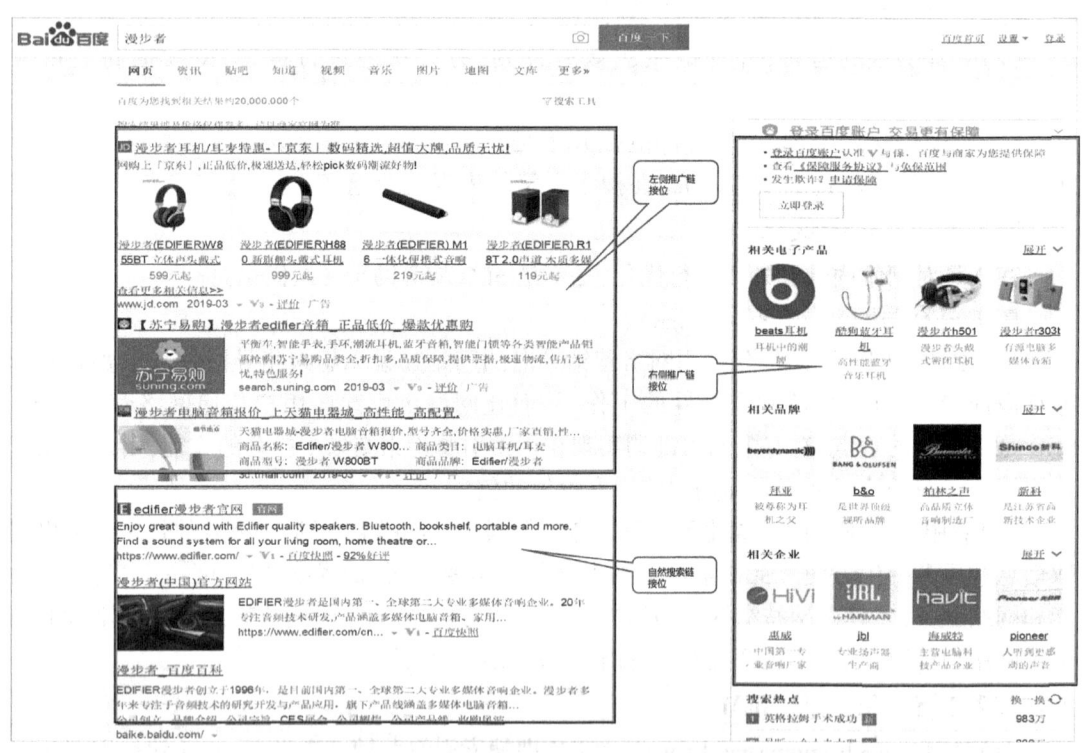

图 2-6 百度搜索结果页面(上部)

图 2-7　百度搜索结果页面(下部)

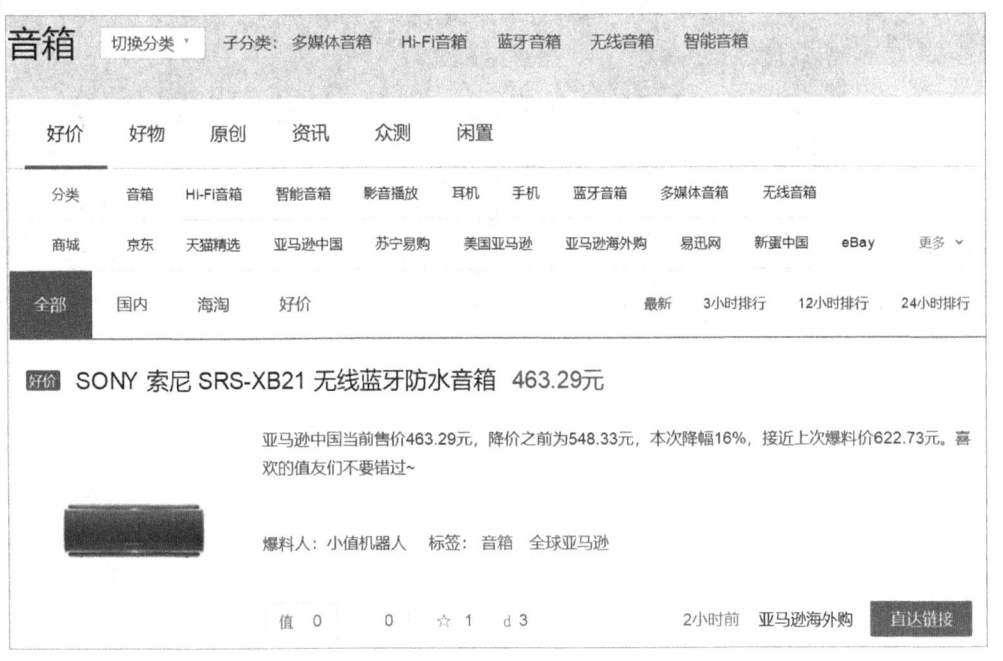

图 2-8　百度快照链接页面

图 2-9　即时链接页面

图 2-10　百度口碑页面

图 2-11 品牌专区页面

SEO 是网站利用搜索引擎提升自己的网页在搜索某个特定关键词时能够获得更好的排名。SEO 只是手段,营销才是解决问题的重点。SEM 注重的是营销,更注重如何应用搜索引擎完成关键词投放,并不断优化,提升转化率与综合效果。

2.2.2 SEO 组成要素

SEO 实施是一个循环渐进的过程,前期先通过对网站产品或市场的定位分析,确定关键词,并对网站代码、网站结构等方面进行优化、网站分析、页面内容导入;并通过 SEO 进行对应的跟踪性效果监测,查看网站流量、内部链接、搜索引擎表现;然后利用 SEO 工具进行关键词分析,并再次进行优化。整个 SEO 实施过程是将网站结构同内容链接和布置有机地串联起来,最终实现网站自然排名靠前,网站浏览量增加,促进网站宣传和业务发展的目标。SEO 实施过程如图 2-12 所示。

SEO 的一般内容可以归纳如下。

(1) 网站栏目结构和网站导航系统优化。

(2) 网站内容优化,包括网页标题、Meta 标签设计、网页正文内容。

(3) 网页布局。

(4) 网页格式和网页 URL 层次。

(5) 网站链接策略。

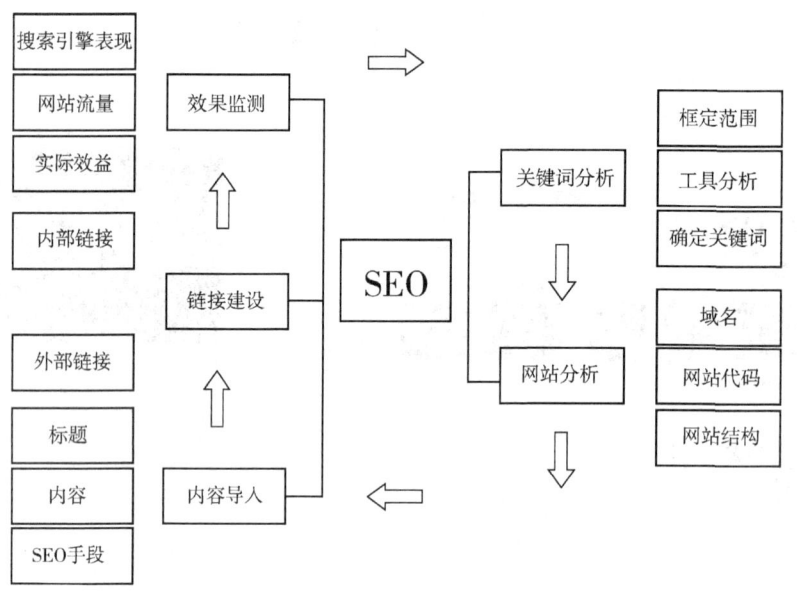

图 2-12　SEO 实施过程

(6)搜索引擎优化的其他问题。

2.2.2.1　网站栏目结构和网站导航优化

从搜索引擎优化的角度看,什么样的网站结构是合理的?什么样的网站导航更符合搜索引擎信息的抓取?

在 SEO 中,网站结构是关键词排名、链接优化、内容优化的前提。在网站建设的过程中,对于网站开发应该注意代码书写减少空格、默认属性代码、注释语句、空语句等不必要的代码;加强代码之间连贯性,减少代码量;严格控制页面大小,确保页面在 100K 之内;确保代码闭合完整,形成有效作用,如图片宽、高设置,文字颜色与属性设置,图片注释设置等,让搜索引擎蜘蛛检索到最完整的页面。除此之外,还应该符合如下要求。

(1)扁平结构或者树形结构一般来说是对搜索引擎蜘蛛最友好的结构;事实上很多搜索引擎对网站结构并没有统一的规定或者要求,其实只要网站结构合理、有逻辑性、内容有规律可循,对搜索引擎蜘蛛来说都是友好的。

(2)链接结构或逻辑结构就是通过内部一系列众多的链接形成的结构,对一个网站来说,通过内部链接既可以找到每一个最终页,还能够到达网站不同的节点。站点首页要有链接到重要频道页和内页的链接,各个页面都要有能进入首页的链接;通过链接互相连通的页面都要有恰当的文字链接(锚文本)而不是图片;链接不要放在 JS、Flash 等搜索引擎蜘蛛不可见的位置,如需使用图片做链接入口应该完善 Alt 标签,在标签里使用准确的文字进行描述,以便蜘蛛读取;给重要页面留更多入口,就是有更多链接链到重要页面,一个页面链接越多,搜索引擎会认为这个页面更重要;距离首页近的网页更重要,不管这个页面层级目录有多深,只要在首页有入口,搜索引擎就会认为这个页面是重要的。

(3)导航就是告诉用户目前在什么位置,用户可以通过导航找到上一级或者上上级内容入口,清晰的导航能让用户更快、更方便地获得位置信息,有助于用户体验。搜索引擎一直都是站在浏览者的角度进行改进和优化,有利于浏览者体验的网站都是对搜索引擎友好的。

导航内容搜索引擎可见,尽量用 html,少用图片;导航需要维持稳定性,不应频繁修改;网站最重要内容在导航上可以找到;网站采用文字形式的面包屑导航,方便搜索引擎快速解析。

(4)合理的网站栏目结构的主要表现:通过主页可以到达任何一个一级栏目首页、二级栏目首页以及最终内容页面;通过任何一个网页可以返回上一级栏目页面,并逐级返回主页;主栏目清晰并且全站统一;每个页面有一个辅助导航;通过任何一个网页可以进入任何一个一级栏目首页;如果产品类别/信息类别较多,设计一个专门的分类目录是必要的;设计一个表明了站内各个栏目和页面链接关系的网站地图,如图 2-13 所示;通过网站首页一次点击可以直接到达某些最重要内容网页(如核心产品、用户帮助、网站介绍等);通过任何一个网页经过最多 3 次点击可以进入任何一个内容页面。

图 2-13 适合搜索引擎抓取网页的网站地图

2.2.2.2 网站内容优化

网站内容优化包括网页正文内容更新、网页标题、Meta 标签设计等具体工作。

网站最重要的目标是向浏览者传递有用的信息,进而达到网络营销的目的。搜索引擎本质上就是根据浏览者输入的关键词分析他们的需求,将浏览者最需要的信息展现出来。因此,SEO 最核心的功能就是为浏览者服务,满足浏览者的需求,而获得有用的信息就是浏览者最大的需求。所以,网站内部 SEO 就是以"内容为中心"。网站内容的更新是保持搜索引擎蜘蛛抓取和收录的重要原因之一。

相对而言,网站内容更新的次数越频繁,搜索引擎蜘蛛抓取的次数也就越频繁。这意味着网站新文章几天甚至几小时内就可以出现在索引中,而不需要等几个星期。同时,网站内容的更新不能只通过程序采集或人工复制其他信息,这里强调的是网站原创内容或伪原创的更新频率。如果一个网站绝大多数的内容都是复制粘贴的,搜索引擎蜘蛛抓取的也就很少很慢,甚至拒绝抓取。因此网站内容优化一个重要的功能就是要善于制造有价值的内容,更新原创或伪原创的内容。

(1)原创内容。原创内容应该是网站或企业与自身业务相关联的内容,要求标题醒目,内容重点突出、详略得当,关键词有密度,懂得通过内部链接引导用户阅读更多,懂得在页面内促成用户评论/留言等。

(2)伪原创内容。伪原创内容是指在非原创内容上,对其进行了重新加工和改造,加入了新元素的内容。制作伪原创内容应该注意标题要有变化,文章段落顺序要有变化,要有突出文章核心内容的摘要,并且要突出关键词,语言组织风格要有变化,甚至最终的观点与结论也要有改变。一句话,就是与原内容相比要有新意,让搜索引擎感觉是新的内容。

由于网站内容优化中所涉及的网页标题及 Meta 标签设计内容较多,将在下一节详细介绍。

2.2.2.3 网页布局优化

页面布局是否优化关系到网站页面能否获取更高搜索展现和用户体验。网页布局既包括网页的美观度,又包括网站各个页面中不同内容安排的位置,以及关键词的分布状况等内容。其中,网站的关键词合理布局在各个页面中,既能保障网站设置几十或上百个关键词的可能,增加网站被索引、搜索、展现的概率,又能为搜索引擎提供更加精确的页面简介,获取更精准的流量导入,增加流量,提高网页的转化率。网页布局优化需要将建站过程中所使用到的全部细节——布局、布局模块分布、颜色搭配、字体等从用户体验的角度予以确认,既要针对搜索引擎,也要针对网站用户。

在针对搜索引擎方面,布局的调整要保证站点核心内容模块处于页面布局中的第一屏,能够让搜索引擎蜘蛛很方便地抓取到;而针对网站用户方面,则更多地要从用户体验优化出发,包括布局的常规模块、序列、颜色、内容是否是用户所需,且是否符合用户的操作习惯。例如,一般来说用户默认网站 logo 会在页面左上角,此时如果打破常规,非要将 logo 部署在右上角,会让用户感觉别扭,而对网站有不佳印象。

(1)网站首页布局。首页是网站最重要的页面,因此,网站首页应该符合如下条件。

①最重要的信息出现在最显著的位置上,如网站名称、logo、最新产品广告、优惠活动等。

②希望搜索引擎抓取的网页摘要信息要出现在最高位置。

③重要文字应该加粗、加大、改变颜色等方式突出显示。

④最高位置的重要信息要保持相对稳定,以方便搜索引擎抓取信息。

⑤首页滚动更新的信息应该有一定的稳定性,以免错过蜘蛛的抓取。

⑥首页放 1~3 个目标关键词,不宜过多。

对于其他页面也应该符合这个原则。

(2)网站栏目页布局。网站栏目页布局可以以产品词为中心进行拓展,可以多找一些关键词,但在设置栏目页的时候选取 1~2 个词就够了,筛选重点词,选择用户会搜索的关键词。

（3）网站内容页布局。网站内容页是用户看到的最终页面,也是前期最难获得搜索引擎抓取的页面。对于新站来说,内容页往往不能保证搜索引擎能够正常抓取,并快速放入收录结果。因此需要网站的内容足够优质才能获得一些排名,但还是需要不断挖掘一些有效长尾词进行内容更新。

（4）图片的 Alt 属性和 Title 属性。图片 Alt 属性和 Title 属性的作用在于,当网站中的图片无法显示时,网站可向用户呈现图片 Alt 内容,当鼠标移至图片上时,会显示图片标题。这样可实现用户体验和关键词频率同时提升。

（5）Body 文本部分。如果网站没有 Meta Description 部分,那么搜索引擎蜘蛛,通常会抓取网站 Body 文本部分第一句为网站的描述,所以网站相关的描述,越靠近页面开头越好。

（6）网页的 H1 或 H2 标签。通常,搜索引擎会给予网页中 H1 或 H2 标签中的内容较高的关注,所以,这部分需要放入关键词。

2.2.2.4 网页格式和网页 URL 层次优化

对于网页格式及代码,应尽量减少使用 JS,一定不能使用 Frame;不要含有隐藏的代码、覆盖代码,减少弹窗代码以及会隐藏的滑动条;尽量采用 Div+CSS 进行布局。

对于 URL 层次的优化来说,应该符合如下标准。

（1）URL 一定要有规律,同一个网页不能有不同 URL,否则将会导致用户和搜索引擎识别混乱。

（2）在 URL 中不要出现搜索引擎蜘蛛难以识别和解析的字符。

（3）动态参数不要太多太复杂,虽然大部分搜索引擎对动态 URL 能够进行很好的处理,但是参数要是太多太复杂可能会无法被搜索引擎收录和解析。

（4）URL 尽量要短,URL 层次不宜过深;网站首页中必须保证 Index 文件放在根目录下,一级栏目首页的 URL 不要超过 2 个层次,详细信息页面不要超过 4 个层次。

（5）网站的 URL 结构应该越简单越好,扁平化的结构是 SEO 的首选,因为深度越复杂,被搜索引擎蜘蛛快速检索到的概率也就越小。对于企业网站来说,URL 结构深度最好控制在 3 层,最多不超过 4 层。

例如:http://www.upln.cn/html/2015/2999.html 中,http://www.upln.cn 是首页或者根目录,2999.html 是最终表现页面,中间包含了 html 和 2015,共 2 个层级。

（6）URL 结构目录命名。可以将 URL 结构目录命名中包含有网站的核心关键词,并且可以进一步地突出显示。图 2-14 所示就是将该网站的核心关键词"SEO"进行加粗显示。

图 2-14 核心关键词"SEO"在目录中加粗显示

URL 结构目录常见的命名形式有中文、英文、无规则、拼音四种,还有的命名采用这四种的组合,如图 2-15、图 2-16 所示。

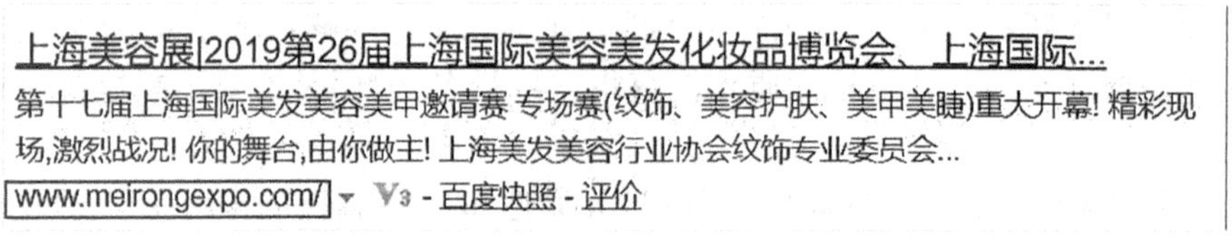

图 2-15　目录采用"拼音+英文"组合

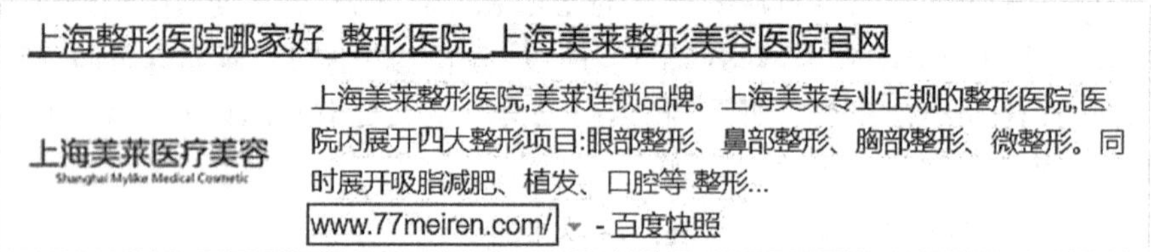

图 2-16　目录采用"拼音+数字"组合

虽然百度支持对中文结构的收录,但并不是所有的搜索引擎都支持,而且搜索引擎对中文结构的 URL 表现并不友好。如果是术语性、专业性的内容、产品,针对的是国外用户,并且优先选择的搜索引擎是 Google,那么英文是首选。除此之外最好选用拼音,而且最好是全拼,而不是首字母缩写,如果全拼太长,可以选择英文缩写。至于无规则的命名方式,本书不推荐使用。

2.2.2.5　网站链接策略

对于页面属性来说,每个页面的后缀名常有 index.html、index.htm、index.asp、index.php、index.jsp 等,这既反映出页面的属性,同时也传递出了开发网站所采用语言的相关信息。然而,并不是所有属性的页面都可以被搜索引擎很好地抓取到,大多数搜索引擎更偏好于 html 这样的静态页。这也就是为什么做企业网站一定要进行网站静态化的原因,也就是为什么将如 http://www.upln.cn/html/2015/Column_0103_0327/2999.asp?id=22 这样的 URL 静态化为 http://www.upln.cn/html/2015/Column_0103_0327/2999.html 的原因。将网站静态化既可以满足搜索引擎对静态页面的偏爱,也可以使 URL 结构简洁、高效。除此之外,网站链接还应该对下列内容进行优化。

(1) 网页链接的 Title 属性。链接的 Title 属性,就是当鼠标移动到链接上时,会显示全部的标题内容。由于网站布局,网页超链接中的锚文字会显示不全,超链接的 Title 属性就弥补了这一点,同时,也能提高用户的体验度。

(2) 超链接的锚文字。锚文字包含网站的内链和外链,是对所链向的页面的一个说明,所以搜索引擎会格外重视。因此,在交换友情链接时,需要重视友链锚文字的相关性和多样性。

2.2.2.6　其他优化问题

域名与主机是网站的基础,商业网站选择域名与主机尤其应注重形象和质量,选择好域名与主机也是搜索引擎优化开始的第一步。大部分中小企业网站都存放在由一台服务器划分出来的若干虚拟主机上,由多个网站共享一台服务器和 IP 地址,这种方式会使网站建设成本较低。但对网站的搜索引擎排名带来以下潜在风险:主机的其他网站如果被搜索引擎惩罚,将会波及本网站;如果同一 IP 下有一个网站作弊,那么,搜索引擎有可能会对该 IP 下的所有网站进行惩罚。因此,域名权重高、服务器稳定,是获得搜索引擎较好排名的重要因素之一。

针对 SEO,域名选择应遵循以下原则:①域名本身具有一定的价值与寓意;②域名注册前检查是否被注册过或惩罚过;③域名尽量简短;④通过对主机 IDC 提供商的检索,了解其信誉;⑤通过对服务器 IP 的查询,来检测同一服务器同 IP 都有哪些其他站点;⑥价格也是其中的一个考虑因素。

2.2.3 SEO 中的 Meta 标签三要素优化

搜索引擎蜘蛛根据关键词进行网页内容的抓取,又根据关键词将网页内容放入索引数据库,用户通过输入关键词来搜索网页的内容。因此,搜索引擎的工作基础就是关键词,关键词的操作是决定 SEO 是否有效的重要因素。

网页中的 Meta 标签包含关键词、网页标题、网页描述三要素(如图 2-17 所示),Meta 标签三要素的优化是在 SEO 过程中的一项重要工作。关键词就是本页面最重要的一个或几个词语;网页标题就是以短语的形式描述本页面的重点内容;网页描述就是用简短的语言来概括说明本页面的内容,并表现在搜索引擎的检索结果中。

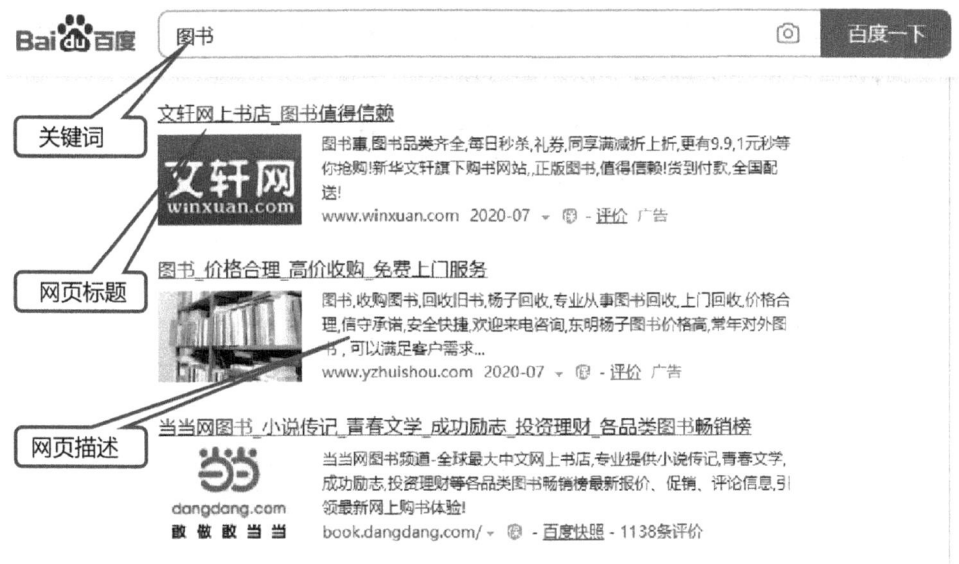

图 2-17　Meta 标签三要素

在图 2-17 中,通过百度的对话框输入关键词"图书",在搜索到的每一个记录中,如果网页标题和网页描述中包含有关键词,关键词将以红色显示,被称为"飘红"。当进入点击链接,进入网站后,网页标题也显示在该页面的最上部标签处,如图 2-18 所示。

图 2-18 网站中的网页标题

2.2.3.1 关键词

SEO 中的关键词定位分析,就是希望通过分析网络中相关关键词的使用情况,选取合适的关键词,采用 SEO 手段之后能够在搜索引擎中获得优势排名。

(1)框定范围,形成关键词表单。例如,图 2-18 中的华图教育网站的主要内容是销售图书和提供培训的网站,其中培训包括网课和面授两个部分。由于该企业在国内的非学历教育培训方面具有一定优势,综合实力较强,更能获得用户的关注,故而着力打造这些服务的优势排名更能对产品和服务的销售产生直接效果。明确了上述这一点,意味着对关键词的选择范围已经有了大概的界定。但这个界定依然模糊不清,因为每种产品和服务的名称都可以作为关键词,同时还可衍生多个关键词。例如,华图图书、图书、图书网、国家公务员、事业单位考试、教师资格证培训等。关键词选取包括直接关键词和拆分关键词,以公务员考试培训为例,就可以设定为如表 2-1 所示的内容。

表 2-1 关键词定位分析

服务类别	服务全称	直接关键词	拆分关键词
公务员	公务员面授培训	国家公务员考试面授培训 省公务员考试面授培训	国家公务员—考试培训
			省—公务员—考试培训
			国家公务员—考试面授
			省—公务员—考试面授
			国家公务员考试—培训
			省—公务员考试—培训
			国家—公务员—考试—培训
	公务员网课培训	国家公务员考试网课培训 省公务员考试网课培训	省公务员—考试网课培训
			省—公务员—考试网课培训
			省—公务员—考试—网课培训
			省—公务员—考试—网课—培训
			省公务员考试网课
			省公务员—考试—培训

由表 2-1 可以看出,针对两个服务就可以衍生出几十个关键词,如果将全部的服务或产品的关键词罗列完毕,将拆分出上百个关键词。这么多关键词是一个网站或网站首页无法

容纳的。因此,需要做一个初步的筛选,来明确每个服务的核心关键词。

(2)明确核心关键词。如何来明确每个服务的核心关键词呢?就是要站在用户的角度来思考。那么,华图教育的用户又是谁呢?又如何站在用户的角度考虑?

如果读者就是某个要参加公务员考试的用户,在考试前要参加网课或面授培训,并且要购买相关的图书资料,那么读者会从什么渠道来获得这些信息?最便捷的是否是互联网?那么,打开了百度或搜狗,读者会用什么样的关键词来检索呢?

通过这种换位思考的方式,进行 SEO 就会有的放矢。当需要进行公务员考试培训的用户在百度的搜索栏输入"公务员"进行检索时,搜索引擎将联想出以"公务员"为核心的关键词列表,如图 2-19 所示。

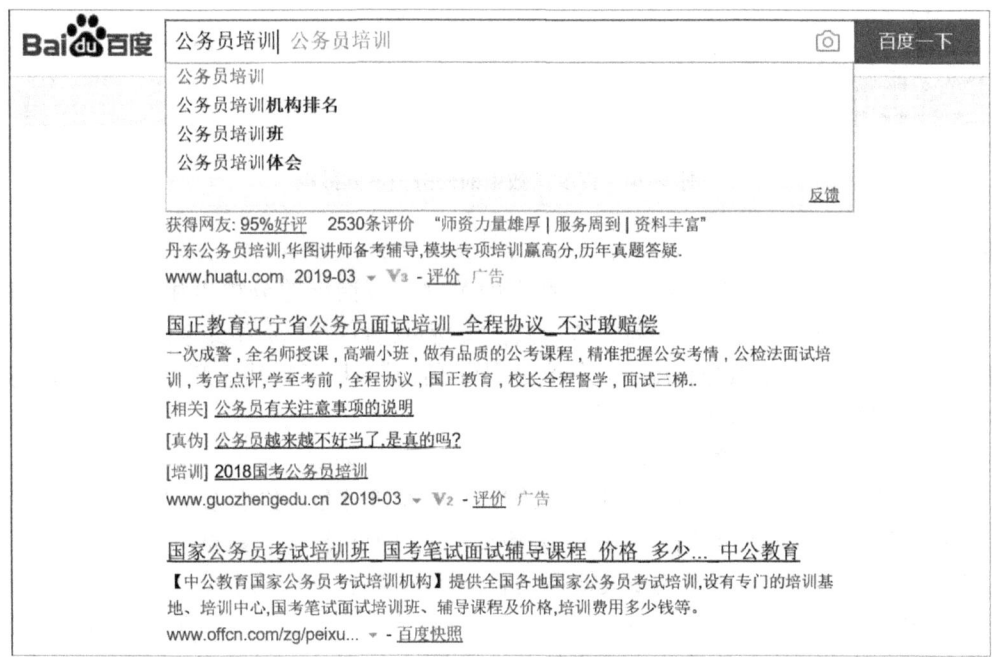

图 2-19 关键词列表

这样,与"华图公务员考试培训"最为贴切的关键词——公务员培训、公务员考试就确定下来了。百度都是根据近期浏览者通过百度搜索栏输入的与此相关的最热门关键词推荐到该列表中。

同样,通过百度的网络营销产品"百度推广"也可以进行关键词检测。打开"百度推广"页面(http://e.baidu.com/),注册成为用户,即可享受关键词检索的功能。输入"公务员考试",即可得到如图 2-20 所示的结果。通过百度推广,不仅仅能够获得平均每天有多少用户在检索"公务员考试"这个关键词,而且还能够帮助我们了解如"公务员培训""公务员国考""公务员省考""公务员考试图书"等这类关键词的检索量。尽管在检索量上后者会比前者低一些,还需要通过竞争分析来进行判断,但也不失为一种有效的方法。

经过判断关键词在搜索引擎中的表现,是否就能够确定"公务员考试"作为服务的核心

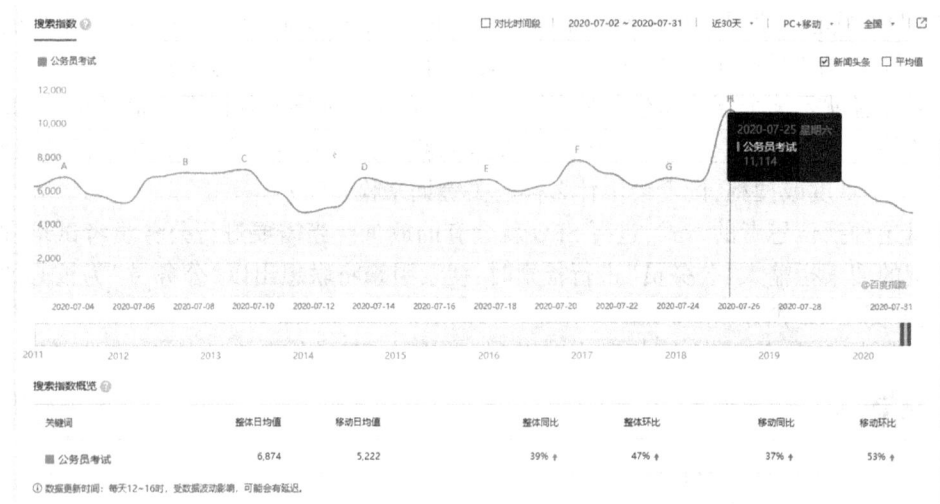

图 2-20 百度指数中的公务员搜索数据

关键词了呢？

实际上还应该进行竞争分析。通过百度的关键词查询能够分析出相应关键词的检索量，那么，该如何进一步确定呢？例如，如图 2-21 所示，百度中"公务员考试"的日均搜索量大于 6 000 次，然而竞争激烈程度也是较高的，换句话说就是还有其他商家通过关键词竞价来购买"公务员考试"，争夺该关键词优势排名。

面对这样的情况，"公务员考试"该不该作为核心关键词之一呢？

首先，看看百度有多少人选择了这个关键词来做竞价排名。检索结果如图 2-21 所示。在搜索结果页面内有 4 个机构做了"公务员考试"的竞价排名，数量不多。

其次，百度搜索后，看看目前该关键词的自然排名情况，有没有竞争对手以及是哪些具体的页面排在前面，自身的网站表现又如何。如果优秀的自然排名之中存在竞争对手的网站，那么，请仔细分析竞争对手这个页面的关键词是什么，从中吸取经验。当然本书现在只是对关键词分析，一个关键词的排名需要很多背后因素的支撑，不能简单而言。同时，搜索引擎也在不断地更新排名规则，这也就是为什么说 SEO 是个长期、琐碎的工作。

经过上述几个步骤的准备，就可以确定核心关键词了。对于每个产品或服务都要进行这种分析，并且汇总出每个产品的核心关键词。

（3）明确普通关键词。在明确了每个产品或服务的核心关键词后，就要选择普通关键词。

普通关键词分为间接关键词和长尾关键词两种，可以理解为与核心关键词相比，其重要性会低一些的关键词，但也不要忽视了普通关键词的作用。它虽然不能够带来最有效和最直接的用户，但能够起到长时间保持网站优秀排名的作用。试想一下，如果竞争对手只在 2 个核心关键词上具有优势，然而本企业却在 1 个核心关键词和 20 个普通关键词上排名优秀，那么，谁被用户搜索到的概率更大？谁的访问量会更高？谁的潜在用户更多？

间接关键词，多为核心关键词的拆分和重新组合。以"华图公务员考试"为例，其核心关键词为"公务员考试""公务员培训"，可拆分为华图、公务员、考试、培训、考试培训 5 个词

图 2-21 百度中"公务员考试"竞价排名情况

汇。除了"华图"这个品牌词汇外的 4 个词汇,又可组成"公务员—考试""公务员—培训""公务员—考试培训"。除了"公务员考试"和"公务员培训"外,"公务员考试培训""国家公务员考试"的检索量也不少,可作为间接关键词。同时,"省公务员考试"以及"××省公务员考试培训"等也可使用上面的办法再进行拆分和组合。

那么,如何确定长尾关键词呢?

长尾关键词的延伸性和稳定性非常高,较之竞争激烈和不稳定的核心关键词而言,其优势也是非常明显的。例如,某旅行社网站主营业务是北京酒店预订和北京旅游线路。通过上面的学习,读者可能会选择"北京旅游""北京酒店预订"这些关键词。然而当利用百度工具进行关键词分析后,就会发现这些关键词热度太高,竞价排名的旅行社也多,自然排名也有很多机构都在争夺。这时,就可以利用搜索引擎帮助我们联想出其他的短语,如"首都旅游线路""北京市内旅游线路""北京中关村酒店预订"等,这些关键词竞争程度不高,搜索量也不少。它们就是核心关键词外的长尾关键词。

还是以"华图公务员考试"为例。其核心关键词为"公务员考试""公务员培训",以及间接关键词为"公务员考试培训""公务员面试培训"。根据这些词组又能延展出什么?参加公务员考试的用户,可能还需要公务员考试教材、考试辅导、培训视频、考试真题、考试技巧等产品或服务。另外,还需要公务员考试报名、网课培训、网课视频、网课音频、行政职业能力测验培训、申论考试培训等内容。如此而言,关于公务员考试培训的长尾关键词就会很多。但这些长尾关键词一定要与产品本身或核心关键词形成联系,才能产生良好的效果。

(4)网站中关键词部署。上面是关键词的分析办法和思路,不可忽略所有的关键词都要基于页面本身,关键词一定要和页面内容相符合。

在华图教育的网站上,公务员考试培训页面是主要页面,但除了这个产品和服务的详情页面外,还应该有许多辅助页面。因此,关键词部署还要应用同样的方法把网站所有常规页面的关键词都要定义出来。也就是说,如果一个网站分为了首页、频道页、栏目页、列表页、内容页等多个层级的话,那么,关键词要分析到每个常规页面。因为这些常规页面相对于经常更新动态的页面而言,变动不会太大。一旦成型,所要做的只是根据排名情况,进行调整。例如,一个关于考试经验的页面,可能就需要将"公务员考试技巧""公务员面试经验""公务员面试着装"等作为关键词。

当然,如今的网站都是动态生成的,对于那些更新量较大的栏目如考试内容等,无法直接预先定义出关键词,就需要编辑人员在发布时确定。

2.2.3.2 标题

在确定了关键词以后,需要对标题进行设计。标题是以关键词为核心的短语,它能够用简短的一句话概括出网页的内容。

在图2-22的网页代码中,<title>【华图图书网】公务员|事业单位考试图书教材-华图图书官网</title>就是该页面的标题;<meta name="Keywords" content="华图图书网,公务员考试教材,公务员考试图书,华图图书"/>就是该页面的所有关键字。

```
<meta charset="gb2312" />
<title>【华图图书网】公务员|事业单位考试图书教材-华图图书官网</title>
<meta name="Keywords" content="华图图书网,公务员考试教材,公务员考试图书,华图图书" />
<meta name="Description" content="华图图书网提供2019国家公务员、地方公务员、事业单位、教师、银行、信用社、医学、军转
<meta name="viewport" content="width=device-width, initial-scale=1.0, maximum-scale=1.0, user-scalable=0" />
<meta name="applicable-device" content="pc,mobile" />
<link rel="stylesheet" href="css/css.css?1" rel="stylesheet">
<base target="_blank" />
</head>
<body>
```

图2-22 百度中"公务员考试"竞价排名情况

(1)当所有常规页面关键词确定后,标题主要内容也就确定下来。例如,华图公务员考试培训的核心关键词为"公务员考试""公务员培训",那么,标题就绝对不能超出公务员考试培训这个范围。

(2)把关键词摆在前面,而后用"_"(下划线)连接起品牌名和网站名称。这个方法对除了首页外的所有页面均适用。为什么要这样设定?因为搜索引擎一般对标题的前14个字节(7个汉字)会给予更高的权重。如以华图公务员考试培训为例,这个产品页的标题就可定义为"华图公务员考试_华图_华图公务员培训"。倘若反着来,将所有页面(除首页)的标题定义为"华图_华图公务员考试_华图公务员培训",那么,当蜘蛛抓取网站页面的时候就会发现有很多标题的前几个字节都是一模一样的页面。如果页面数量非常多,那么,蜘蛛很有可能

将其判定为相同页面。一旦形成这样的现象,蜘蛛可能就不会继续深入下去抓取页面了。

（3）搜索引擎对于标题索引的最大字符数限制是 255 个字符,但一般标题的字数不超过 30 个字较为合适。另外,标题的优化一定要与网页内容有密切联系。此外,标题中的相关词连接选用"_"(下划线)还是"-"(横杠)要区别看待。英文词汇中,采用"-"作为一些词语的分隔符,在 Google 中也较为常见;但国内绝大多数的用户都是采用"_"来分隔多个词汇;还有一些网站采用了"|"来分隔关键词。

（4）标题与关键词一样,在保持独立页面独立标题的同时,还要避免出现以下问题。

①虽然标题可以在 255 个字符范围内,但也不要太长。因为在搜索结果页中,标题显示的长度是有限的,如果长度超过了搜索引擎显示的极限,就会被省略号代替。这样,用户虽然搜索到了网站,却很可能因为标题真正的内容被省略号替代而没有点击链接。

②标题一定要与页面内容相关,并且每个页面标题各不相同,否则很难有好的排名结果,如图 2-23 所示,该网站所有页面全部都是同一个标题,那样,即便优化做得再好,也很难有好的排名。

图 2-23　标题没有设置优化的网站

③不要轻易、频繁地变更标题。如果频繁地改变标题,那么,搜索引擎会认为网站在作弊,或者网站在频繁地更换内容。这样,搜索引擎就会对网站失去兴趣,从而采取不检索的措施。

2.2.3.3　网页描述

与关键词息息相关的另一项就是网页描述。网页描述就是用简短而自然的话语来说明页面的内容。

网页描述并不是在浏览器中所显示的网页的一部分,其影响力局限在提升搜索引擎排名以及吸引用户点击该链接。网页描述应该是一段语句连贯的内容,而不是把关键词堆在一起。同时,在这段描述里,必须包含关键词,其出现次数不用太多,但一定要有。此外,描述与关键词、标题一样,要做到每个页面都有独立的描述,同时不要重复。

此外,还要注意以下问题。

(1)不要复制其他机构的网页描述,应该是原创的内容,并具有特色。

(2)简洁明了,指明重点,不要把关键词堆到这里,最好形成一段通畅的语言文字。

(3)搜索引擎对于网页描述的字数也有限制,如果写得太长了,也与标题一样,会被省略号所替代。

2.2.3.4 Meta 标签三要素优化总结

Meta 标签是 SEO 的一个重要基础,因此,对于以网络营销为导向的企业网站来说,每个网页都应该有独立的反映网页内容的 Meta 标签,同时 Meta 标签三要素应该符合以下内容。

第一,每个网页都有独立的、概要描述网页主体内容的网页标题。

第二,每个网页标题应该含有有效关键词。

第三,每个网页主体内容应该含有适量的有效的关键词文本信息。

第四,对某些重要的关键词应保持其在网页中相对稳定。

第五,网页描述应该以自然语言的方式高度概括网页内容,并具有适量的关键字。

通过对互联网中许多企业网站进行观察分析,发现多数网站的 Meta 标签设计不合理,具体包括如下问题。

第一,大多数企业网站的网页没有独立的标题,或多个页面用同一个通用标题。

第二,通用网页标题无法保证网页标题与每个网页内容都具有相关性。

第三,网页标题设计没有包含有效关键词。

第四,网页标题与网页主体内容的相关性较少。

第五,同一产品不同名称使用关键词不一致或者不规范。

第六,过于"优化"网页标题,堆砌大量"重要关键词",造成网页标题臃肿,而且与网页正文内容相关性弱。

2.2.4 搜索引擎排名中各要素的权重

搜索引擎排名算法是各个搜索引擎公司的核心技术,因此很难得到最准确的排名计算公式,但通过对搜索引擎排名过程的大量研究和数据积累,可以粗略地推测出搜索引擎排名分数公式:

搜索引擎排名分数=(相关关键词分数×0.3)+(域名权重×0.25)+(外链分数×0.25)+(用户数据×0.1)+(内容质量分数×0.1)+(人工加分)−(自动或人工降分)

通过对上面公式中的因子分析可以看到,影响排名分数的因素依次是"相关关键词""域名""外链""用户数据""内容质量""人工审核"。那么,又是哪些因素影响到了这几个方面呢?

2.2.4.1 相关关键词分数

网页中不仅 Meta 标签三要素中具有合理的关键词,网页的正文也应该具有一定密度的关键词,而且关键词应该与网页的内容具有紧密的相关性。

(1) Meta 标签中关键词的选择与密度。
(2) 网页中 Heading 标签中关键词的处理,Heading 标签是设定网页正文中的各级标题,根据标题的不同,分别从 H1 排列到 H6,H1 就是网页正文的主标题,H2 就是副标题或段落标题,H3 就是小节标题,以此类推。
(3) 网页正文内容中关键词的密度及分布情况。
(4) 外链中关键词的选择与设置。
(5) 域名中是否包含关键词。

2.2.4.2 域名权重

域名在 SEO 中也占有重要的地位,对网站在搜索引擎中的排名有着关键的作用。
(1) 域名注册前是否被搜索引擎封杀过或处罚过。
(2) 域名注册时间的长短。
(3) 域名与网站主题的相关性。

2.2.4.3 外链分数

外链决定着一个网站被其他网站或在本行业内的认可程度,搜索引擎会根据外链的情况对排名进行调整。
(1) 外链网站的域名权重。
(2) 外链的质量与数量。
(3) 外链网页与本网站主题的相关度。
(4) 外链维持的时间。

2.2.4.4 用户数据

用户数据是指浏览者在浏览网页过程中的表现,它决定着用户对网站或网页的关注程度。
(1) 搜索引擎查询结果页面的点击率。
(2) 用户在网站中浏览网页的时间。
(3) 网站的访问量。
(4) 用户浏览时服务器的稳定性。

2.2.4.5 内容质量分数

搜索引擎主要从网页内容的相关度、网页内容的原创性与独特性、网页内容更新频率与更新速度、网站内容的稳定性考察网站内容的质量。

2.2.4.6 人工审核

搜索引擎也会根据当前的社会环境和条件进行必要的人工审核,从而对排名的结果进行适当调整。
(1) 搜索引擎工作人员的干预。
(2) 关键词人工加(扣)分。
(3) 搜索引擎技术人员对排名算法的调整。

当前,搜索引擎越来越重视浏览者的用户体验,将网站整体的受欢迎程度逐步列为搜索引擎排名的决定因素,对于用户体验不好的网站进行了降权处理。同时,搜索引擎还加大了对 SEO 作弊行为的打击力度,加强对 SEO 作弊的识别完善,能在最短的时间内发现作弊行为。所以,持续提高浏览者浏览网站的用户体验才是网站运营的根本任务。

2.3 搜索引擎营销(SEM)

狭义的搜索引擎营销(SEM)是指通过投放关键词广告来获得在搜索引擎中的更好排名,以最高的性价比,获得最大的来自搜索引擎的访问量,并产生商业价值。SEM 的关键词广告采用的是竞价排名方式,广告的计费采用 CPC 模式。

2.3.1 网络广告计费方式

网络广告有多种计费方式,上面提到的 CPC 就是各类搜索引擎普遍采用的关键词广告计费方式。

CPC(cost per click),即每次点击付费广告,也就是按点击付费的广告。这种计费方式最大的优点是对你产品感兴趣的人才会点击你的广告,广告主只需对这部分人的点击付费就可以了。但是,这种计费方式最突出的问题就是欺诈点击,也就是无效点击。因此,一些搜索引擎规定每个 IP 地址在一段规定的时间内不计第二次点击的费用。

CPM(cost per thousand impression),即每千次印象成本,这也是网络广告中常见的计费方式,这是根据网页的曝光次数来计费的方式,网页每次被打开也称为曝光或印象,这种计费方式是以千次为一个单位。

CPA(cost per action),即每次行为付费。现在企业越来越注重的是实际的卖出产品,只对实际达成交易或行动进行付费。这种付费方式虽然价格比 CPC 的价格高很多,但是不需要担心欺诈点击。

CPS(cost per sales),即每次销售付费,按照最终的销售额给予对方提成的付费方式,效果可控性较强,例如,淘宝中的淘宝客联盟模式。

虽然企业可以通过投放关键词广告使网站或网页排名靠前,但这还不是真正意义上的 SEM。在平时用搜索引擎检索信息时可以发现,虽然有些网站的链接排在了搜索结果第一页的前几条记录,但是标题和描述并不吸引浏览者,人们也还是不点击;或者点击了,但是网站打开非常慢,人们也会马上关闭网页并点击下一个链接;还有的是,当用户点击链接进入网站后,网站不能给用户提供有效的信息或服务,并且还不停地弹出广告,给用户带来了不好的体验。因此,SEM 的过程不仅仅是投放关键词广告,还要认真地进行 SEO 工作,因此 SEM 就是应用搜索引擎完成关键词投放,并通过不断地实施 SEO,最终提升转化率与综合效果。

SEM 的实施过程一般分为以下五个关键步骤。
(1)用户在搜索引擎中输入关键词并搜索。
(2)搜索引擎根据搜索关键词将搜索结果呈现给用户。
(3)用户对搜索结果进行判断,并点击符合自己要求的搜索结果链接。
(4)用户通过链接进入企业网站进行浏览。
(5)企业通过网站最终实现转化。

在实施 SEM 过程中,应该构造适合于搜索引擎检索的信息源,创造网站/网页被搜索引擎收录的机会,让企业信息出现在搜索结果中靠前位置,以搜索结果中有限的信息获得用户关注,为用户获取信息提供方便。

SEM 在搜索引擎的不同层面应具有不同的目标,在存在层的目标是被主要搜索引擎/分类目录收录;在表现层的主要目标是在搜索引擎中获得好的排名;在关注层的主要目标是提高用户对检索结果的点击率;在转化层的目标是将浏览者转化为顾客。

2.3.2 搜索引擎营销整体流程

通常来说,从商家申请开通搜索引擎营销推广账户到目标用户完成最终转化,其间会经历以下几个主要步骤。

第一,商家完成网站建立后,首先需要向搜索引擎提交开户申请;通过审核后,就可以对账户进行一系列,诸如架构设置、购买与产品/服务有关的关键词、关键词设定出价、编辑推广信息等前期准备工作;账户建立完善后,就可以发布推广信息,使推广正式上线。

第二,用户会通过不同的关键词来检索想找的信息。当用户的检索与商家购买的关键词相匹配时,搜索结果页中会触发相关的推广信息;在推广排名及推广创意的影响下,用户会选择最具吸引力的推广结果进行点击,从而被商家带入设置的目标页面,此时这些用户就成功转化为商家的潜在顾客了。

第三,若商家的网站体验和产品服务能够满足潜在顾客的需求,这些顾客就会希望通过进一步的沟通,获知完整产品信息;而商家网站中的联系电话或在线沟通工具等联系方式,就是顾客与商家之间不可缺少的沟通桥梁。最后,通过推广商户的说明及引导,潜在用户很可能会实现转化,产生注册或是购买行为。

具体如图 2-24 所示。

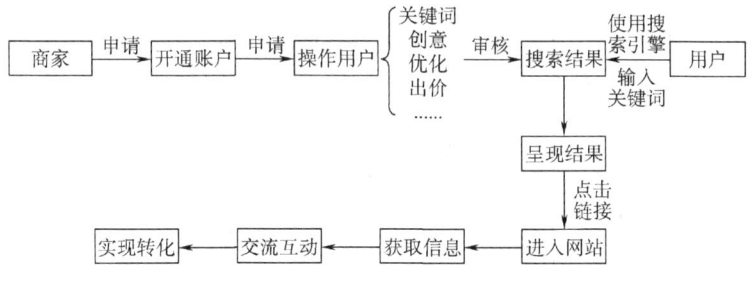

图 2-24　搜索引擎营销推广的过程

以上这个过程,可以概括为三大环节,在图 2-24 中,商家从【开通账户】到【呈现结果】为吸引关注阶段,【进入网站】和【获取信息】为获取用户阶段,【交流互动】和【实现转化】为达成目标阶段,具体内容如下。

2.3.2.1 吸引关注——设计推广信息

对于商家来说,推广结果能够在搜索引擎中出现并排名靠前才是其目的。当潜在用户通过某个关键词进行检索时,检索页中会呈现大量信息,如果推广信息位置靠后,被潜在用户发现的机会就会大大降低,推广效果就更无法保证。同时也需要注意,用户在进行搜索时,并非每条推广信息都会引起他的兴趣,他会从中判断、筛选出与其想获取的内容相关性强的推广结果进行点击,然后进入网页获取更详细的信息。因此,靠前的排名只是为商家增加更多被发现的机会,要想引起潜在用户的兴趣并点击链接,还需要商家时刻把握潜在用户的搜索行为和需求,用准确的关键词和独特的创意使推广信息引起用户足够的兴趣。

2.3.2.2 获取用户——优化网站结构、更新网站内容

通过搜索引擎可以为商家带来足够的访问量,这是搜索引擎营销的第一步,但不是最终目的。当商家的推广信息已经带来了点击,搜索引擎营销还需要完成第二步工作:使访问量转化为用户的兴趣,产生与商家交流并进行下一步的欲望。因此,在设置推广信息的同时,商家也需要优化网站,使网站的结构更加合理,导航更加清晰,页面更加独特;同时,更新网站内容,使网站内容更具时效性和权威性,用户获取信息更加方便。用户得到充分的信息后,将会采取下一步行动。

2.3.2.3 实现转化——达成最终目标

用户产生下一步行动的想法后,将会与商家进行进一步沟通,商家通过交流互动了解用户转化的线索,利用潜在用户的每一次咨询交流(如保证及时接听咨询电话,提高在线客服沟通说服技巧,注意回复礼仪等),增强他们对产品或服务的信心,促成他们的购买行为并为商家带来收益。

2.3.3 关键词广告竞价排名原理

搜索引擎营销中关键词广告采用的是竞价排名并按点击付费的模式,从字面上理解为某个商家如果对某个关键词出价高,则用户输入这个关键词时,搜索结果页面中这个商家的网页链接将排在前面甚至是第一位。但实际情况却不完全是这样,在多个商家竞争同一个关键词时,常常出现排在前面的未必是出价最高的。在搜索引擎的关键词广告中,综合排名指数(CRI)= 出价×账户质量度,这是排名真正的衡量标准。通过这个计算公式可知,如果关键词具有较高的质量度,就能够以较低的成本获得更好的排名。影响账户质量度有多个指标和因素,如表2-2所示。当推广中遇到相关问题时,需要我们能够以不断细分的逻辑思路对问题进行诊断,最终提出具有针对性的优化策略,达到最终的优化目标。

表2-2 搜索结果排名影响指标和因素

关键指标		主要因素	具体说明
搜索结果展现排名	账户质量度	点击率	排除位次、地域等因素
		相关性	关键词与创意、关键词与链接着陆页面
		创意撰写水平	通顺度、吸引力
		推广账户表现	账户内其他关键词历史推广表现
		网站或网页质量	用户点击链接后,商家网站的用户体验
搜索结果展现排名	关键词出价	关键词出价	商家为关键词和推广单元设置的最高价格
		最大展现价格	质量度、商业价值

2.3.3.1 账户质量度

质量度是关键词广告中衡量关键词质量的综合性指标,就是搜索引擎给商家搜索推广工作的打分。分值越高代表质量度越高,意味着搜索推广的质量越优秀,同等条件下赢得潜

在用户关注与认可的可能性越高。

当前,大多数搜索引擎都引入了质量度的概念,其数值反映了关键词广告被用户的接受程度:用户对某个关键词广告越感兴趣,点击的次数就会越多,点击率自然就越高,用户访问的体验就越好,自然质量度就越高。质量度算法基于海量的关键词广告数据,可以直观地反映用户对于推广信息和网站质量的认可程度。

(1)账户质量度的影响因素。质量度算法模型的核心是机器学习模块组和海量搜索数据,影响因素如下。

①点击率,即搜索推广结果的点击量占展现量的比值,较高的点击率表示潜在用户对推广信息的关注和认可;点击率是直接影响关键词质量度的重要因素;相关性和创意撰写水平是通过影响点击率来影响质量度的。

【创意】是指用户通过搜索引擎搜索信息时,触发了商家设置的关键词广告,从而展现给用户的搜索结果,包括标题、描述,以及访问 URL 和显示 URL,如图 2-25 所示,通过在百度中搜索"奶茶加盟",在网页中展现了三个推广结果,每个推广结果就是一个创意。

图 2-25 搜索"奶茶加盟"的展现页面

②相关性,包括关键词与创意内容的相关性,以及关键词与目标页面的相关性。若创意标题和描述飘红、创意通顺,并且关键词单元划分合理,即把结构相同、意义相近的词划分在一起,基本就可以达到系统对于创意内容与相关性的要求。关键词与目标页面的相关性是指关键词广告的着陆链接页面内容同关键词及创意内容的相关程度;并且网站打开速度、服务器的稳定性、跳出率、网站用户体验、网站的优化设计等方面均会进入质量度评价范围。

【飘红】是指当创意文字包含的关键词与用户搜索词包含的词语完全一致或意义相近时,在展现时会将关键词以红色显示,以引起用户的关注。如图 2-25 所示,在该展现页面中,不仅"奶茶加盟"以红色显示,由于"奶茶加盟店""奶茶""加盟商"等词语都是"奶茶加盟"的相近词,因此都以红色文字的形式展现。

③创意撰写水平是指围绕关键词所撰写的创意越通顺、越独特,就越能吸引潜在用户的关注。通顺度是一个专门判断创意撰写水平的评定指标。需要强调的是通配符的合理使用

会对通顺度的判定产生重要影响;并且,推广账户结构合理、架构清晰,推广单元中的每个关键词语意一致、词性一致,这些都是创意撰写水平的评价指标。

④推广账户历史表现包括账户的生效时间、账户内所有关键词的点击率等,其中点击率是影响质量度的最重要因素,点击率=点击量/展现量,是衡量用户对推广创意的认可度。账户综合表现需要通过持续的优化来提升。

⑤网页质量是指商家企业网站的优化质量,这影响着用户浏览网站或网页的体验,可以通过网页的跳出率等指标进行评价。

（2）质量度在推广账户中的作用。质量度会对关键词排名结果产生重要影响,主要体现在以下3个方面。

①影响关键词的排名。排名是由质量度和出价共同决定的,在出价相同时,质量度高的关键词排名将会靠前。

②影响点击价格。在排名一定的情况下,质量度越高,商家需要为搜索推广结果支付的单次点击价格就越低。

③影响最低展现价格。质量度越高,该关键词获得展现所需的最低展现价格就越低。

因此,持续优化与提高账户质量度,可以在同等情况下获得更好的展现位置、更靠前的排名、支付更低的推广费用,从而降低成本,提高投资回报率。

（3）质量度星级说明。在推广账户中质量度以星级+分数的形式进行直观展示,星级越高分数就越高,分数分为0~10分,如表2-3所示。需要注意的是,星级并不完全代表质量度,同等星级之间的平均点击价格仍然有所区别,星级更多代表的是分数范围,同等星级之间的关键词在质量度分数细节上还是具有差异的。

表2-3 搜索引擎营销推广的过程

关键词名称	关键词状态	启用/暂停	标记	出价	计算机指导价	计算机质量度	移动质量度
怎样成为一个……	有效	启用		4.00	-	☆☆☆☆☆9	☆☆☆☆☆10
怎样成为一个……	有效	启用		4.00	-	☆☆☆☆☆9	☆☆☆☆☆9
怎样才能成为……	计算机搜索	启用		2.50	-	☆☆☆☆☆8	☆☆☆☆☆10
考健身教练有……	有效	启用		3.00	-	☆☆☆☆☆8	☆☆☆☆☆10
考健身教练有……	有效	启用		2.50	-	☆☆☆☆☆8	☆☆☆☆☆10
怎样才能成为……	移动搜索无效	启用		2.00	-	☆☆☆☆☆8	☆☆☆☆☆9
如何成为私人……	计算机搜索	启用		2.00	-	☆☆☆☆☆8	☆☆☆☆☆10
如何成为模特……	暂停推广	暂停		2.00	-	☆☆☆☆☆8	☆☆☆☆☆9
如何成为健身……	移动搜索无效	启用		2.00	-	☆☆☆☆☆8	☆☆☆☆☆10
如何成为健康……	移动搜索无效	启用		2.00	-	☆☆☆☆☆8	☆☆☆☆☆10
如何成为国职……	移动搜索无效	启用		2.00	-	☆☆☆☆☆8	☆☆☆☆☆9
如何成为健康……	计算机搜索	启用		2.00	-	☆☆☆☆☆8	☆☆☆☆☆9
如何成为健身……	计算机搜索	启用		2.00	-	☆☆☆☆☆8	☆☆☆☆☆9
如何成为国职……	计算机搜索	启用		2.00	-	☆☆☆☆☆8	☆☆☆☆☆9

2.3.3.2 关键词出价

(1)出价。这是指商家愿意为所购买的某个关键词给出的最高点击价格。需要注意的是这个出价不是搜索引擎收取的费用,而是商家能够付出的最高价格。

(2)最低展现价格。理论上出价是按照商家的意愿给出的,可以从 0~999.99 元,但一般搜索引擎会为每个关键词给出一个"最低展现价格",也就是关键词的起价。商家如果想让某个关键词能够在搜索推广页面展现出来,则这个关键词的出价不能低于系统给出的最低展现价格。

不同关键词的"最低展现价格"是不同的;同一个关键词,不同商家在购买时得到的最低展现价格也是不同的。这是因为最低展现价格由商家账户的关键词质量度和商业价值共同决定。商家如果发现自己购买的最低展现价格较高,可能意味着该关键词的商业价值较高,或是因为关键词的质量度较低引起的。因此,可以通过优化商家账户的关键词质量度来降低最低展现价格。

这是搜索引擎防止一些实力雄厚的商家通过购买与自己无关的关键词提高曝光率而采取的一种平衡行业利益,建立公平竞争环境,维护用户体验的一种机制。

2.3.3.3 关键词点击价格计算

关键词广告的点击价格与网页中的排名和关键词质量度相关,具体的计算公式:关键词点击的价格=下一名的(出价×质量度)/自己的质量度+0.01 元。

具体解释就是:商家某个关键词的点击价格(CPC)就是在搜索结果页面所展现位置的下一个商家的综合排名指数(CRI)除以商家自己的质量度,再加 0.01 元。综合排名指数(CRI)= 出价×质量度。这里可以通过表 2-4 所示的实例进行说明。

表 2-4 出价、排名及点击价格实例

账户	出价	质量度	综合排名指数	排名	点击价格
A	1.8	0.95	1.71	2	1.74
B	1.5	1.1	1.65	3	1.46
C	2	0.8	1.6	4	最低展现价格
D	1.6	1.3	2.08	1	1.33

通过这个实例可以看到,在实际关键词广告投放中,商家自身点击价格在很大程度上取决于竞争对手的关键词出价和质量,优化时需要尽量多关注排名、点击价格和效果之间的关系,同时商家也应该比较理性地选择排名的位次。另外,关键词的热度会受到选词方向的影响,竞争热度会在很大程度上影响点击价格。

在整个点击价格体系中,商家只能控制质量度,所以需要更多地去优化自己账户中关键词的质量度,以达到降低投放成本的效果。如果商家的关键词排在所有推广结果的最后一名或是唯一一个可展现的推广结果,那么,点击价格为该关键词的最低展现价格。并且质量度越高,该关键词的最低展现价格越低。

习题 2

1. 查找资料,了解百度推广账户中,推广计划与推广单元的含义与作用,并说明它们与关键词、创意之间的联系。

2. 某公司主要在沈阳从事搜索引擎优化业务,请根据本单元讲解的知识点,为该公司确定一组较为全面的、适合关键词广告的核心关键词、普通关键词和长尾关键词。

3. 有 A、B、C、D、E 五家企业都在百度推广中购买同一关键词,表 2-5 是五家企业的关键词出价及百度推广账户质量度,请计算五家企业在百度中该关键词搜索的排名和点击价格。

表 2-5 企业百度推广账户对比表

企业	出价	质量度	排名	点击价格
A	1.7	1.16		
B	1.5	1.22		
C	2	0.98		
D	1.8	0.93		
E	1.6	1.29		

4. 针对学员所在学校或企业的官网,按照本单元所讲解的搜索引擎优化知识点,从网站外部、网站内容、Meta 标签三要素、网页布局、网页格式、网页 URL 层次优化、网站链接策略等方面分析官网是否符合 SEO 的要求。不符合的地方应该怎样改进?

5. 如果你是某奶茶加盟企业的网络推广专员,现在针对"奶茶加盟"这个核心关键词确定一组搜索关键词,并采用通配符撰写 2 条飘红的创意(可以在互联网上查找有关创意通配符的相关知识)。

3 社会化媒体的内容营销

教学内容:
- 内容营销的特点,与传统广告的区别;
- 社会化媒体的基本特征;
- 社会化媒体在内容营销中的应用;
- 当前常见的社会化媒体进行内容营销的基本方法。

能力目标:
- 通过本章学习,使学生能够总体了解各种社会化媒体的特征以及在网络营销中的应用,熟悉内容营销的基本知识与技能,初步掌握利用社会化媒体进行内容营销的基本方法和技巧。

3.1 内容营销

内容营销指的是通过文字、图片、音频、动画、视频等形式,经过合理的内容创建、发布及传播,向用户传递有价值的企业或产品信息,从而实现营销的目的。所依附的载体可以是企业的 logo、画册、网站、广告或者是实物(如 T 恤、文具、手提袋等),根据不同的载体,传递的介质各有不同,但是内容营销的核心必须是一致的。本书只探讨利用网络社会化媒体工具所进行的内容营销。

3.1.1 内容营销与传统广告的区别

3.1.1.1 方法不同

传统广告也被称为"硬广",往往直接对产品或企业进行展示。最常用的就是采用"品牌轰炸"和"产品轰炸"的传统营销方式,尤其是在新产品上市时,通过不停地在各个媒体播放广告,实现用户对产品的初步印象和了解。例如,郎酒集团的青花郎采用的广告语就是,"青花郎,中国两大酱香白酒之一"。既让用户了解了青花郎酒的特点,同时通过比肩更高端的酱香型白酒——茅台,来提升青花郎酒的品牌地位。脑白金更是从重复"今年过年不收礼,收礼就收脑白金"的广告语,到"脑白金,年轻态、健康品"的广告语,都有一个共同的特点:都没有忘记重复品牌名"脑白金"。这些广告,都是通过不断重复品牌/产品,让消费者深深地记住了它们。

内容营销不同于传统营销直接展示产品、重复品牌的做法。内容营销会先提供解决方案,帮助用户解决实际问题,或向用户传递有价值的信息,逐步培养用户的信任;在此基础上,再引导用户浏览、选择产品;当用户信任度达到一定水平,用户就会主动地购买产品;并且,由于用户信任度和黏性高,用户还会附带购买该企业或品牌的其他产品,也会产生较高的复购率。例如,欧莱雅品牌专门建立了一个产出内容的部门,专门制作一些视频或者图文的美妆教程,教用户如何化妆;同时还和 YouTube 合作创建了和产品相关的干货视频。其中,一个"如何塑造你的眉毛"的视频在没有任何付费媒体报道的情况下就有近万的浏览量。这种内容营销可以使普通的用户,通过观看欧莱雅的视频来感受到产品的效果,对产品产生信任感,最终形成黏性用户,再进行多次的主动购买。而这种营销方式的成本远远低于传统广告,同时客户的体验也较高,容易形成对品牌的忠诚度。

虽然内容营销提供的是"解决方案",但它并不是与"产品"相割裂的,好的解决方案必然是产品的核心组成部分,也能够逐步形成产品的品牌特征。内容营销打造的产品具有高附加值、高竞争门槛、高用户黏性的特点;传统广告打造的产品相对单一,用户只能通过品牌来识别产品,存在一定安全隐患。

3.1.1.2 策略不同

内容营销采用的是产品价值吸引,而传统广告往往采用的是价格吸引。内容营销更倾向于向用户传递产品独特价值,而传统广告往往更喜欢通过价格战来提高产品的销量。传统购物场景中,无论是线下商超还是线上商城,都存在着大量同质化产品供用户挑选,消费者面临的主要问题是"买哪个"。此时,价格高低、有无促销等都是很多用户重点考虑的因素;而在新媒体迅速发展的环境下,人们更加注重产品的体验和独特性。

例如,很多人一提到"江小白"想到的往往不是这款白酒的口感,而是它的文案带给用户内心体验,如图 3-1 所示。现在的年轻人不喜欢喝白酒,但江小白通过"总觉得没喝够,其实是没聊透""哥喝的不是酒,而是情绪"等文案吸引年轻人在喝酒时的关注点和情绪表达。除此之外,江小白还通过更多的方式进行内容营销。

图 3-1 江小白酒的内容营销文案

(1)文案。江小白的文案常常具有一定的情怀,在母亲节发布的海报文案就是"长大后常以嘴馋的名义表达你羞于说出的爱",这往往是用户在喝酒消费的场景中想要表达情感的话。

（2）固定话题。江小白在微博拥有"劝止酒驾""简单生活""我有一瓶酒,有话对你说"等固定话题系列、话题互动系列,更是拥有秒拍视频的这一个话题系列,固定话题的重复性可以培养用户的互动习惯,通过重复也能让消费者记住品牌所要传播的理念。

（3）青年文化节。江小白在2018年举办了属于自己的"YOLO青年文化节",通过青年节上几个小时的现场视听体验表达了年轻人的生活态度,也培养了年轻人的品牌偏好。

（4）蹭热点。江小白在2018年更加注重从品牌和产品两方面来表达自己的生活态度,用各种各样的营销热点来表达自我。例如在《后来的我们》上映期间,就打造了"美好的爱情大都相似,不幸的爱情成了故事"这个瓶身文案。

（5）《我是江小白》动漫。江小白携手两点十分动漫制作了一部以江小白酒业品牌形象为原型的动画《我是江小白》,在2018年制作了《我是江小白》第二季,用年轻人更青睐的二次元方式表达自己的观点,拉近和消费者的距离。

通过这些内容营销方式,使消费者在聚会喝酒的时候,将自己的情感表达融入所饮用的白酒产品中。在新的购物场景中,内容营销通过有趣的内容,可以更好地吸引用户注意,继而通过场景搭建,强化用户对产品价值的关注,弱化用户对价格的关注,促使其产生感性消费。

3.1.1.3 媒体不同

内容营销和传统广告所采用的媒体截然不同,一个是采用自媒体和社会化媒体的形式,一个是采用传统媒体的形式。传统广告往往采用传统媒体,信息单向线性传播,内容制造权被少数主流媒体把控,企业营销推广不得不依赖主流媒体;内容营销利用网络新媒体,信息呈现网状交互传播,人人都可生产内容,成为媒体发布者,满足不同用户的个性化需求。

在进行内容营销时,企业应该建立品牌自媒体战略。一方面,品牌自媒体是内容营销最重要的土壤,内容营销中解决方案的发布、传播,购物场景的搭建、转化,都需要基于品牌自媒体,才能持续有效进行;另一方面,内容营销又是打造品牌自媒体的关键,通过持续、稳定地生产高质量内容,品牌可以具备媒体功能,通过自媒体直接接触目标用户,而不再需要依赖第三方媒体。但构建品牌自媒体是一个较为复杂漫长的过程,不是开通几个公众号或每天发布几条产品资讯就可以简单完成的。

3.1.1.4 传播不同

内容营销和传统广告所传播的目标不同,内容营销传播的是用户对产品的体验、兴趣、口碑以及相关的故事,传统广告传播的是产品的用途和功能。传统广告模式下,用户对产品体验往往是说教式的,难以引起其他用户的共鸣。在内容营销模式下,内容传播可能发生在用户决策的任何一个阶段,只要内容有价值,引起了用户兴趣,即使最终没有购买产品,用户也会很乐意传播产品的相关内容,进而引起其他用户的购买行为。内容营销能更好地利用社交媒体的传播优势,扩大品牌和产品的知名度,放大了口碑效应对品牌的影响。通过图3-2说明内容营销的不同层级递进过程。

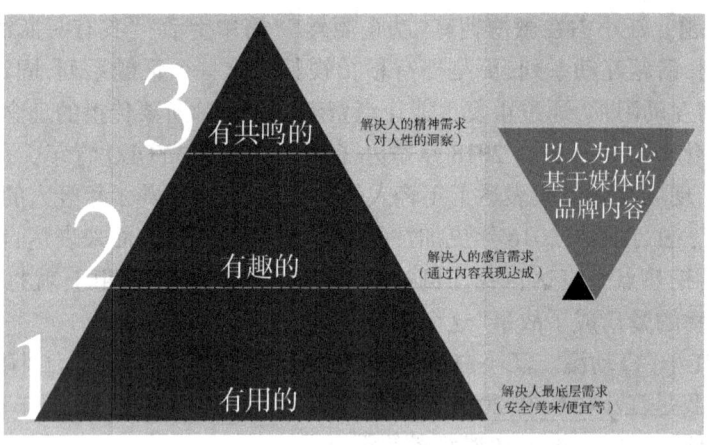

图 3-2 内容营销的不同层级

3.1.2 内容营销的重点要素

3.1.2.1 内容营销的内容要素

（1）内容营销的表现形式。常见的表现形式有软文、新闻稿、音频、播客、博客、研究报告、音乐、动画、图片、信息图表、在线教学、电视广播、幻灯片、视频、研讨会、手机应用或应用程序、互动游戏等多种表现形式。

（2）内容营销的内容发布策略。内容营销的关键是内容本身，内容的发布需要采取一定的策略。

①热点性内容，是指某段时间内搜索量迅速提高，人气关注度节节攀升的内容。

②即时性内容，是指内容充分展现现阶段所发生的物和事。

③持续性内容，是指内容可以持续挖掘的新的信息和话题，内容的含金量不受时间变化而快速变化。

④方案性内容，是指具有一定逻辑符合营销策略的方案内容。

⑤实战性内容，是指通过不断实践在实战过程中积累丰富经验而产生的内容。

⑥促销性内容，是指在特定时间内进行促销活动产生的营销内容，促销性内容价值往往体现在提高企业更加快速促销产品，提升企业形象上。

3.1.2.2 内容营销的平台要素

内容营销既可以采用传统媒体，又可以采用网络社会化媒体的形式，本书主要研究网络媒体。随着互联网的发展，社会化媒体以自媒体的形式传播内容，用户既是内容的接受者，也是内容的制造者和传播者。进行内容营销时，网络社会化媒体平台的选择十分重要。

当前，社会化媒体平台包括博客/微博、即时通信工具、消费点评、知识百科、网络问答、分享工具、视频直播、论坛空间、社交游戏等平台。往往平台的选择及表现形式决定了内容营销的传播效果和产品销售量。

3.1.2.3 内容营销的实施要素

内容营销的实施需要有一定的步骤，并且每一个实施环节都有其重点内容。

(1)确定商业目标。在内容营销开展之前应该有明确的商业目标,树立品牌、新品发布、增加销量、提高利润、扩大市场占有率,这些都是在实施内容营销前所应该确定的目标。

(2)策划内容。调查用户的需求,从用户遇到的问题出发策划内容,了解用户遇到了什么问题,给用户提供解决方案。

(3)组织内容。根据策划的内容,确定内容营销的平台和内容表现形式,完成内容营销的创意。在完成内容过程中应该关注内容作品的标题,内容的创意呈现形式(图表、图片、视频等),内容的趣味性和互动性。

(4)投放内容。通过对内容的投入,吸引用户关注;在投放内容的时候要选择好平台,平衡好投入产出比;还需要对发布的内容进行优化,让其更加适应搜索引擎的算法。同时,将投放内容的网络社会化媒体平台中的企业自媒体内容变成品类的入口,用内容吸引用户,让他们到企业的自有平台上来,具体如图3-3所示。

图3-3 通过自媒体内容引导用户进入企业自有平台过程

(5)传播内容。内容的传播需要吸引用户主动获取信息,尽量避免强制推送;刺激用户去分享、评论、互动和参与;同时设置"分享到微博、微信、QQ、收藏、复制链接"等按钮,这样传播的内容就有了自营销功能。例如,小米公司初期的发展就是建立了一个技术社区,社区里的粉丝大多数是"技术发烧友",通过研究分享技术,激发了粉丝的参与度,这些粉丝将小米当成了自己的品牌,不仅自己使用小米手机,并且主动传播小米品牌。

(6)分析效果。可以通过查看各平台的相关数据,如阅读数、评论数、转发量、点赞数等,分析内容营销的总体效果,并总结实施过程中出现的问题及收获的经验。

3.2 社会化媒体

社会化媒体也称社交媒体,指互联网上基于用户关系的内容生产与交换平台。社交媒体是人们彼此之间用来分享意见、见解、经验和观点的工具和平台,现阶段主要包括社交网站、百科、微博、微信、博客、论坛、播客、直播等,具体见图 3-4,表 3-1。

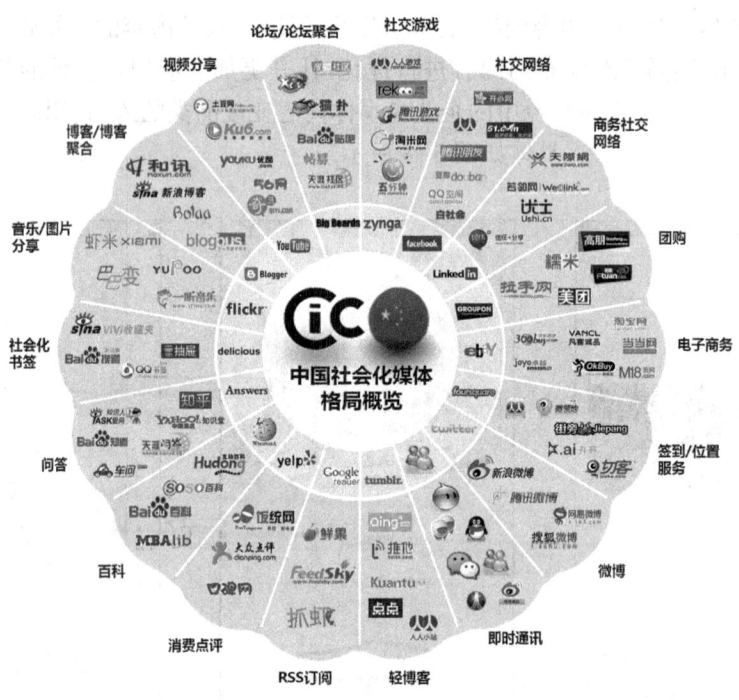

图 3-4 国内常见的社会化媒体

3.2.1 社会化媒体内容营销的功能

当前,社会化媒体内容营销主要是通过这些网络社会化媒体进行内容传播,进而达到营销的目标。通过社会化媒体进行的内容营销可以实现促进销售、建立社区、提高关注度、培养忠诚度、构建关系、市场调查、口碑营销、病毒营销、客户互动、客户反馈、品牌塑造等功能。在网络营销中,社会化媒体主要是指一个具有网络性质的综合站点,其中的内容都是由用户自愿提供的,而不是直接的雇佣关系,这就需要从新型的社交思维思考营销方式,而不是采用传统营销思维模式。

3.2.2 社会化媒体运营方式

社会化媒体运营分为以下两大类。

(1)社会化媒体基础运营,主要是指企业进驻社会化媒体平台,生产优秀的社会化媒体内容,建立社会化媒体的全网监控等方面。

（2）社会化媒体广告投放，主要是指大规模的营销策划推广活动，其核心表现是通过购买社会化媒体，以大范围的活动投放来进行社会化媒体营销活动。

表 3-1 社会化媒体重要平台

平台	特点	适用范围
博客/微博	一对多，媒体属性强，用户之间弱关系	适合于事件传播，企业发布产品广告及树立品牌
即时通信工具	以微信为代表，一对一，用户之间为强关系，沟通较为私密	不适合大规模营销，适用于点对点情感营销
直播/短视频	以抖音、快手为代表，媒体属性强，用户关系弱，表现形式更为直观形象	适合于产品、事件传播，传播速度和影响力更强
论坛/问答	一对多，用户关系强，通过软文内容更加详细丰富	适合沉淀老用户，沉淀精华内容，用户忠诚度高
空间	一对多，媒体属性强	年轻人使用率较高

3.2.3 社会化媒体的核心是用户创造内容

社会化媒体与传统媒体不同的是，传统媒体（如报纸、杂志、广播、电视）提供的内容，不允许或不鼓励读者、听者、观众参与内容的创建。社会化媒体是一种给予用户极大参与空间的新型在线媒体，用户创造内容是这种媒体与传统媒体的本质区别。没有用户，媒体这一信息沟通传播的工具，无论是传统媒体还是社会化媒体都失去了存在的价值和意义；没有主动创造内容的用户，传统媒体还能存在，但社会化媒体就失去了存在的意义；因此社会化媒体的核心是用户创造内容；社会化媒体的核心竞争力就是用户在其媒体上停留的时长和参与度；社会化媒体本身主要工作就是创造条件鼓励用户愿意主动、积极地创造内容。

3.3 社会化媒体内容营销的方向

通过社会化媒体进行内容营销的主流方向有三个：用户原创内容、专业生产内容、职业生产内容。

3.3.1 用户原创内容

用户原创内容（user generated content，UGC），是指用户将自己原创的内容通过互联网平台进行展示或者提供给其他用户。UGC 是一种用户使用互联网的新方式，即用户通过互联网由原来的以下载为主变成下载和上传并重。

各类社会化媒体平台大量地采用 UGC 模式可以丰富网站的内容并增强用户的黏性。例如，社交网络（Facebook、微信）的好友大多在现实中也互相认识，用户可以更改状态、发表日志、发布照片、分享视频等进行内容的创作，用户好友通过这些内容了解对方的动态；视频分享网站(YouTube、优酷、搜狐视频、bilibili、快手)以视频的上传和分享为中心,它也是用户自己创作内容,但也存在好友关系,但相对于社交网络,这种关系较弱,更多的是通过共同喜好而结合;照片分享网站(yododo、蜂鸟网)是以用户的照片和图片进行创作与分享;知识分享网站(百度百科、百度知道、维基百科)是为了解决用户的疑问,由网友创作问题的答案类分享知识;社区论坛(百度贴吧、天涯社区、知乎)是由用户通过共同话题而聚集在一起,并互相讨论解答;微博(Twitter、新浪微博)是由博主发布各种信息,吸引用户浏览讨论。

上述的社会化媒体平台几乎都是采用UGC模式扩充平台的内容和吸引用户的关注。

3.3.2 专业生产内容

专业生产内容(professionally generated content,PGC),是由更为专业的专家和团队来创作生产内容。例如,由专业的影视拍摄团队创作视频内容,由专业的作家或某领域的专家撰写软文、博文或微博。

现在专业视频网站大多采用PGC模式(如图3-5所示),分类更专业,内容质量也更有保证;电商媒体,特别是高端媒体采用的也是PGC模式,其内容设置及产品编辑均非常专业。例如,优酷就与多个PGC团队合作制作原创内容。从内容上,PGC生态系统是从内容生产、内容推广,到品牌的形成、粉丝的汇聚,最终内容品牌被粉丝反哺并进行自推广的整套生态闭环。从商业模式上看,优酷让优质内容形成品牌价值,再通过价值变现让创作者更专注内容创作。

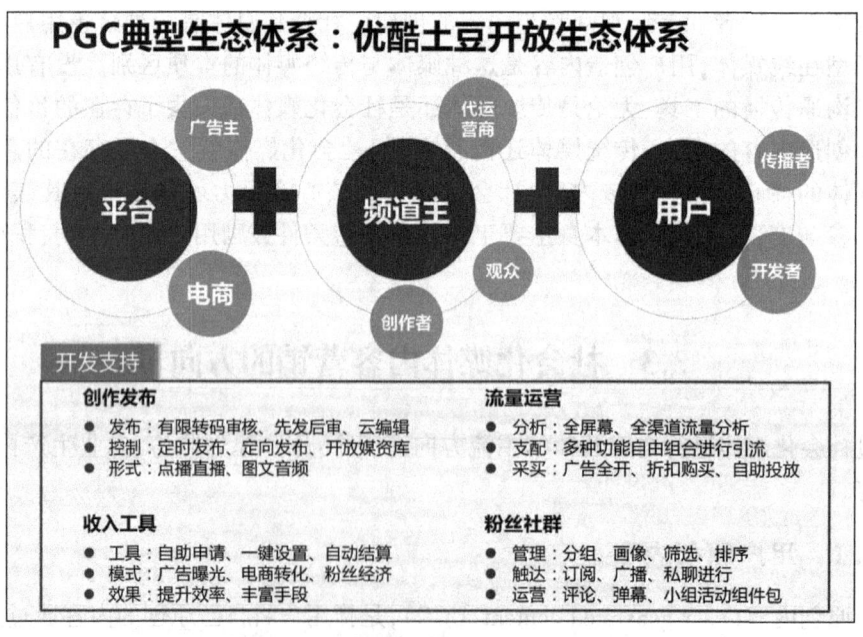

图3-5 典型的PGC产业生态模型(艺恩PGC产业链研究报告)

早期一些视频网站采用的是UGC(用户生成内容)模式,UGC有个好处是用户可以自由上传内容、丰富网站内容,但不利的方面在于内容的质量参差不齐。

3.3.3 职业生产内容

职业生产内容(occupationally-generated content,OGC),它与 UGC 正好相反,是通过具有一定知识和专业背景的行业人士生产内容,并领取相应报酬。社会化媒体网站中,以提供相应内容为职业(职务),如媒体平台的记者、编辑、版主。

UGC、PGC、OGC 这三者之间既有密切联系又有明显的区别。一个社会化媒体平台的 PGC 和 UGC 有交集,表明部分专业内容生产者,既是该平台的用户,也以专家身份贡献具有一定水平和质量的内容,如微博平台的意见领袖、科普作者和政务微博;PGC 和 OGC 也有交集,表明一部分专业内容生产者既有专业身份,也以提供相应内容为职业,如媒体平台的记者、编辑,他们既有新闻的专业背景,也以写稿为职业领取报酬。

一些视频网站最早采用的是 UGC 模式,而采用 PGC 模式则可以保障内容的质量。但过多地采用 PGC 模式也会降低平台的社交属性,而且 PGC 的创作也较为复杂,优秀的创意产生也较难。例如,在抖音里既包括了 PGC 模式创作的系列优质内容,同样也包括大量的、零散的通过 UGC 创作的内容。

3.4 主流内容发布平台运营

内容发布平台是通过为内容创作者提供内容发布、内容变现和粉丝管理的平台。这类平台属于自媒体平台,通过内容发布帮助企业、机构、媒体和个人在网络端获得更多曝光和关注,实现品牌、产品和服务的传播与变现。自 2016 年开始,出现了众多的内容发布平台,当前发展较好的有百家号、头条号、搜狐号、一点号、网易号等几个平台。

3.4.1 百家号

百家号是一个新闻类平台,涵盖了互联网、时政、体育、人文等多个领域。百家号发的文章主要展示在手机百度、百度搜索、百度浏览器。因为用户群很大,所以平台有很大的流量。百家号还有一个很大的优势,就是文章发布后收录特别快,百家号会侧重推荐优质的文章,阅读量就会比较高。

3.4.1.1 内容发布

百家号支持内容创造者轻松发布文章、图片、视频等作品。内容一经提交,将通过手机百度、百度搜索、百度浏览器等多种渠道进行分发。

3.4.1.2 内容变现

百家号为内容创造者提供广告分成、原生广告和用户赞赏等多种变现机制。

3.4.1.3 粉丝管理

每一篇百家号文章,在首页左上角醒目位置都有标志,引导用户进入作者的个人主页并对作者进行关注。作者可根据百家号提供的工具分析粉丝的人群属性,并通过个人主页针对粉丝展开各种运营活动(如图 3-6 所示)。

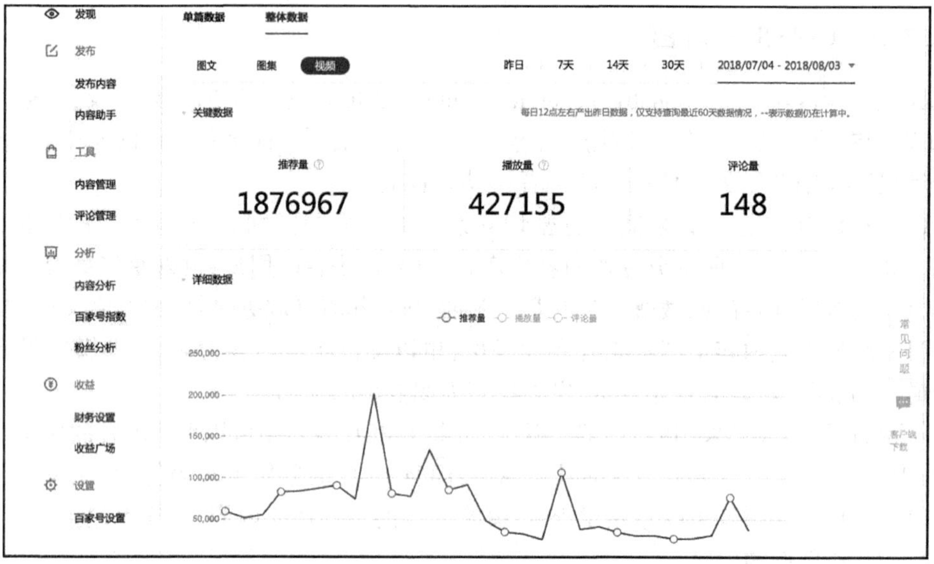

图 3-6 百家号后台管理界面

3.4.2 头条号

头条号,是今日头条旗下媒体/自媒体平台。平台有高精准且流量巨大的推荐量,非常适合新闻资讯类写作平台。它的特点是娱乐及新闻类的文章多,特别推荐的文艺类内容更容易获得高阅读量;相比其他平台,投稿文章可带作者自己的公众号信息作为引流入口(如图 3-7 所示)。

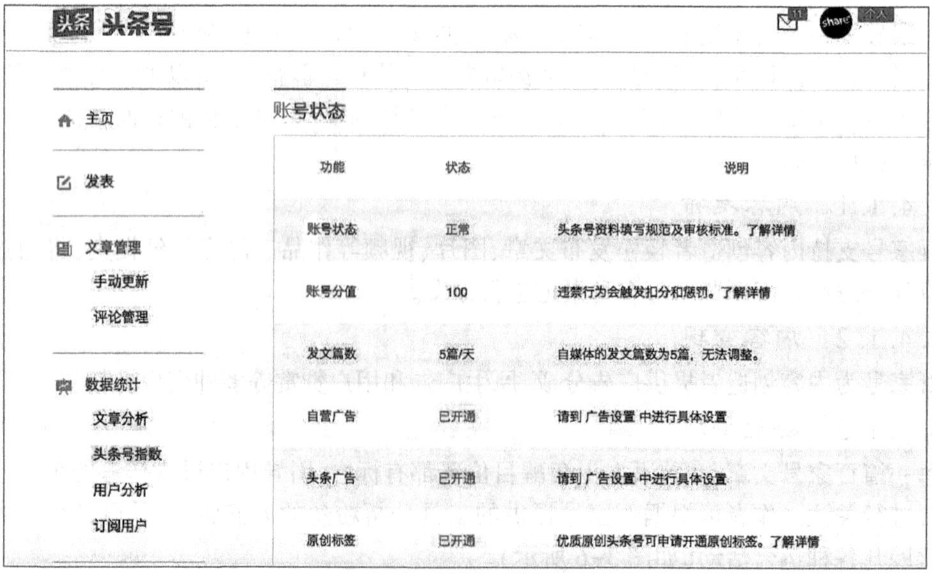

图 3-7 头条号后台管理界面

3.4.3 搜狐号

搜狐号是在搜狐网全新打造的分类内容的入驻、发布和分发全平台,以时政类、专题公益类作品为主要特色。它的流量较大,一旦文章发布后搜狐三端同步显示,作者还可以带上来源信息平台;同时被百度收录也非常快。但缺点是阅读量相对百家号和头条号来说较少。

3.4.4 一点号

一点号是一款流量较大的、高度智能的新闻资讯应用,平台本身支持一键导入文章。在一点号运营过程中,不要在发布的内容里植入公众号广告信息,否则基本无法通过人工审核;如果需要宣传公众号信息,可以在文章末尾注明"阅读原文"。

3.4.5 网易号

网易号前身为网易订阅,是一个干货分享的平台,是本地新闻类栏目,对内容原创生产要求较高。运营网易号要善于利用时事热点、重大事件来创作文章,文章发出后主要展示在网易新闻客户端。较其他几家平台来说,网易号运营较为简单。

3.5 微博运营

微博(Weibo)是指一种基于用户关系信息分享、传播以及获取的,通过关注机制分享简短实时信息的广播式社交媒体、网络平台,用户可以通过PC、手机等多种移动终端接入,以文字、图片、视频等多媒体形式,实现信息的即时分享、传播互动。

3.5.1 微博的发展与特点

3.5.1.1 微博的发展

2006年,最早、最著名的微博——Twitter(推特)出现,它是一家美国的社交网络及微博服务网站,也是全球互联网上访问量最大的十个网站之一。在最初阶段,微博只是用于向好友的手机发送文本信息,因此被形容为"互联网的短信服务"。

2009年新浪推出"新浪微博"内测版,成为国内门户网站中第一家提供微博服务的网站。此外还出现了腾讯微博、网易微博、搜狐微博等众多的微博网站。2014年,新浪微博宣布改名为"微博",由于新浪微博也是国内发展最好、用户量最大的微博,因此如若没有特别说明,微博就是指新浪微博。

据新浪微博数据中心在2019年3月发布的《2018微博用户发展报告》显示,截至2018年第四季度,微博月活跃用户增至4.62亿,移动端占比93%,日活跃用户增至2亿;微博头部用户增至70万,同比增长37%(头部用户是指粉丝规模大于2万或月阅读量大于10万的用户);微博大V增至4.73万,同比增长60%(大V定义是指粉丝规模大于50万或月阅读量大于1 000万的用户)。相比2017年,微博月活跃用户中,来自四级及以下城市的用户占比上升,继续保持下沉趋势;23~30岁的用户占比最高,男性用户占比高于女性用户,达到57%左右。

在微博覆盖的垂直领域中,娱乐明星、时尚美妆、游戏、动漫、美食是关注量最大的几类。仅 2018 年娱乐明星微博的粉丝总人次增至 167 亿人次,同比增加 39 亿人次;微博现有时尚美妆泛兴趣用户 4.2 亿,90 后人数突出,00 后增速明显,多数为生活在一、二线城市的单身、年轻、高知识女性;重度、核心的游戏用户人群将近 9 000 万。

3.5.1.2 微博的特点

与其他社会化媒体平台相比,微博有着自身的特点。

(1)便捷性。通过微博,用户既可以作为观众,浏览感兴趣的信息;也可以作为发布者,在微博上发布内容供别人浏览。微博最开始有 140 字的限制,现在限制在 2 000 字以下;同时也可以发布图片,分享视频等内容。微博最大的特点就是信息发布、传播的速度快。一个有 100 万粉丝的微博大 V,发布的信息可以瞬间传播给这 100 万个粉丝。

(2)传播性。微博草根性强,相较于传统媒体没有任何"门槛",任何人都可以加入。微博有多种商业模式并存,形成多个垂直细分领域,绝大多数微博内容属于免费浏览,更加偏重媒体的内容与影响,因此在信源的选取、关注的话题和个人叙事框架的构建方面,都可以保持一定的独立性,从而改变了媒体发展的动力模式。

在微博上,信息获取具有很强的自主性、选择性,用户可以根据自己的兴趣偏好,依据对方发布内容的类别与质量,来选择是否"关注"某用户;微博宣传的影响力与内容质量相关,发布的信息吸引力、话题性和新闻性越强,感兴趣和关注的人数也越多,影响力越大。一些大的突发事件或引起全球关注的大事,利用各种手段在微博上发表出来,其实时性、现场感以及快捷性超过了所有媒体。

(3)原创性。由于微博上发布信息可以是多种形式,对字数也没有过多的要求,这样就导致大量原创内容被众多的用户爆发性地生产出来。同时,随着移动互联网的发展,网络形象成为公众人物重要的组成部分,因此公众人物或是本人,或是团队通过微博信息打造明星个人网上形象,进一步促进了原创内容的产生。

3.5.2 营销型微博的构建

3.5.2.1 个人微博与官方微博

微博分为两大类:个人用户版本和官方用户版本。个人用户版本准入"门槛"较低,任何个人只需要提供手机号及邮箱即可注册开通;官方微博(企业微博)是微博为企业、机构用户(包括媒体、政务、机构、学校、网站等)量身打造的服务平台。官方微博是企业形象展示平台、新闻发布渠道、产品营销基地、客户服务窗口、公关处理手段、人才管理方式之一;与个人微博相比,它具有更丰富的个性化页面展示功能设置,更精准的数据分析服务,以及更高效的沟通管理后台。

官方微博,主题产品分"企业主页"和"管理后台"两部分。企业可以对"企业主页"进行一定的编辑美化,"管理后台"是官方微博特有的,包含多种功能设定和数据分析等相关插件。由于大多数的微博营销来自企业,因此本书只讨论企业微博的网络营销相关内容。

3.5.2.2 官方微博认证

在微博进行官方注册时是需要根据机构的性质不同,进行不同方式的认证。认证的审核周期为 5 个工作日(如图 3-8 所示)。

图3-8　官方微博注册界面

(1) 机构认证。

①申请入口:通过电脑网页端点击右上角"齿轮下拉菜单"→"V认证→更多官方认证→机构认证"。

②认证范围:粉丝后援会、明星工作室、体育团体、球队、赛事委员会、体育俱乐部、博物馆、美术馆、寺庙、剧场剧院、图书馆、道馆、音乐厅等。

③审核标准:昵称与认证说明、认证公函中的主体有相关性,不可过于宽泛;不能存在不雅词汇或谐音存在不雅词汇;粉丝后援会、官方粉丝后援会、工作室昵称不能是××贴吧、××百度贴吧、××粉丝网、××粉丝论坛;普通粉丝后援会昵称不可启用××官方粉丝后援会。

④认证说明格式:机构全称(+官方微博),例如:×××工作室官方微博、××车友会官方微博。

(2) 政府官方认证。

①申请入口:通过电脑网页端点击右上角"齿轮下拉菜单"→"V认证→更多官方认证→政府认证"。

②认证范围:公安机关、司法、交通、旅游、医院、卫生、市政、工商等政府机构官方账号可以申请政府认证。

③审核标准:微博昵称应是权威机构授权的单位全称或无歧义简称,可以个性化,也可以拟人化,但是要做到与认证说明相关;可以是该政府举办的活动,但是需要在公函简介中写明;可以是政府部门拼音字母或者拼音首字母。微博头像需要代表政府,可以是公安形

象、风景形象(需要为当地特别建筑或风景),要与认证说明相关,不可以是色情图片。

④认证说明格式:公函上的公章全称+官方微博。

⑤所需资料为加盖公章的《政府认证申请公函》。

(3)媒体认证。

①申请入口:通过电脑网页端点击右上角"齿轮下拉菜单"→"V认证→更多官方认证→媒体认证"。

②认证范围:传统媒体类(报纸、杂志、电台、电视台、广播电视台以及旗下的网站),新兴媒体类(媒体网站、通讯社、电视栏目、网剧、电视剧、电影节、演唱会、展会、戏剧、机构自媒体、新媒体App)。

③审核标准:微博昵称应该使用权威机构授权的单位全称或无歧义简称,不可有个人属性,不带有色情信息,应与认证说明有一定联系,不可过于广泛。

④认证说明格式:昵称(+官方微博/官V)或认证全称(+官方微博/官V)。

⑤所需资料:报纸发行许可证/期刊许可证书/互联网视听许可证/公司营业执照(需写明报社、杂志社名称)/事业单位法人证书(需写明报社、杂志社名称)/组织机构代码证(需写明报社、杂志社名称)+加盖公章的媒体申请认证公函;政府开具红头文件/批文。如果是机构自媒体,则需要提交公司营业执照/事业单位法人证书/组织机构代码证+加盖公章的媒体申请认证公函,以及近1个月内有5条原创长文或者近1个月内有3个原创视频的微博内容。

(4)公益认证。

①申请入口:通过电脑网页端点击右上角"齿轮下拉菜单"→"V认证→更多官方认证→公益认证"。

②认证范围:依法成立的,以发展公益事业为宗旨的基金会、慈善组织等公益性社会团体;依法成立的,从事公益事业的不以营利为目的的教育机构、科学研究机构、医疗卫生机构、社会公共文化机构、社会公共体育机构和社会福利机构等公益性非营利组织。

③审核标准:微博昵称需要为认证主体的全称、无歧义简称或无歧义公益项目名称,如存在歧义,需在项目名称前添加机构关键字以示区分。

④认证说明格式:公益机构全称+官方微博或组织方+公益项目名称。

⑤所需资料:发起主体组织机构代码证+加盖公章的《公益组织认证申请公函》。

3.5.2.3 官方微博装修

以营销为导向的官方微博应该注重微博的形象与内容。微博形象主要通过装修来实现。如图3-9所示为电脑端显示的企业官方微博主页,图3-10所示为移动端企业官方微博的主页和微博页面。

(1)设置封面图。登录企业微博进入主页,将鼠标移动到主页图片上,会显示出"上传封面图"按钮;点击"上传封面图",弹出"文件上传"选项对话框,可从电脑中选择图片;建议上传尺寸为920×300px的图片,如果图片尺寸过大或过小会被自动压缩或拉伸;手机客户端中的封面图和电脑端不同步,需要单独在手机客户端上进行设置,客户端封面图为正方形,一般将图片主要内容设置在中间450px内(如图3-11所示)。

图 3-9　电脑端官方微博界面

图 3-10　移动端官方微博界面

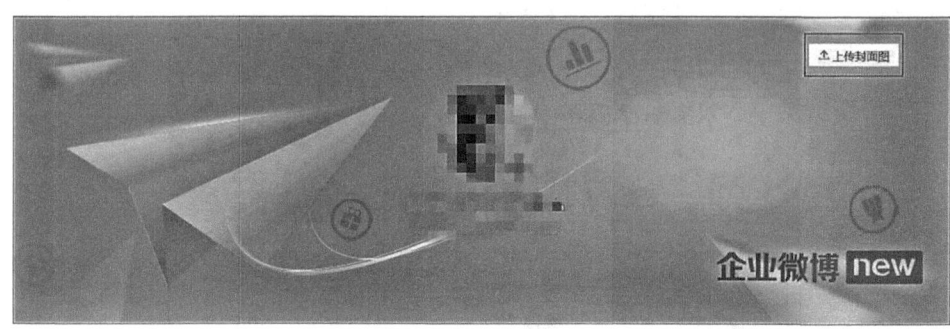

图 3-11　设置封面图

（2）设置背景图。登录企业微博进入主页，点击页面右上角的背景引导标签（倒三角的彩色图片按钮）；点击后弹出设置对话框，支持"套装、自定义、卡片背景"；自定义设置中可以使用 1 600×900px 的背景图，使用后用户可以进行微调（如图 3-12 所示）。

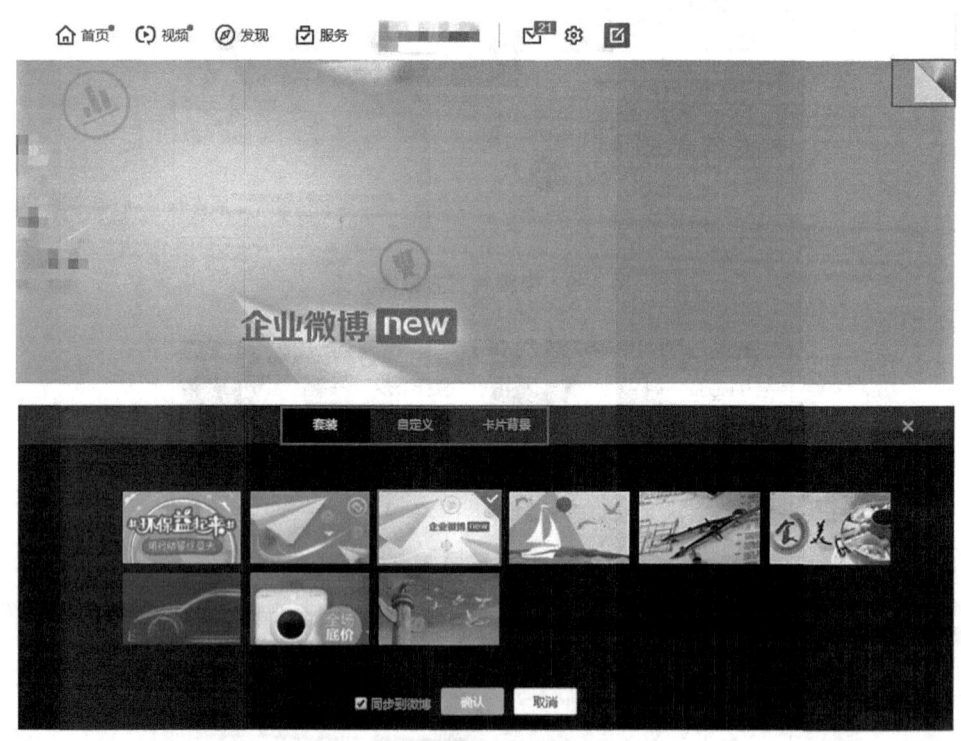

图 3-12　设置背景图

（3）设置联系人。登录企业微博进入主页，点击管理中心左侧的设置管理→资料管理→联系人；点击页面显示区域的"马上添加"按钮；"联系人"模块中包含"领导人，工作人员，相关机构"三个模块，可以修改模块名称；每个模块可以添加 39 个微博成员，可以通过拖拽排序（如图 3-13 所示）。

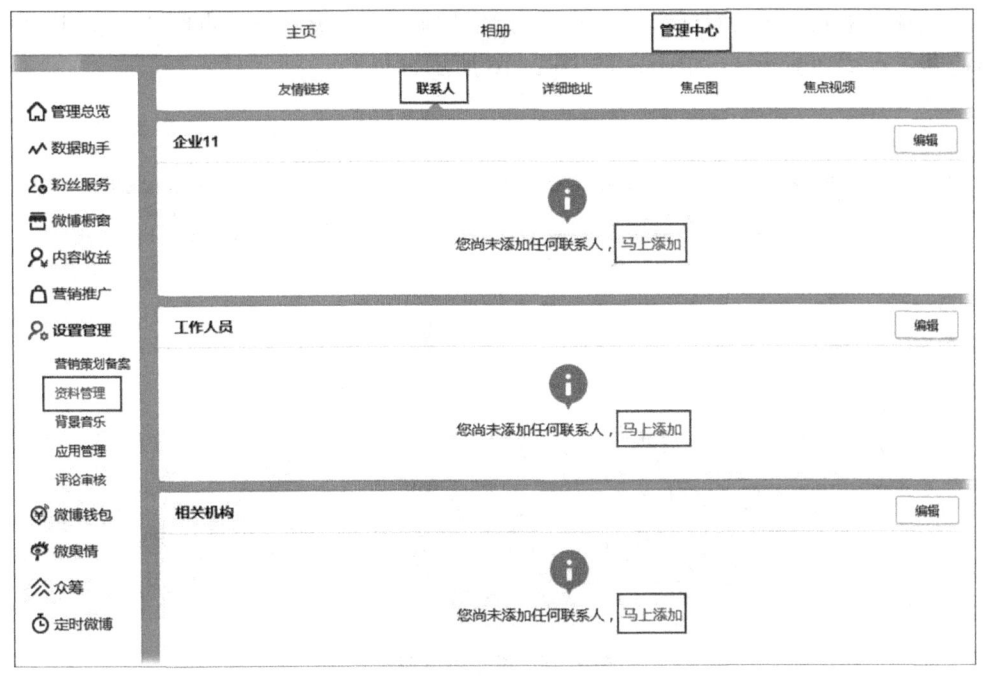

图 3-13　设置联系人

（4）设置友情链接。登录企业微博进入主页，点击管理中心左侧的设置管理→资料管理→友情链接；点击显示区域的"马上添加"按钮，点击"添加友情链接"，按照页面提示设置；链接名请输入 10 个字以内，最多添加 6 条，如果不设置移动链接地址，移动客户端则无法显示友情链接（如图 3-14 所示）。

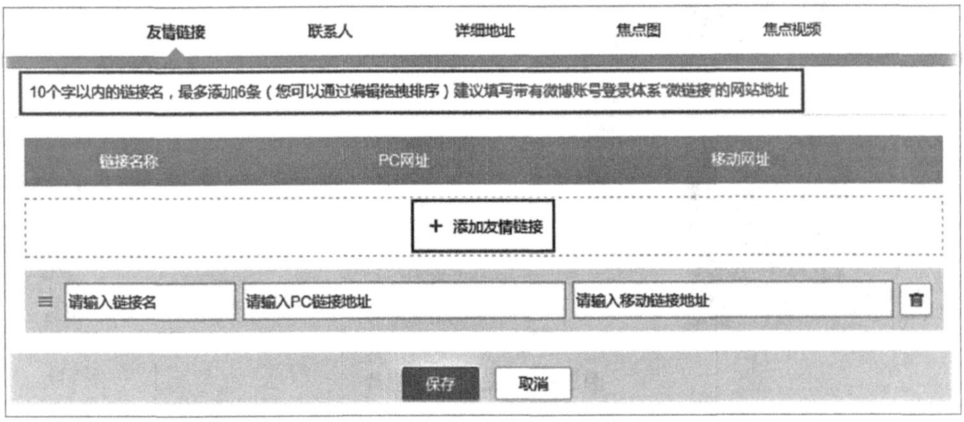

图 3-14　设置友情链接

（5）设置焦点图片（轮播图）。登录企业微博进入主页，点击管理中心左侧的设置管理→资料管理→焦点图；点击显示区域的"马上添加"按钮，按照提示上传图片和输入跳转网址（可手动输入地址或选择活动、文章、卡券等链接地址）；图片的尺寸一般为 560×260px，焦点图片默认顺序按照发布的时间显示,可以通过拖拽调整;若未进行焦点图片设置,则主页会默认隐藏焦点图功能区域(如图3-15,图3-16所示)。

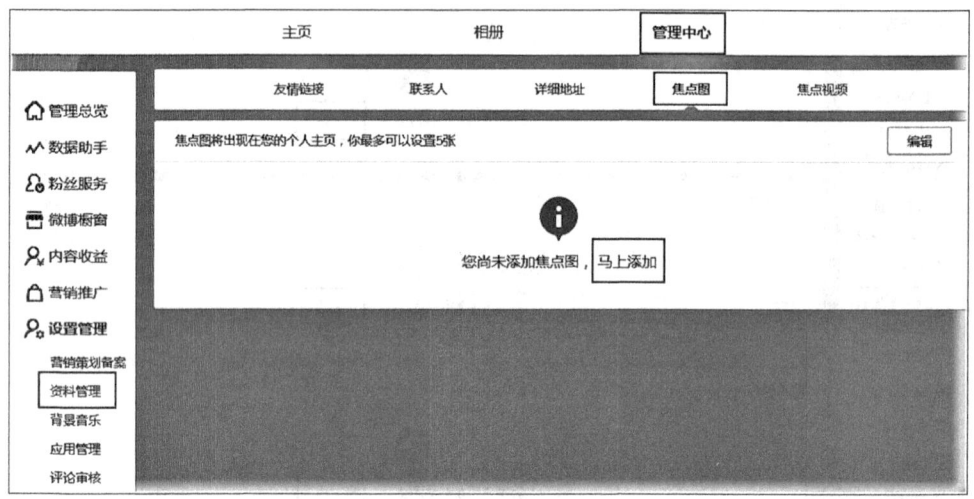

图3-15 设置焦点图片

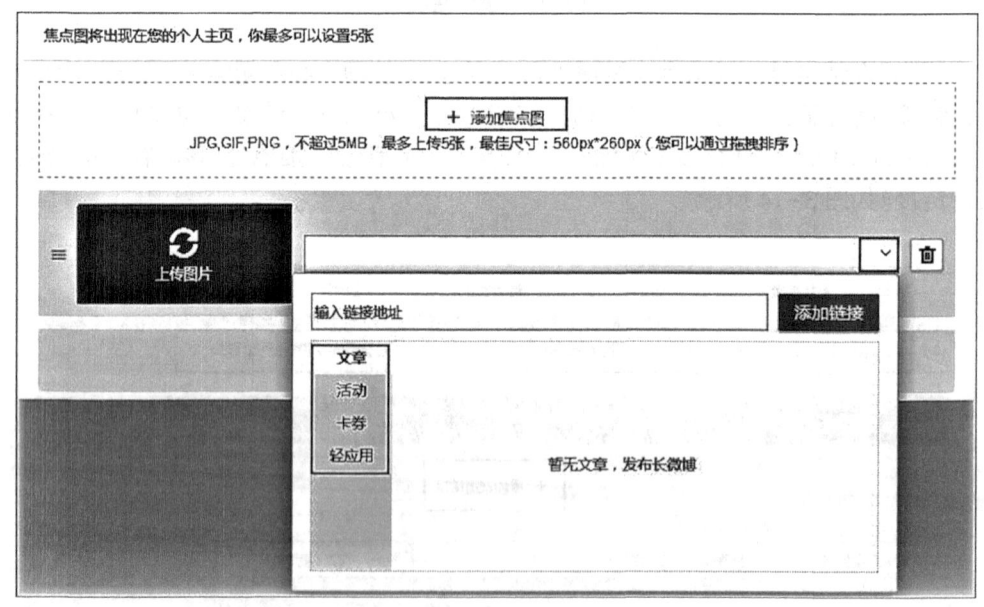

图3-16 设置焦点图片

3.5.2.4 个人微博认证

个人申请微博后也可以进行认证。进入登录个人微博主页后,在页面的最下部,点击"申请认证",即可根据个人实际情况进行认证。

认证也称之为"加V",企业账号认证加"蓝V",个人账号认证申请加"黄V"。对于有营销目的的个人账号和企业账号来说,认证是注册后第一时间应该完成的。认证可以防止被别人冒充,防止影响账号的形象或名声;"加V"认证可以增加账号的权威性和公信力;如果是自媒体认证类型,平台还会有相关政策进行引流和给精准粉丝做推荐。通过身份、兴趣、自媒体、金V、超话、故事红人、代理等7种认证方式。具体如图3-17所示。

图3-17 微博个人认证类型

微博还有一个超级话题的功能,简称超话。这是指在微博中,拥有共同兴趣的人集合在一起形成的圈子,类似于QQ上的兴趣部落。超话大多以明星偶像为主,粉丝通过超话可以与明星偶像进行沟通。

超话不同于普通话题,普通话题用户在搜索之后就可以发布动态、表达观点等,但是超话不可以这样,超话有着严格的规则,它更像是一种筛选,将不是真正热爱某一事物或者明星的人给排除掉,以此来保证这个社交圈子的和谐,明星的超话中一般需要有主持人进行管理和维护。

3.5.3 营销型微博的运营管理

微博给用户提供了完善的管理工具,可以对微博的数据进行统计分析,对微博的运营进行管理。微博的后台管理界面如图3-18所示。

3.5.3.1 微博营销的模式

微博营销常见的几种模式如下。

(1)明星模式:明星谁当红,谁就有具有影响力,例如,2019年当红明星蔡徐坤,1天发2篇微博,可以产生100万+的阅读量和127万的互动数。

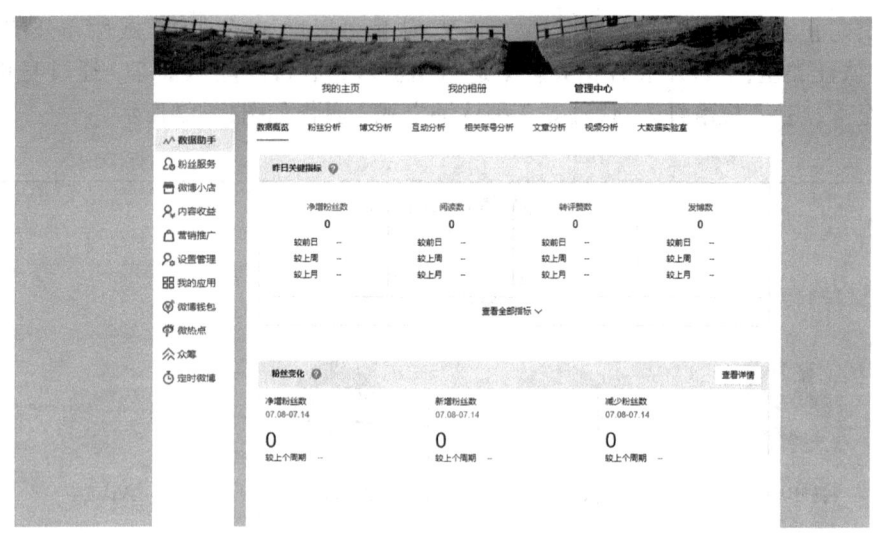

图 3-18 微博后台管理工具

(2)网红模式:通过网红自己为自己代言,进行营销。作为微博最具商业价值的红人——张大奕,其淘宝店铺在 2016 年成为淘宝第一家"双十一"销量破亿的女装店,并在 2018 年的"双十一"活动中,在 28 分钟内取得销售额突破 1.7 亿元的成绩。

(3)商界领袖模式:商界知名企业家,折射人格魅力标签,如雷军、董明珠等。

(4)专家模式:通过自己在某一领域的专业知识,采用付费阅读和打赏收入的模式进行营销。

(5)媒体模式:传统媒体借助于自身的媒体优势,过渡到新媒体领域进行营销。

(6)自媒体模式:从无到有构建自媒体,逐步增加粉丝量和曝光度,从而进行网络营销的方式。

(7)电商模式:通过微博橱窗所进行的社交电商。

3.5.3.2 微博营销的目的与定位

微博营销的效果不仅要体现在短期的活动策划,更应该用长期运营的思维进行维护与发展。良好的口碑与互动体验能够进一步提升品牌的认知度与好感度,对品牌的营销传播会更为有利。因此在通过微博进行营销时就需要确定微博营销的目标与定位。

企业进行微博营销的目标无外乎是品牌宣传、客户管理、销售或是公关关系等几个方面。

无论是微博,还是微信,抑或其他媒体,首先要想清楚营销的定位是什么,想吸引什么样的人的注意力,想引起哪类人群的共鸣,弄明白标签是什么。微博营销定位可以从服务人群、自身形象和微博运营的目的三方面考虑。服务人群定位需要根据目标用户的喜好、性别、地域等特点进行,用于指导该账号发布内容;自身形象定位,明确企业优势,做出差异化,需要考虑希望给受众的印象、能够提供的价值、微博语言风格和运营者自己的特色等;设定微博账号的目标,根据目标确定微博运营的定位。

在微博营销定位的具体实施过程中应该注意的是要精心选择发布形式,同样的微博,选择不同的发布形式效果是有差异的。是纯文字,还是文字加图片?是几张图片?是视频还是音频?是图文还是投票等。通过设计微博话题,能够引发讨论和转发,话题最好系列化、品牌化,有自己的发布周期,长期经营下去。

3.5.3.3 微博营销的内容策划

企业的官方微博中的内容有原创、转发和互动等几种,优秀的内容策划对微博运营的成功具有显著推动作用,其中的内容主题、内容来源和内容发布规划非常重要。内容策划需要规划好每个类别栏目的比例,发送的时间、内容展现的形式,内容的来源和维护更新方式。根据企业微博运营的目的,可以从品牌推广、产品介绍、增加粉丝、活跃粉丝等进行一系列的内容规划,如表3-2所示。

表3-2 微博营销的目的与内容策划

微博营销目的	微博内容策划
品牌推广类	品牌故事、企业活动、企业新闻、经营理念,以及其他形式的品牌语调用以宣传公司品牌,树立形象
产品介绍类	产品归类、产品盘点、产品功能、产品上线等一切以产品为中心的内容,以及引导和教育市场的内容,还有店面环境、顾客反馈、良好体验等以宣传产品为主的内容
活动类	微博话题、转发有奖等与产品、增粉、活跃粉有关的内容。这一类一般都是规定话题规则、转发规则,用奖品刺激用户参与,不断产生内容,增加互动量,进而提高活动的影响,达到营销目的
鸡汤类	鸡汤是用户最喜欢转发的内容之一,而运营者所需要做的就是将鸡汤和产品联系起来。例如,图片配上产品信息、产品图或是产品logo。潜移默化地树立产品的品牌个性,争取用户共鸣

不仅仅是微博,其他自媒体平台也一样,内容策划的共性非常多。因此在内容策划时应该采用的策略包括:建立话题素材库;建立时间地图,按时间地图策划内容,使话题具有计划性;选择合理设计发布时机;重视转发和原创的比例;认真创作原创内容,并提升内容的可读性;打赏诱导。

3.5.3.4 微博营销的策略

(1)建立微博矩阵,首先建立一个能够产生影响力的平台,并建立链式传播系统,这就需要微博账号矩阵。如锤子科技建立了以@锤子科技、@罗永浩、@坚果手机等为主要阵地的微博矩阵。各微博明确定位、各司其职,同时装修和内部建设保持统一,共同展现企业的品牌内涵。

(2)病毒式传播创意策划,作为社会化媒体,可以借助社会化媒体能力传播覆盖更多的人。在微博热门转发中,情感类、新鲜类、实用类、娱乐类、消遣类、通用话题类等内容会让互动效果事半功倍。

(3)微博活动,无论是为了吸粉,还是为了引爆品牌传播,促进销售或增强客户黏性,微博营销中活动是贯穿始终的,如何开展活动聚集人气提升品牌尤为关键。

3.5.3.5 微博矩阵的构建

为了提高微博营销效果,企业往往会针对企业或产品构建一个微博矩阵。例如,前面提到的锤子科技公司,就构建了由多个微博账号组成的微博矩阵,并且每个微博账号承担不同的任务,具体如图 3-19 所示。

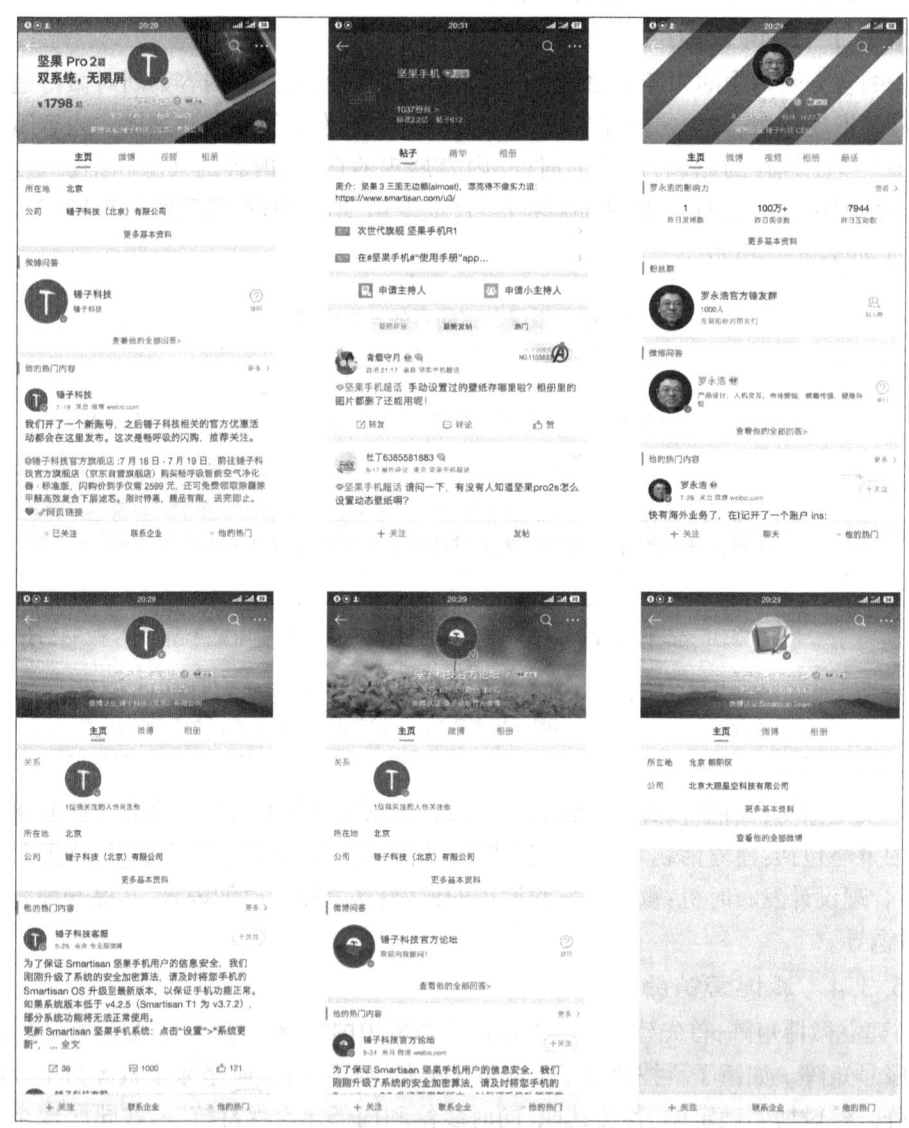

图 3-19　锤子科技的微博矩阵

(1) 微博矩阵的建立并非随心所欲,而是要遵循一定的规律与技巧。品牌微博就如同企业在微博领域的办事处,如果环境及办公流程不规范,本身就会给粉丝(潜在用户)造成不好印象。企业必须根据自身需求,建立好微博矩阵,具体可以从以下几个角度来考虑。

①品牌需求划分。如宝洁公司的微博,就包括@海飞丝官方微博、@飘柔官方微博、@碧浪官方微博和@佳洁士官方微博,因为不同的品牌有不同的定位,所以需要分别建立微博。

②按地域划分。这个原则在银行、网站、团购等行业较为普遍,便于区域化管理。例如,招商银行信用卡就开通了北京、上海、广州、厦门等子微博。

③按业务需求分。根据公司的业务不同开通不同的子微博,例如,阿里巴巴就分别建立@阿里巴巴、@淘宝、@天猫、@聚划算等子微博。

④按功能定位分。如@VANCL粉丝团是专注于粉丝互动的交流平台,气氛活跃、轻松休闲、语言幽默,@凡客诚品这个账号则发布一些官方新闻动态信息,而@VANCL客服中心主要接受咨询、投诉建议。同时有些公司还会以人事招聘、技术中心等职能划分来建立微博。

此外,还可以根据高管、领导职务来建立微博加入微博矩阵,如锤子科技通过其创始人罗永浩在网民中所具有的影响力,采用@罗永浩的微博宣传产品和品牌形象。

(2)微博矩阵常见的模式如下。

①1+N矩阵。这种矩阵以一个母品牌的产品线为主导,在一个大的企业品牌/官方微博之下,再开设N个产品专项微博,构成完整的微博宣传体系。对于产品结构和品牌构成相对简单的企业,这种组合模式可以起到弱化品牌定位、强化产品卖点的作用,有利于旗下产品在用户心中形成各自鲜明的产品特色,准确影响自己的目标受众。

②AB矩阵。这种矩阵以品牌形象塑造、维护为主旨,通常以一个活动/形象微博A和一个品牌微博B的形式形成矩阵组合;通过一正一辅两个账号同时营销推广,避免了信息混乱、微博账号定位不清的问题;一硬一软,品牌硬性信息输出加上品牌软性诉求感化,从两方面影响消费者。

③三维式矩阵。这种矩阵通过企业人、产品线、生活理念重塑三个维度,布局微博账号,最大限度发挥企业内部资源的微博布局方式。借助企业名人的影响力,吸引媒体关注,增强媒体关注度;产品改变生活,将产品本身所倡导的生活理念持续输出给受众,形成庞大的群体属性,增强品牌归属感;通过3个维度,3类受众,影响力优势组合,将更容易在更大范围内实现注意力经济。

3.5.3.6 微博日常运营工作

确定了微博营销的目标、定位,构建了微博矩阵后,就要开始较为枯燥的微博日常运营工作阶段。在进行日常运营过程中应该注意如下问题。

(1)微博消息发布数量。周一至周五平均每天至少更新1条微博,周末每天更新2~3条,这样有利于保持微博粉丝的关注度。

(2)发布时间。周一至周五的晚上20:00以后可以发布与行业相关的专业资讯。周末早中晚各1条,具体的内容可以是:在早上发布鸡汤类正能量信息;中午发布1条企业所处行业的最新动态、产品或产品评价;晚上通过蹭各类热点吸引粉丝。

(3)发布内容。发布内容应该包括各类信息,如正能量/新闻资讯/温馨提示,行业干货/行业资讯,蹭热点,活动发布等,通过"#"正确选择微博内容的关键字,通过"@"吸引用户关注,引起互动话题。

(4)粉丝建设。主动关注与某一个行业相关的用户,若有潜在用户关注,要主动与粉丝沟通,定期要与粉丝们做个互动的微博,提升粉丝活跃度及黏性。还可以加入社群进行微博互相关注,或者微博搜索互粉贴进行粉丝关注工作。

(5)对外推广。微博的对外推广包括付费广告推广、线上广告投放、KOL联系投放、论坛推广等;同时,在企业官网内嵌入微博按钮,通过其他网络平台协助推广微博。

(6)活动推广。微博活动策划常规的方法和手段包括有奖转发、有奖征集、有奖竞猜、有奖调查等,定期合理组织活动来提升粉丝关注度以及黏性。

(7)活动策划。活动策划分为微博内部活动和企业外部活动,在发布活动的时候需要注意活动标题的撰写、活动奖品的选择以及适当的中奖率。

(8)活动实施步骤如下。

①确定关键字鲜明、吸引眼球的活动主题。

②策划活动方案,活动规则简单明了,活动门槛低,面向所有的用户。

③活动发布和维护,随时跟踪活动效果,及时与粉丝互动维护效果(活动发布时间可以选早上9:00—10:00或晚上18:00后)。

④公布活动结果,派发奖品,奖品尽量选择与企业产品或服务有密切关系的实物。

⑤活动结束后及时进行数据分析。活动结束后要及时总结本次活动相关数据,对本次活动做总结以及复盘,查找出本次活动的优势与劣势,劣势出现了哪些问题,下一次如何避免这类问题。日常也应该对每一条微博进行数据统计,统计微博的点赞数、阅读数以及评论数和转发数。

3.5.3.7 微博运营数据分析

在微博的日常运营中需要监测的数据包括基本数据和辅助数据。

(1)基本数据。

①关注数:当前博主关注其他微博ID的总量,反映博主的主动参与度。

②粉丝数:当前博主被关注的微博ID数量,反映博主的言论影响范围和覆盖范围,对微博信息的传播有重要意义。

③微博数:当前博主在一段时间内所发布的微博数量,反映博主的在线率和活跃程度。总微博数是指自博主开通微博以来发布的微博总数。

(2)辅助数据。

①转发数:某条微博被转发的次数总和。一条微博转发数的多少需要两方面支持,即可信度和吸引力。汇总的转发数,反映的是微博内容的吸引力以及博主的可信度和影响力,转发数高,同时还意味着强大的传播效率。

②评论数:某条微博被评论的次数总和。从人脉的角度、评论数的高低,反映博主对粉丝群的影响力。所以评论数主要反映的就是博主的原创能力、话题能力和影响力。

③收藏数:其他微博用户对某一条微博进行收藏的次数总和。收藏数的多少,重点反映的是本条微博的可用性和知识性。也就是说,这条微博具有一定的实用价值,值得粉丝们记录与收藏。如果收藏数较高,那么,这个博主多半是在某方面有特长,或者是专家型的人才,所以一般的微博收藏数并不会很高。

由于辅助数据是一个微观的数据,不能以点概面进行分析,分析辅助数据,需要把辅助数据加以汇总。例如,把博主一个月之内的微博的评论数汇总相加进行分析,再配合基本数据,就能够综合分析出一个微博的综合状况。

3.5.3.8 微博营销技巧

微博营销技能主要包括原创、二次创作、互动、推广等。

(1)原创微博。微博平台鼓励博主原创内容,用户也希望看到更多的原创内容,好的原创内容也更能吸引粉丝的关注。原创微博的难度在于要自己创新,不能抄袭别人或者模仿别人的微博进行营销。不管是图片、文字还是音频、视频的原创内容都可以与用户进行互动或者在微博上进行营销。

(2)二次创作。二次创作包括仿作、改编、引用并加以发挥等创作模式。微博上的二次创作也包括了对文字、图片、音乐、视频等不同内容的二次创作,二次创作的内容不仅可以是微博上的,还可以是其他网络平台上的内容,但应该注意版权问题。

(3)互动。互动是微博的灵魂,也是微博营销最重要的技能。微博上的互动包括转发、评论、点赞、@好友、参与话题活动等功能,每个功能各有不同,各有特点。

①转发、评论、点赞。转发是将别人或者自己的微博进行评论或者不评论之后,显示在自己的微博上;评论是在别人的或者自己的微博下面进行评论;点赞功能是用户觉得自己的或者别人的微博内容很好或者其他原因,可以对此条微博点赞以表示自己的喜爱。要进行微博互动,只需要在某一条微博下面进行操作,在每条微博的下方都有3个按钮,分别为转发、评论和点赞。可以根据自己的需求与其他用户进行互动交流。

②@好友。这是微博独有的一项互动功能,@在微博中有3个功能:当用发布"@微博昵称"的信息时,在这里的意思是"向微博昵称的这个账号说",对方能看到该用户说的话并能够回复,实现一对一沟通;单击发布信息中"@微博昵称"可以直接访问该用户的页面,方便大家认识更多朋友;所有@的信息有一个汇总,在手机客户端"消息"页面中选择"@我的"进行查看。在微博中使用@非常方便,只需要在发布微博的时候输入"@微博昵称"即可。

③搜索感兴趣的微博进行互动。使用"发现"功能能够根据用户提供的关键词搜索与之有关的所有微博,发现感兴趣的微博之后,便可以与用户进行互动,也可对该微博进行评论转发等一系列操作。

④发起或者参与话题互动。"微博话题"就是微博搜索时的关键字,其书写形式是将关键字放在两个"#"号之间,后面再加上想写的内容,即可形成一个微博话题。可参与已有的话题与其他人进行互动,也可自己创建新话题与其他用户进行互动。发布微博界面,单击"#"按钮,出现输入话题的界面,输入关键字,确定之后即可在内容前面显示#关键字#话题名称,在后面输入要发送的内容发布即可。发布后,就已经参与到了#关键字#话题讨论中,单击#关键字#,即可进入话题讨论界面,与其他用户一起讨论互动。

用户也可以创建自己的话题,然后邀请其他用户一起讨论新话题。

⑤加入或者创建群。群是微博内进行多人聊天的工具,可以在群里发私信,也可以发布仅群成员可见的定向微博。能够聚合有相同爱好或者相同标签的朋友,将所有与之相应的话题全部聚拢在群里。让志趣相投的朋友们利用群工具更加方便地进行互动和交流。在微博"消息"页面左上角处单击"发现群"进入。在这里可以搜索群、新建群,也可以查看特别推荐和附近的群。

3.5.3.9 微博推广及广告投放

微博除了日常的运营外,如果需要达到更好的推广效果,就需要进行广告的投放。广告是微博的主要收入来源,广告收入占到微博收入的80%。广告出现位置包括微博的登录页、微直播页、微访谈页、我的首页等。"我的首页"共有四个固定广告位:顶部、活动/视频、推荐商品、底部。

信息流广告就是指出现在社交媒体用户好友动态中的广告,QQ空间、微博、微信朋友圈中都有这种广告形式。微博信息流广告包括粉丝头条和粉丝通两类。

(1)粉丝头条。粉丝头条是微博官方推出的轻量级推广产品,当用户某条微博使用粉丝头条后,24小时内,它将出现在该用户所有粉丝信息流的第一位,增加该条微博的阅读量,扩大微博的影响力。如果还需要更长时间进行推广,则必须每隔24小时购买一次。

粉丝头条购买价格与用户的粉丝数量、博文质量有关。粉丝数量越多,博文将被越多的粉丝看到,影响力越大,价格就更高;博文质量越高,越容易引发粉丝转发、评论、点赞,价格越便宜。在计算价格时会排除掉"垃圾粉""机械粉""僵尸粉"及不活跃的粉丝,以确保价格真实合理。另外,博文内带内生服务链接会享受较大的优惠。微博会员或橙V也会享受一定优惠。例如,一个拥有5 000粉丝的博客,粉丝头条价格约为7.5元一次。

移动端粉丝头条使用方法是进入微博正文,单击右上方的"推广"按钮,进入博文头条界面,设置覆盖人数,然后单击"去支付"按钮,支付成功完成购买。购买粉丝头条的微博在形式上和正常微博保持一样,不同的是在左上角位置会有"热门"标志。

粉丝头条的展示原则是只投放给该微博账号的粉丝,不会展现给其他用户;一次粉丝头条推广对同一个用户只会显示一次,用户看到过头条信息后,再次刷新该条微博不会继续置顶,会随正常信息流滚动,不会对粉丝产生干扰情况。

(2)粉丝通。"微博粉丝通"是基于微博海量的用户,把企业信息广泛传送给粉丝和潜在粉丝的营销产品,它会根据用户属性和社交关系将信息精准地投放给目标人群,同时微博"粉丝通"也具有普通微博的全部功能,如转发、评论、收藏、点赞等,是微博营销的实用工具。

粉丝通会出现在微博信息流的顶部或信息流靠近顶部的位置,它和正常微博形式一样,但在左上角位置会有"广告"标志,右侧有"+关注"字样。微博精准广告投放引擎会根据社交关系、相关性、热门程度等条件,来决定粉丝通不同的展现位置。

投放粉丝通需要注册微博账户,并通过微博机构认证。粉丝通的计价方式有按照微博在用户信息流中的曝光人次进行计费方式(CPM)和按照微博在用户信息流中发生的有效互动计费方式(CPE)。投放粉丝通的客户可设置每日投放成本,保证控制预算,出价不能低于系统起拍价。

3.5.3.10 大V推广

除了利用微博官方广告、粉丝头条、粉丝通进行微博的推广外,微博营销还可以通过大V进行推广。大V是指在微博平台上获得个人认证,拥有众多粉丝的微博用户。一般大V的粉丝数都在50万以上,通过大V进行微博推广是一个非常好的方式,特别是自己的人气不高,刚开始进行微博营销的时候,这个方法非常有效。

利用大V推广,如果有产品,则可以联系大V试用自己的产品进行推广。如果有好的内容也可以在微博中@他们,如果他们看到并且感兴趣,或许会进行转发评论点赞,不过这样的概率不是特别大。还有就是付费邀请大V为自己做广告,现在微博上愿意接广告的大V不少,邀请他们推广自己的微博也是非常不错的办法,只是这样的方式价格比较昂贵。

3.5.3.11 吸引粉丝的方式

拥有众多粉丝是进行微博营销的基础,粉丝的数量与微博营销的效果有着最直接的关系。因此,吸引粉丝是微博营销的重要课题。一般来说吸引粉丝有如下方法。

（1）从企业内部开始。每个人都具有一定的人际交往关系圈，这实际上就是很好的互动资源。可以发动企业员工及其员工身后一切有利资源进行微博互动以及信息交流，这样做的目的在于短时间内能够有效聚集有用的粉丝，因为由员工带来的粉丝在某种程度上会下意识地关注自己认识人的公司微博状态。

（2）从企业合作伙伴老客户开始。公司加盟商、供应商、合作伙伴以及意向合作伙伴，公司老客户，这些人都是对公司比较感兴趣的群体，会很容易成为官方微博首批粉丝。

（3）主动关注其他微博信息。利用关键词查找方式，用官方微博首先主动关注行业名人、行业媒体、目标客户的微博，然后主动持续与更新频率较高的目标微博互动，或者私信求关注，获得精准粉丝；其次到竞争对手微博里，主动关注与竞争对手有互动的粉丝微博，粉丝能与竞争对手互动，关注公司微博的概率就会比较高。

（4）高质量的评价。在与行业相关的大咖微博下，发表高质量的评价，表明自己独到见解，或者有趣文字，容易引起目标粉丝的主动关注。

（5）自有媒体宣传推广。在企业官方网站、公司员工名片、公司产品外包装及说明书、公司画册、公司海报等凡是出现公司名称和联系方式的地方，必须加上企业官方微博二维码，方便有兴趣的意向客户进一步了解公司信息，成为官微粉丝。

（6）社会化媒体宣传推广。加入更多的微博群，微博群有人数的优势，是一个展示自己、提高展示机会的渠道，经常发布观点会增加别人的关注。

（7）经常发布有趣有用的信息。风趣幽默并有实用价值的信息才是粉丝愿意细看进而主动转发的内容。在有用上，微博推广的一大作用是传递有用的信息，进而选择喜欢的产品，因此在编辑内容时，可以从行业出发，也可以从其他粉丝想知道的企业新闻出发，以达到扩大宣传范围、提高知名度的效果。目前大部分中国企业都采取这种方式进行更新。发布内容时，添加热门话题标签，可以极大地增加曝光率和被关注概率。

（8）互动交流要及时、专业、礼貌。互动交流指的是通过和自己的粉丝进行交流，达到人际传播和推广的效果，这点是很多企业所忽视的。为了形成良好的互动交流，企业微博应关注更多的用户，并积极参与回复讨论。例如，发布一件新产品时，有粉丝进行询问或者调侃，那么，这时候商家要做的就是参与其中，让粉丝没有唱独角戏的感觉，通过两人的互动牵扯更多的粉丝进行话题讨论，这才是成功的微博营销互动。此外，在语言上，要时刻注意自己代表的是整个企业形象，因此在语言选择上应具有一定的严肃性及礼貌性。

（9）定期举办活动，带给粉丝利益。免费和抽奖永远是吸引粉丝的最有效手段。

（10）投放粉丝头条和粉丝通广告。按照人群、地域、时间段，精准投放粉丝通和粉丝头条广告，也是快速吸引精准目标客户的好办法。如果在举行促销活动时，使用粉丝通和粉丝头条进行宣传，将会得到非常良好的效果。同时，也应该充分利用微博大V的影响力和蹭近期热点事件达到吸粉的目的。

3.6 微信营销

随着移动互联网的出现，2011年1月21日，腾讯推出即时通信应用——微信，它支持发送语音短信、视频、图片和文字，可以群聊。截止到2019年上半年，微信的月活跃用户已经突破11亿。微信作为人们最为常用的日常交流工具,它在信息传播中的地位已经不可替代。因此,通过微信进行企业、产品、服务的推广是当前非常有效的营销方式之一。

3.6.1 微信营销概述

微信营销是网络经济时代企业或个人营销模式的一种,是伴随着微信的发展而兴起的一种网络营销方式。微信不存在距离的限制,用户注册微信后,可与周围同样注册的"朋友"形成一种联系,用户订阅自己所需的信息,商家通过提供用户需要的信息,推广自己的产品,从而实现点对点的营销。

微信营销主要体现在以安卓系统、苹果系统的手机或者平板电脑中的移动客户端进行的区域定位营销,商家通过微信公众平台,结合微信会员管理系统展示商家微官网、微会员、微推送、微支付、微活动,已经形成了一种主流的线上线下微信互动营销方式。

3.6.1.1 微信营销的类型

微信的类型可以细分为个人微信、微信公众平台(如表3-3所示),其中微信公众平台又分为订阅号、服务号、小程序和企业微信几种类型,它们有各自的特点和运营方式(如图3-20,表3-3所示)。

图3-20 微信公众平台类型

表3-3 个人微信与微信公众平台的区别

内容	个人微信	微信公众平台
使用方式	主要通过移动端使用	移动端和电脑端都可操作,电脑端操作更方便
主要功能	可以加好友、收发消息;可以建群,在群里发消息;可以在朋友圈展示个人信息,并对其他人信息进行评论	图文编辑后能让传送的信息更丰富,传播更广泛;可以实现智能回复和图文回复等其他功能

续表

内容	个人微信	微信公众平台
用户来源	可以通过手机通信录导入,可以添加他人或被他人添加,可以接收他人的推送	通过他人关注并转发图文消息,吸引更多用户的关注
社群定位	微信好友和朋友圈中都是认识的人	关注的用户或者粉丝
推广方式	经微信好友推广,可以通过其他线上线下方式推广	需要利用现有资源进行线上线下推广

与前面讲解的微博营销相比,微信、微博虽然都是移动互联网时代的社交媒体应用,但他们有着各自不同的特点,在营销方面也有着不同的适用领域和作用(如表3-4所示)。

表3-4 微信与微博的对比

内容	微博	微信
信息形式	文字、图片、音频、视频等	文字、图片、音频、视频等
社群形式	开放社群,强调人与人形成一对多关系,属于弱关系连接	封闭社群,强调人与人形成一对一关系,属于强关系连接
用户来源	主要采用粉丝关注微博账号获得用户	通过熟人建立个人用户群,通过关注公众平台建立用户群
传播方式	裂变式话题传播	一对多定向传播
内容环境	开放式扩散传播	激励转发给个人或朋友圈
信息传播频次	每天最多200条	个人微信无限制,微信公众平台有限制
互动方式	@、评论、转发、私信	评论、点赞、在看、转发、自动回复
昵称	唯一、不可重复	个人微信昵称可以重复,微信公众账号不能与取得认证的账号重复
粉丝数量	可显示,并可排名	不能显示,图文消息可显示阅读量、评论量
认证	真实身份实名认证,免费	个人微信不需要认证;微信公众平台支持所有组织的公众账号申请微信认证,审核认证通过后可以提供更多的高级功能,认证审核服务费用300元/次

3.6.1.2 微信营销的特点

微信营销具有如下特点。

(1)点对点精准营销。微信拥有庞大的用户群,借助移动终端、天然的社交和位置定位等优势,每个信息都是可以推送的,能够让每个个体都有机会接收到这个信息,继而帮助商家实现点对点精准化营销。

(2)形式灵活多样。

①漂流瓶。用户可以发布语音或者文字然后投入大海中,如果有其他用户"捞"到则可

以展开对话。

②位置签名。商家可以利用"用户签名档"这个免费的广告位为自己做宣传,附近的微信用户就能看到商家的信息。

③二维码。用户可以通过扫描识别二维码身份来添加朋友、关注企业账号;企业则可以设定自己品牌的二维码,用折扣和优惠来吸引用户关注,开拓O2O的营销模式。

④开放平台。通过微信开放平台,应用开发者可以接入第三方应用,还可以将应用的logo放入微信附件栏,使用户可以方便地在会话中调用第三方应用进行内容选择与分享。

⑤公众平台。在微信公众平台上,每个人都可以用一个QQ号码,打造自己的微信公众账号,并在微信平台上实现和特定群体的文字、图片、语音的全方位沟通和互动。

(3)强关系的机遇。微信的点对点产品形态注定了其能够通过互动的形式将普通关系发展成强关系,从而产生更大的价值。通过聊天、解答疑惑、讲故事等互动的形式与用户建立联系,用一切形式让企业与消费者形成朋友的关系,人与人之间更会信任朋友关系。

3.6.1.3 微信营销的优势

微信营销具有如下优势。

(1)高使用率。据《第45次中国互联网络发展状况统计报告》的数据显示,2019年微信朋友圈在中国网民中的使用率达到85.1%,远远高于其他社交软件的使用率。由于使用率高,营销的信息可以触及更多的微信用户,微信的营销价值也高于其他媒体。

(2)高到达率。营销效果很大程度上取决于信息的到达率,这也是所有营销工具最关注的地方。与手机短信群发和邮件群发被大量过滤不同,微信公众账号所群发的每一条信息都能完整无误地发送到终端手机,到达率高达100%。

(3)高曝光率。曝光率是衡量信息发布效果的另外一个指标,与微博相比,微信信息拥有更高的曝光率。在微博营销过程中,除了少数一些技巧性非常强的文案和关注度比较高的事件被大量转发后获得较高曝光率之外,直接发布的广告微博很快就淹没在了微博滚动的动态中。而微信是由移动即时通信工具衍生而来的,天生具有很强的提醒力度,比如铃声、通知中心消息停驻、角标等,随时提醒用户收到未阅读的信息,曝光率高达100%。

(4)高接受率。由于微信公众账号的粉丝都是主动订阅而来的,信息也是主动获取的,因此较少出现信息抵触的情况。

(5)高精准度。对于一些拥有粉丝数量庞大且用户群体高度集中的垂直行业微信公众号,其用户粉丝都是精准用户,也是潜在客户,因此通过这种微信账号发布的营销信息具有高精准度。

(6)高便利性。利用移动终端,用户可以随时随地获取信息,而这会给企业的营销活动带来极大的方便。

3.6.2 微信公众平台类型

微信公众平台是腾讯公司推出的一个全新的服务平台,通过这个平台,每个企业、组织或个人都可以打造自己的微信公众号,并实现同时与特定群体以文字、图片、语音、视频等方式进行沟通与互动。

如图 3-21 所示,"公众平台安全助手""京东派""光大银行信用卡""中国光大银行"都是服务号。订阅号都集中在"订阅号消息"中,点开后如图 3-22 所示,最上面的每一个图标都是一个订阅号,下面的都是订阅号中的图文消息,按照时间的先后顺序排列。

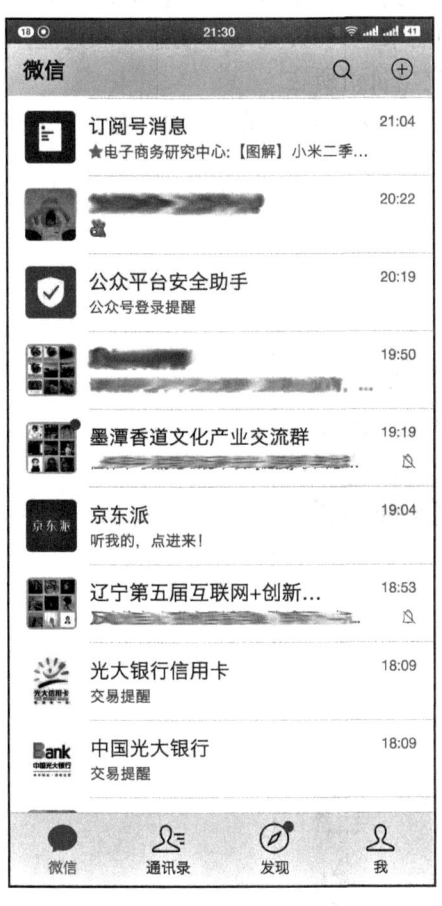

图 3-21 订阅号与服务号

图 3-22 订阅号消息

企业、组织和个人都可以申请微信订阅号,但申请注册时应该注意如下问题。

(1) 订阅号可以申请的主体是企业、个人、组织、媒体、政府等,不同的主体在申请的时候需要提供的资料不同,所以一定要提前准备好相关资料。例如,对于个人需要准备身份证正反两面扫描件、手机号;对于组织需要准备组织机构代码证、许可证等证件,以及微信运营者的相关个人信息。

(2) 订阅号的验证类型一般有两种:自动对公打款(由腾讯向公共账号打一分钱进行认证)和人工验证两种。不过需要注意的是,如果选择了第 1 种,在后面需要对组织订阅号进行认证的时候,只能使用运营者的微信打款认证,现在已经没有银行转账的方式了。但是如果选择人工验证,则需要向腾讯指定账户打款,且必须在 30 天以内完成,才可以完成验证。

(3) 对于组织订阅号的运营者,只要是微信的负责人即可,不一定必须是组织的法人,且运营者可以每月更换一次。

3.6.2.2 微信服务号

微信服务号可以给企业和组织提供更强大的业务服务与用户管理功能,帮助企业快速搭建全新的公众号服务平台。企业利用微信服务号为客户提供服务,是通过关注用户,进而有针对性地提供服务,满足用户特定的或个性化的需求,从而提高用户满意度和建立用户忠诚度,其营销的核心是服务,这也是微信服务号的突出价值所在。

微信服务号界面如图3-23所示。其中最下面的"我""惠""查"是服务号的一级菜单,在"我"的上面是弹出的二级菜单。

图3-23 微信服务号

3.6.2.3 企业微信

企业微信,是腾讯微信团队为企业打造的高效办公平台。2016年4月,腾讯宣布,正式发布"企业微信"1.0版,作为一款办公沟通工具,企业微信除了具有类似微信的聊天功能,还集成了公费电话和邮件功能。同时,公告、考勤、请假、报销等功能都可在软件内实现。"休息一下"的创新功能还可以让员工进入工作免打扰模式,在休息期间不接收工作消息。

2017年6月，企业微信2.0上线。在新版本中，原企业号数据及应用将自动迁移至企业微信，并使用企业微信的管理后台进行统一管理。全新上线的微信插件功能，融合了企业号所有能力。员工扫码关注后，即可在微信中接收企业通知，使用办公应用。

腾讯将"企业微信"定位为办公沟通工具，并采用免费模式。除了具有类似微信的聊天功能，另外添加了公费电话和邮件功能。在OA功能方面，结合了公告、考勤、请假、报销。此外，企业微信添加了如回执消息、休息一下等办公场景功能。

截至2020年年初，企业微信升级到3.0版，功能进一步丰富。

3.6.2.4 微信小程序

微信小程序简称小程序，是一种不需要下载安装即可使用的应用，它实现了应用"触手可及"的梦想，用户扫一扫或搜一下即可打开应用，用户不用关心是否安装太多应用的问题。全面开放申请后，主体类型为企业、政府、媒体、其他组织或个人的开发者，这些主体均可申请注册小程序。

腾讯将小程序定义为一种新的应用形态，强调小程序、订阅号、服务号、企业号是并行的体系。小程序的推出并非意味着微信要来充当应用分发市场的角色，而是给一些优质服务提供一个开放的平台。一方面，小程序可以借助微信联合登录，和开发者已有的App后台的用户数据进行"打通"，但不会支持小程序和App的直接跳转。

小程序可以从线下扫描、微信搜索、公众号关联、好友推荐、历史记录及附近的小程序中获得。

(1) 线下扫描。小程序最基本的获取方式就是通过微信扫描二维码，在线下就可以快速地获取小程序。

(2) 微信搜索。在微信客户端最上方的搜索窗口，可以通过搜索获得小程序。

(3) 公众号关联。同一主体的小程序和公众号可以进行关联，并相互跳转，该功能需要经开发者自主设置后使用。公众号关联小程序后，将可在图文消息、自定义菜单、模板消息等功能中使用小程序。公众号可关联同主体的10个小程序及不同主体的3个小程序，同一个小程序可关联最多50个公众号。如图3-24所示，页面中部的扫描骑车就是关联的摩拜单车小程序。

(4) 好友推荐。当发现一个实用的小程序，可以将小程序本身或小程序的某个页面转发给好友或朋友圈。

(5) 历史记录。当使用过某个小程序后，在微信客户端的"发现"中的"小程序"里的列表，就可以看到该小程序，想要再次使用它时，通过列表中的历史记录就可以进入，如图3-25所示。

(6) 附近的小程序。在微信客户端的"发现"中的"小程序"，可以通过搜索进入小程序，也可以通过"附近的小程序"进入小程序。通过"附近的小程序"，线下商户可以更直接地触达用户，线下消费场景和线上营销将被完全打通，如图3-25所示。

小程序不提供以下功能：小程序在微信没有集中入口；微信不会推出小程序商店，也不会向用户推荐小程序；小程序没有订阅关系，没有粉丝，只有访问量；小程序不能推送消息；小程序不能做游戏。

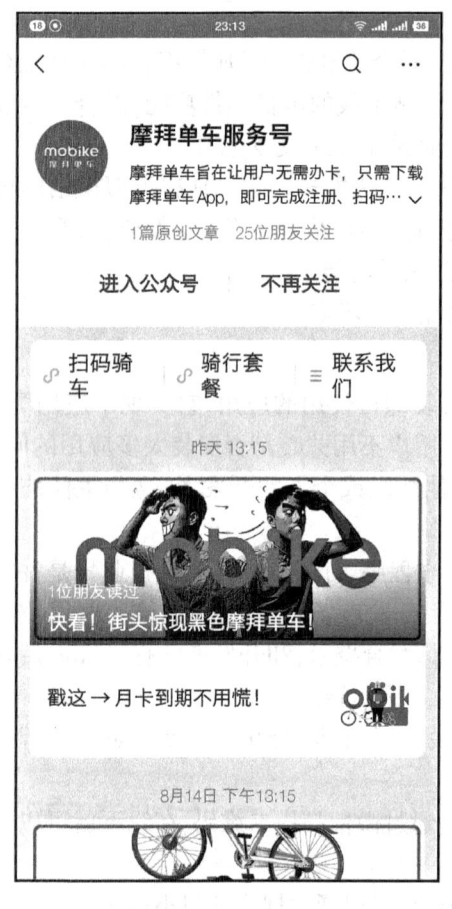

图 3-24 服务号关联小程序

图 3-25 小程序获得位置

3.6.3 微信公众平台营销方式

微信公众平台的后台电脑端界面如图 3-26 所示。

3.6.3.1 群发消息

无论是订阅号,还是服务号都可以直接群发内容消息或图文消息。进入公众号管理后台后,单击"新建群发"按钮,进入群发界面,如图 3-27 所示。

页面中的"群发对象"可以对发送的对象进行选择,可以选择一两个分组,也可以选择全部的用户。在"群发对象"的下面是编辑框,可以在这里编辑消息内容,其中包括文字、图片、语音、视频等。

在消息编辑完成后,在"群发"按钮下面隐藏一个定时群发功能,在提示对话框里设置好要预订的时间,单击"定时群发"按钮,该图文消息会在设置好的具体时间推送出去。

3.6.3.2 订阅号设置自动回复内容和自动回复关键字

微信订阅号拥有自动回复功能,可以通过添加自动回复的内容以及关键词来达到自助服务用户的目的,一定程度上能够减少人工回复的工作量,提高服务的效率。目前,微信订

图 3-26　微信公众号后台管理界面

图 3-27　微信公众号群发消息界面

阅号的自动回复功能包括了 3 个内容：被添加自动回复、消息自动回复和关键词自动回复。对它们的设置具体如下。

（1）进入微信订阅号后台首页，单击左侧菜单栏的"自动回复"功能，可以看到设置自动回复的所有内容。

（2）被添加自动回复。此功能是用户首次关注订阅号后，系统自动发送给用户的图文信息，是欢迎类的文字内容。常常使用拟人化的口吻告诉用户订阅号能给用户提供的帮助。此处内容需要运营者进行相关的设计，并在编辑结束之后保存即可。

（3）消息自动回复。此功能是在用户发送非关键词的文字时，系统发送给用户的消息，目的是希望用户翻阅历史消息进行查看,或者遇到问题可以留言或拨打客服电话等。

(4)关键词自动回复。对于已经建立的关键词,用户只要回复关键词或者包含关键词的相关内容,系统就会自动回复已经设置好的回复内容。单击"关键词自动回复"按钮会看到关键词设置的界面,对关键词进行添加或者修改。其中单击"添加规则"按钮进行关键词的添加,填写关键词的规则名、关键字、回复内容。关键词虽然可以填写多个,但是为了保证回复的准确性,一般只设置一个,设置回复的内容可以是文字、图片、语音、视频,也可以是图文,由运营者视内容而定,填写完毕后单击"保存"按钮。

如果自动回复设置恰当,则可以让用户第一时间接收到服务性的反馈,提升用户的体验,此外还可以帮助运营者提高效率,减少运营中一些程式化的环节。

3.6.3.3　订阅号消息内容和用户管理

微信订阅号可以对消息的内容和用户分别进行管理,在功能导航栏中有这两个功能模块:"消息管理"和"用户管理"。

(1)单击"消息管理"按钮进入消息管理界面,在这里可以查看全部消息,微信公众平台最多只能为运营者保存最近5天的消息,所以一定要对未回复的消息尽快回复,否则很有可能漏掉用户的消息,引起用户的不满,从而取消对订阅号的关注。

(2)单击"用户管理"按钮进入用户管理界面,在这里可以查看已经关注订阅号的所有用户,同时可以通过创建分组的方式,对用户进行分类管理,还可以修改用户的备注等。

3.6.3.4　服务号营销

微信服务号是腾讯提供给企业用户的一种比订阅号功能更全的服务,通过服务号企业可以给个人用户提供各种服务的功能;服务号分为认证服务号与未认证服务号两种,认证方式只有企业才能申请;服务号可以去微信官网申请,填写相关信息即可。

(1)服务号营销功能。服务号的消息会出现在微信聊天列表中,会像收到消息一样有微信提醒,而订阅号的消息折叠出现在订阅号的文件夹中,不会收到微信提醒;订阅号完成认证才有自定义菜单功能,服务号无论是否认证都会有自定义菜单功能;服务号认证成功后可以建立微信商城,开通微信支付功能,订阅号无论认证与否都不能进行微信支付;订阅号不支持多客服服务,服务号支持多个客服后台在线与用户进行及时交流。因此,对于要进行网络营销的企业,如果想用公众平台简单发消息,做宣传推广服务,可选择订阅号;如果想用公众号获得更多的功能,例如开通微信支付、微商城,则需要选择服务号。

(2)服务号营销案例。国内大多数知名的旅游景点都已经开始通过微信进行网络营销,初级的采用订阅号,而高级的大多数采用服务号。黄山作为国内最为知名的5A级景区,采用了微信服务号进行营销。

在微信中通过搜索功能可以找到黄山的官方公众平台——"黄山",如图3-28所示,包括关于该公众号的简介、一级菜单以及最新的图文消息列表。点击"关注公众号"后进入黄山服务号,如图3-29所示。"黄山"服务号共有3个一级菜单,每个一级菜单下有4~5个二级菜单,为用户提供了游览黄山所常用的功能和服务,如图3-30所示。

①关注游客需求,提供便捷服务。用户关注某个微信服务号,一定是因为这个服务号能够提供合适的服务。对于游客来说,他们最想了解的信息一定是紧紧围绕景区的。黄山风景区服务号在充分分析游客需求的情况下,对服务号的内容进行设计。如图3-30所示,

在关于黄山中包含黄山景区的微官网,里面涵盖了所有的信息,内容全面。同时,通过黄山简介、黄山美景、周边景点、游玩攻略等子菜单,将游客最关注的内容便捷地呈现出来,如图3-31所示。此形式无论是对于到达黄山的游客,还是对于未到黄山的潜在游客都是非常有利的宣传手段;同时借助于黄山这个最知名的景点把黄山周边的景点也进行了全面的展示。

图3-28 黄山公众号搜索

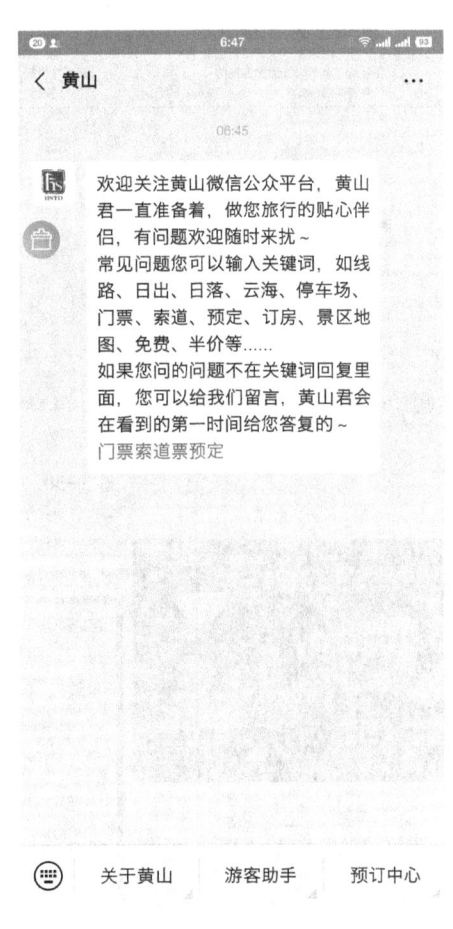

图3-29 黄山公众号界面

②提供全面服务,强化用户体验。在游客助手栏目,包括一键求助、附近公厕、天气预报、智慧导览、服务中心等二级栏目。游客选择这些功能,就会跳转到相应的页面,为游客在黄山旅游提供全面的服务,强化了游客在黄山游览的体验,如图3-32所示。

③通过位置服务,方便用户游览。在游客助手中有附近公厕、智慧导览、去停车、坐公交等一系列与游客当前位置有关的服务,游客通过定位可以很容易地找到相关景点或生活服务区,进一步提高了游览的便利性。

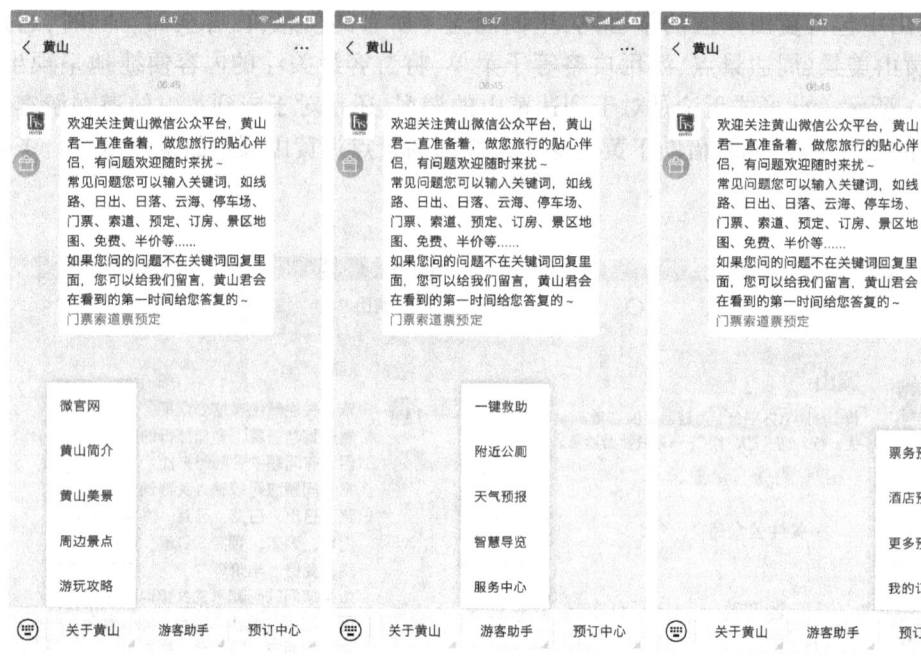

图 3-30 黄山公众号功能菜单

图 3-31 关于黄山菜单

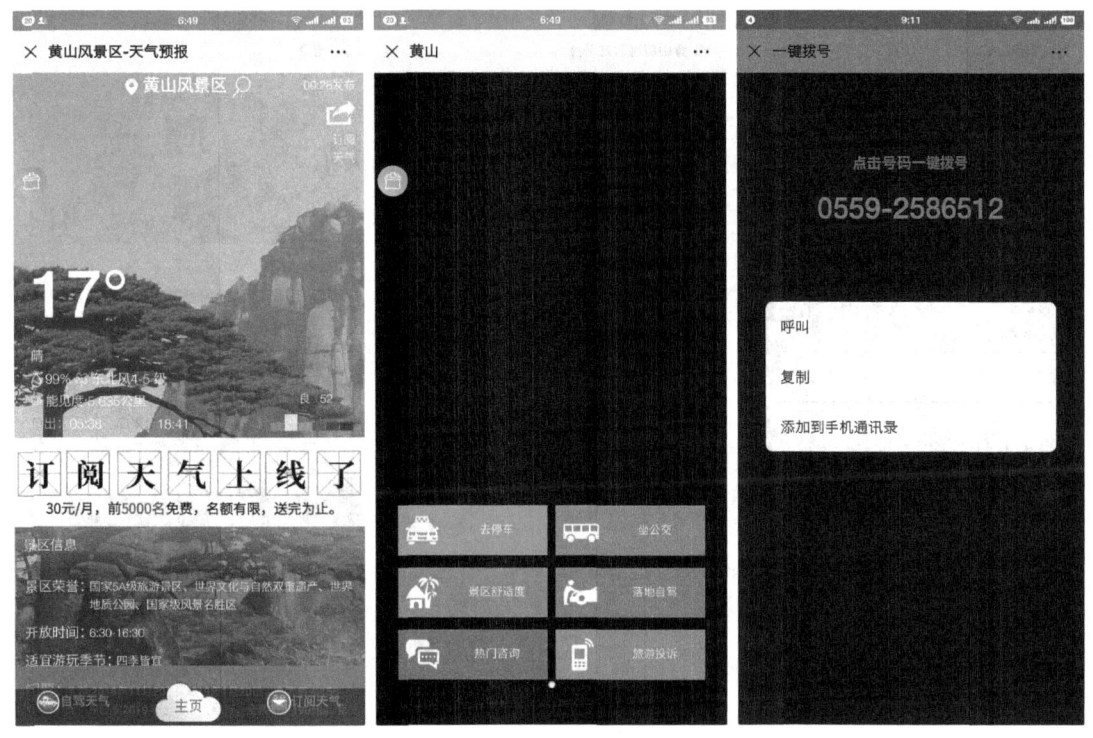

图 3-32 游客助手

④景区与电商结合,扩展景点盈利渠道。游客通过微商城、票务预订、酒店预订等方式,可以方便地购买景点门票、演出门票、预订住宿、购买旅游纪念品,减少了排队等候时间,扩展了景区的盈利方式。通过微信提供支付功能,将景区 PC 端的支付系统与微信支付相通,使服务号基本具备了 App 应用的简单功能,省去了景区官方专门开发 App 应用的麻烦,也满足了用户的基本需求,如图 3-33 所示。

⑤通过网络营销,全方位构建黄山品牌。黄山风景区通过设计策划、媒体宣传树立了"黄山"品牌;然后在专业策划开发团队的支持下,对官方网站进行升级优化,同时开发完成服务号的相关支持技术,开通了在线购买支付功能。

随后,大力进行网络推广:通过 SEO、SEM 等方式提高黄山风景区关键词的搜索权重,增加景区曝光率,加入各大旅游电商网站作为旅游景点或者线路发布;在景区内通过在显著位置和门票上粘贴、印刷公众号二维码,游客到达后直接扫码享受服务;在官网、公众号上不断发布图文消息,推出节假日优惠活动,吸引消费人群进入景区旅游消费;鼓励游客通过微信、微博、抖音等社交媒体展示黄山美景和活动。通过这一系列的推广运营活动,景区的品牌知名度进一步增加,使黄山成为游客在国内旅游的首选景区之一。

3.6.3.5 小程序营销

近两年,微信小程序持续受到企业青睐,在企业的网络营销环节起到不可替代的作用,通过小程序进行网络营销需要关注以下几个方面内容。

(1)场景化功能引导,提升服务体验。上线后的小程序可以以二维码作为主要入口,用

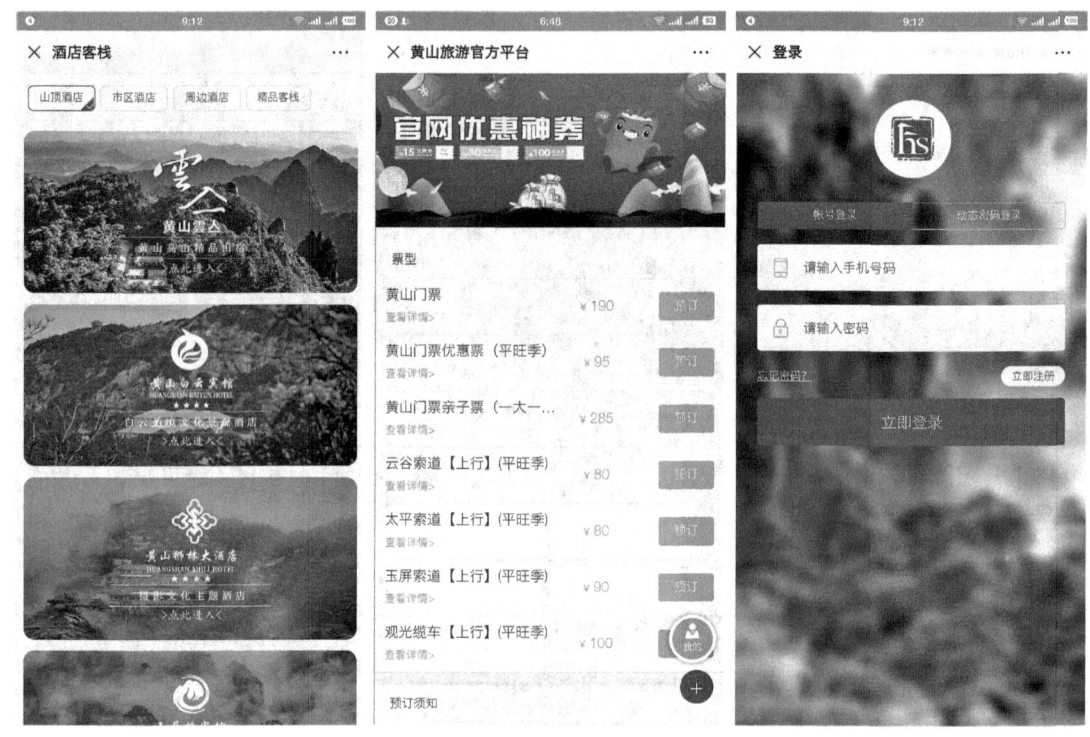

图 3-33 预定中心

户通过微信扫一扫功能即时使用服务,省去下载安装的过程。根据小程序的这一特性,企业便可根据线下服务的用户来源和不同服务场景来设计多种小程序,让用户在线下体验的过程中享受到线上服务的便捷。

通过场景化功能引导用户使用小程序服务,可以大大提升线下服务效率和服务体验。贯穿线上线下提升服务体验的同时,用完即走的便捷操作方式,也减少了用户下载、升级、卸载的困扰。例如,很多餐馆就在餐桌上设置二维码,顾客通过扫描二维码就可以进入该餐馆的小程序,通过小程序进行点餐并进行支付。

(2)与公众号结合,增加用户黏性。对企业/品牌来说,通过长时间的公众号运营,微信作为触达用户的重要渠道之一,已经积累了大量的粉丝和会员,此时将公众号作为消息推送的平台与小程序作为"用完即走"的服务相结合,在增加用户黏性的同时,可以创造更多商业价值。

一方面公众号可以加入小程序入口,把大量的粉丝引导到电商、线上服务预览、粉丝独享等交互更加复杂的小程序中,提供更多的增值服务,提高用户黏性并增加销售转化率;公众号引流的场景应该是公众号文章的开始或结束都会附上自己的小程序入口。另一方面通过其在小程序中的行为来辨别用户价值和产品购买倾向,对于有价值的用户利用优惠手段在小程序中吸引其关注公众号来获得独特优惠,并利用公众号推送有针对性的服务内容和折扣券。上面提到的餐馆通过小程序点餐和结算,同时也可以通过小程序将用户引导到餐馆的公众号,在公众号中发布新的菜品和打折优惠活动,从而吸引消费者重复消费。如图3-34所示,金山公司就将公众号"WPS办公助手"和小程序"金山文档""WPS会员俱乐部"

进行关联，形成了闭环的营销宣传和用户服务体系。

图 3-34　WPS 微信公众号服务体系

3.6.3.6　微信支付

微信支付是集成在微信客户端的支付功能，用户可以通过手机完成快速的支付流程。微信支付以绑定银行卡的快捷支付为基础，向用户提供安全、快捷、高效的支付服务。

（1）微信支付的类型及适用场景。微信支付已实现刷卡支付、扫码支付、公众号支付、App 支付，并提供企业红包、代金券、立减优惠等营销新工具，满足企业及个人的不同支付场景。

公众号支付是指在微信内的商家页面上完成支付，App 支付是指在 App 中调用微信完成支付，扫码支付是指使用微信扫描二维码完成支付，刷卡支付是指用户展示条码，商户扫描后，完成支付。

其中，公众号支付是普遍采用的接入方式。通过这种方式要满足两个条件：一是商户拥有公众账号，且为服务号，政府和媒体可以为订阅号；二是公众账号要通过微信认证。申请公众号的微信支付可以登录微信公众平台 https://mp.weixin.qq.com，并单击"微信支付"按钮，然后按照提示进行操作和等待微信官方审核。

另外，微信支付还实现了同步发票和缴纳税费的功能。同步发票是将区块链发票系统与微信支付平台联通，面向开通微信支付且存在发票使用需求的中小微企业微信支付开具区块链发票功能，区块链电子发票开始走入人们日常生活。缴纳税费是国家税务总局、中国人民银行联合微信支付开展的智慧税务合作推出扫码缴税费功能，纳税人可通过微信支付扫码一键缴纳税费。

如图 3-35 所示,这是腾讯为企业用户提供微信支付的不同场景。

图 3-35　微信支付适用场景

(2)微信支付特点。微信支付的发展是开放体系,面向商户是开放的,面向第三方服务商也是开放的。既可以由用户自己接入运营,也可以由服务商为用户提供微信支付技术开发、营销方案等服务。

①带来便捷的交易与沟通。提供转账、红包、找零、支付、会员等各种创新的产品功能,不仅方便了用户的交易、提高效率,还能让很多传统的生意和习俗更有新意。在交易同时,带来更多的乐趣,社交支付甚至成为情感交流,传达爱意的新方式。

②智慧高效的生活体验。线上线下场景的覆盖,给用户提供零售、餐饮、出行、民生等方方面面高效智慧的体验,让用户更加自在、有安全感地生活和出行,用户可以告别钱包、告别排队、告别假钱、告别硬币零钱。

③帮助产业升级,商业价值输送。为传统行业带来智慧解决方案,帮助传统行业转型,让传统行业更便捷地采用"互联网+"方式,推动传统行业产业升级,为传统行业带来新的机会和转变,输出更多商业化价值。

④生态链延伸,价值共享。创新的技术支撑和开放的平台原则,与行业一起共享微信支付带来的价值,引领行业共同构建完善的智慧生活生态链。基于智慧生态链的延伸孵化出很多新兴的产业机会,并且微信支付和其服务商为商户与用户带来了更多的消费体验。

3.6.3.7　微信红包

微信红包是腾讯于2014年推出的应用,微信红包大大推动了微信在用户中的普及和使用,同时也是一种新的微信营销模式。企业通过直接给用户发放数量很少的钱,就换得品牌知名度,在用户拥有良好体验的同时,企业也获得了订单。

(1)微信红包的特点。微信红包具有符合中国传统的"抢红包就是抢彩头"的观念;进入门槛低,用户参与不受限制;社交、娱乐、营销、销售融为一体;注重自助服务和移动支付的应用,提升用户体验;极大地促进了微信和微信支付的使用率。

(2)通过红包精准获得用户的方式。

①注重微信红包营销定位。如果红包营销没有好的定位,则会导致"钱空人散"的结果。因为一般人都是冲着红包来的,至于商家的微信群是做什么,根本不关心。因此,可以利用现成的资源。例如,经营户外用户品的商家可以搜索关于驴友、户外活动的微信群,然后,在群里保持一定的活跃度,适当地发红包,关注群里的"反应",进而在群里发布软文进行营销推广。

②微信红包营销要抓住用户心理。用户对现实中的"小钱"并不关注,反而却热衷于抢红包里更小的钱,哪怕是几分钱也乐此不疲,这就是用户的心理;红包金额的随机性更是激发了人们抢红包的欲望。红包还可以给人带来快乐,进而通过抢红包的氛围,侥幸心态、意外之喜、相互比较的乐趣,几者叠加,更让人愉悦快乐,达到快乐营销的目的。微信红包充分利用了移动社交化特点,简单方便,随时随地充分利用碎片时间、零门槛、零基础参与。红包可以通过裂变,让更多人可以参与、传递,使用户不断增加。

③红包营销还应该注重数据分析。如果有足够多的微信群成员,可以通过收集他们的性别、职业和收入的信息,结合他们线上分享红包的时间、种类、次数,并且获取每个红包群成员点击的情况;通过数据分析,可以结合时间以及冠名广告和点击率做红包发送的优化,还可以结合群内其他数据维度来进行用户的画像、行为预测等。

(3)企业用户红包的发放。企业用户开通微信支付功能的服务号后,需要开通现金红包权限。具体操作路径是:登录微信支付商户平台→产品中心→现金红包→开通→下载 API 证书→充值→设置参数。

创建红包后,企业公众号发红包的渠道有两种:一是直接通过微信支付商户平台→产品中心→产品大全→运营工具→现金红包,运营者可调用接口根据开发文档进行开发或收集要发送红包对象的 openid,将 openid 编辑成 txt 文件,使用上传文件功能发放;这种方式要求商家需具备开发能力,否则无法获取用户的 openid 进行红包发放,即使通过技术手段获取到用户的 openid,也较为烦琐。二是通过第三方功能平台来实现,直接授权公众号绑定到第三方功能平台,套用模板实现红包的发放;通过第三方平台实现公众号发红包,此种方法是用户普遍的选择,免除了高额的开发成本,而且红包营销方式多样。

(4)公众号发红包营销的方式。

①关注领红包。这种方式是新用户关注公众号后自动回复红包活动超链接或单击自定义菜单活动入口等,用户参与的方式有很多种,可以自由发挥,红包功能含强制关注公众号的设置,红包金额可设定为固定或随机。

②密码红包。这种红包是由系统批量生成密码,每一个密码由 5 位含字母和数字的字符随机组成,密码使用一次立即失效,红包金额可设置固定/随机,用户关注公众号之后,回复密码便可领取红包。当然密码也可以个性化自定义,这种玩法广泛适用于"淘宝返现""提升图文阅读量及公众号用户活跃度"等。

③关键词红包。这是通过自定义关键词,可设定活动时间,内置活动开关,支持同步推送图文消息、超链接、祝福语等相关设置,用户关注公众号回复商家设定的"关键词"即可领取现金红包,同一个"关键词"不同微信ID的用户仅限领取一次,非常适合节假日福利活动。

④好评返现微信红包。现在电商平台一般规定严禁好评返现,平台上的商家不通过电商平台,而是结合微信公众号,进行微信红包返现活动(如图3-36所示)。卖家印刷并在包裹里放置"好评返现"指引卡片,买家收到包裹后微信扫码指引卡片上的二维码关注卖家微信公众号,按指引提示买家自助将"订单号"与"好评截图"上传(系统会自动验证订单号是否正确),卖家每天只需抽出几分钟时间进行图片审核,通过后,返现金额将以现金红包的形式从公众号中发出,买家直接单击领取即可。这种红包方式使人工成本大大降低,买家按指引全自助操作,安全可靠,高效提升电商平台卖家服务评级系统;返现成本大大降低,微信红包金额自定义随机发放;资金安全可控,交易流水及现金红包发放详情可导出查询;用户留存公众号,无任何限制,便于促销推送,提升复购率;脱离电商平台进行好评返现,无违规风险。

⑤摇一摇红包。这种玩法与2016年春节微信官方搞的摇红包活动功能一样,采用此iBeacon蓝牙技术,通过"微信摇一摇周边"入口参与活动(如图3-37所示),用户打开手机蓝牙,摇一摇即可领取现金红包并且可以强制/默认用户关注公众号,所获得的红包金额直接转入用户零钱包,支持设置固定/随机金额红包,可限定参与活动用户,支持领取红包后自定义广告跳转,可设定中奖概率。这种方式优化了用户操作层级,红包金额直接转入用户零钱包;默认勾选关注公众号,有利于粉丝沉淀。

⑥摇一摇抽奖。这是在摇周边"抽奖模板"的基础上进行了功能性的全面升级,奖项设置增加了红包和自定义页面,商家可同时设置红包和卡券作为奖项,并且可以控制用户领取红包或卡券的次数,灵活调整奖品的发放概率,还能实时增加奖品数量,自带开关按钮(随时开启或暂停活动),沿袭"抽奖模板"的页面设计,交互顺畅自然,页面赏心悦目,轻松应对火热的抽奖互动。摇一摇抽奖的方式操作简单,奖项丰富,红包、卡券、HTML5均可设置,功能规则更符合用户需求,可设置奖项类别用户领取次数,降低活动成本。

⑦大屏幕摇红包。这是基于"微信摇一摇周边"功能延伸而来的,在活动现场用户打开手机微信(如图3-38所示),通过微信摇一摇,摇出的红包数据可以实时同步大屏幕,实现双屏互动,让活动气氛更浓厚。通过直接调用全部符合时效设置的公众号红包活动,随时切换显示;可自定义活动页面背景,支持个性化定制。

⑧订阅号摇红包。虽然订阅号无法开通微信支付,所开放的相关接口权限不具备发红包的能力,但通过技术手段结合开通微信支付的服务号,可以伪装让用户通过订阅号领红包以满足众多企业/商户订阅号吸引用户的需要。订阅号摇红包可以实现强制用户先关注订阅号才能领红包,活动页面中显示订阅号的相关信息,可设置固定/随机金额,支持用户数据查询及导出,活动内设开关按钮(灵活控制活动开启/暂停)。这既未影响活动的互动效果,又增加了订阅号的用户量。这种红包内容包括红包、卡券、抽奖、HTML5、签到等,其中摇红包最受用户喜爱,瞬间即可引爆现场气氛,适用于企业年会、婚庆、产品发布会、各种答谢宴、大型演唱会、开业庆典等场景。

⑨裂变红包。许多电商卖家在用户购买了商品,会产生多个红包,该用户可以把这些红包分享给更多好友,好友点击会获得红包,红包金额进入该好友的账户,同时分享红包的用户也会有相应的奖励。这种社交电商方式可以为商家带来更多的用户,产生裂变的效果(如图 3-39 所示)。

图 3-36　好评返现红包

图 3-37　摇一摇红包

图 3-38　大屏幕红包

图 3-39 裂变红包

3.6.3.8 微信卡券

微信卡券功能是腾讯为商户提供的一套完整的电子卡券解决方案,商户可在法律允许的范围内通过该功能实现电子卡券生成、下发、领取、核销(验证)的闭环,并使用对账、卡券管理等配套功能。已通过微信认证的订阅号和服务号才能开通微信卡券功能。

用户开通微信卡券的具体操作路径是:登录微信支付商户平台→添加功能插件→卡券功能→申请开通→设置参数提交资料。

(1)微信卡券的生成。微信卡券功能可分为API接口功能和公众平台卡券功能,使用两种功能均可实现卡券生成、下发、领取、核销(验证),具有开发能力或通过第三方服务商的商家可以使用API接口功能,其他商家可使用公众平台卡券功能。

通过API接口实现的卡券功能更为丰富,在商家的后台中,可在"公众号—卡券列表"中新增微信卡券。当前常用的微信会员卡可实现储值、年卡、次卡、共享卡、支付卡等,实现优惠等级、折扣、积分、群发、分享等功能;微信券包括优惠券、兑换券、折扣券、代金券、入场券以及团购券等几种类型。如果商家能把微信会员卡和优惠券结合进行网络营销,将会带来较大的流量。

(2)微信卡券的营销。一般来说,微信卡券的营销过程是商家制作卡券→线上或线下发放卡券→用户领取卡券或分享卡券→消费者使用卡券。通过微信卡券可以实现线上线下闭环营销的效果。

3.6.3.9 微信小店

微信小店是基于微信公众平台打造的原生电商模式,包括添加商品、商品管理、订单管理、货架管理、维权等功能,开发者可使用接口批量添加商品,快速开店。微信小店的上线,意味着微信公众平台上正在实现了技术零门槛的电商接入模式。

(1)微信小店申请。微信小店申请的过程是用户登录微信公众平台→添加功能插件→微信小店→申请开通→填写相关资料提交审核。微信小店功能入口仅对微信认证的服务号,并且成功申请微信支付商户的用户开放使用;政府、媒体的订阅号认证后支持开通微信支付功能,可以开通微信小店。当前,微信小店申请完全免费,只要满足条件即可申请运营使用;如果不再使用微信小店,只需把商品下架即可。

(2)微信小店开店过程。

①添加商品。选择类目;按照指引填写商品的基本信息,包括商品名称、商品图片、运费、库存、详情描述等。

②商品管理。对商品进行分组管理,可以设置不同的分组来管理商品,分组可用于将商品填充到货架中;对商品进行上下架操作。

③货架管理。货架是商家用于承载商品的模板,每一个货架是由不同的控件组成的;选择完货架后,商家可以将分组管理里面的商品添加到货架中;将编辑好的货架点击发布,然后复制链接,链接可以填入自定义菜单中,或者下发商品消息中。

④小店概况。可以查看小店所有的数据信息;订单数、成交量等。

⑤订单管理。用户支付成功会生成一笔订单,商家可以查询订单,并进行发货等操作。

(3)微信小店与第三方微商城。微信小店是由腾讯官方开发的,其功能相对比较基础,无法满足个性化或深入的需求,无法定制开发。微商城服务商众多,功能更加丰富,商家可随意挑选符合自己需求的商城,能满足商家各种个性化需求。微信小店和微商城的区别主要体现在以下几个方面。

①主要用户不同。微信小店的主要使用者是 C 端小微个体,属于 C2C 模式;而微商城主要面向 B 端企业用户,属于 B2C 模式。

②产品类型不同。微信小店是基于微信开放接口的产品,建立在微信公众号上的,不需要额外下载;而微商城是需要额外下载 App 开店,本质上属于手机应用程序。

③使用费用不同。微信小店采取免费放送,用户申请通过后即可使用;而微商城属于付费服务,只有支付第三方平台相关使用费用后,才可以在微信中实现微商城功能。

④盈利方式不同。微信小店的经营者通过在商品库中选择商品推荐出去,每笔经由该店主推荐达成的交易即可获取返利,由商品提供企业负责供货、发货、物流以及售后,店主类似于促销员角色;微商城则属于完全的 B 端开店,经营者需要负责交易所有环节。

在腾讯推出微信小店后,并没有产生预期的效果,主要原因一是微信小店太过于简陋,与第三方平台相比,能够实现的功能太粗糙;二是微信小店的场景太单一,要么是在微信公众号文章的"阅读原文",要么是微信公众号的"自定义菜单"里面,这两个场景最大的问题是没有流量,不如利用个人微信号直接在朋友圈里面发广告,这样来得最实惠,转化链条最短。

但随着小程序的发展,微信小店有了更多的发展空间。微信小店升级成为微信小店小程序后,相当于是将电商的功能封装在小程序中,好处是场景更多了。例如,小程序可以直接插在微信公众号的文章中,这样对于用户点击非常便捷,比起以前的微信小店只能放在"阅读原文"里转化链条无疑短很多。小程序目前在微信中入口有很多,有微信群、朋友圈、搜一搜、看一看、公众号等,有 41 个之多。这意味着小店的小程序可以有如此多的入口来实现导流,确实比起以前的微信小店更加丰富。

微信公众平台还给用户提供了许多功能,如图 3-40 所示,这里就不一一描述。

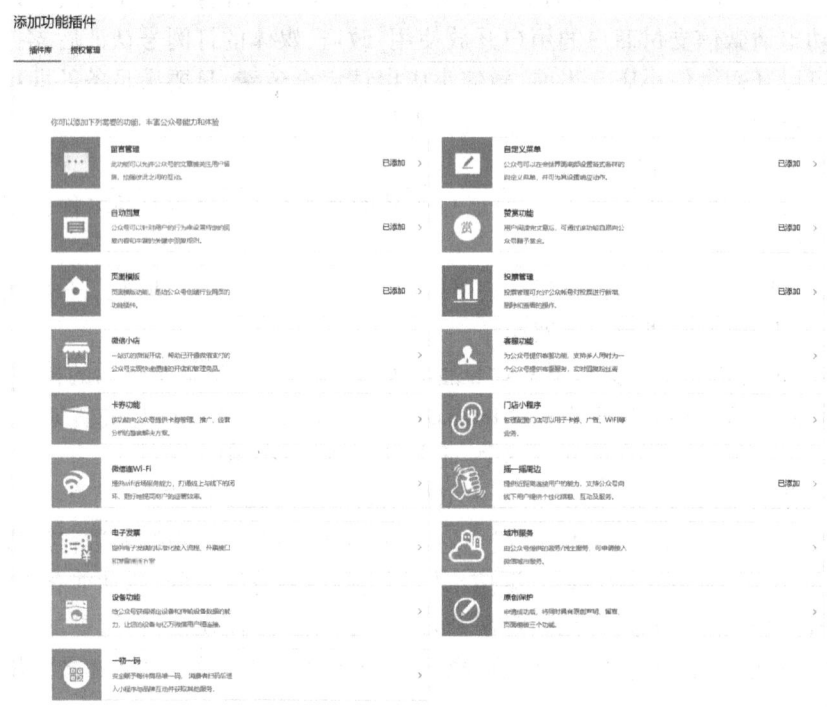

图 3-40 微信公众平台各类功能插件

3.6.4 微信营销技巧

3.6.4.1 微信营销定位

当进行微信营销时,首先应该对其进行定位,了解行业、用户、企业,营销目标以及商业模式。

一般来说企业的商业模式分为 4 种:一是企业直接生产产品,并通过销售产品或服务进行盈利;二是购进其他企业产品或服务,并进行销售,赚取差价;三是通过提供基本的免费产品,并通过高级产品获得增值服务,如金山公司的 WPS;四是产品或服务完全免费,但通过其他形式变现,如今日头条等各类自媒体的广告。

商业模式即从生产到流通再最终转化的过程,这个过程运营者要熟知每个环节:生产模式是怎样的(自生产、代工、代理),通过什么渠道进行流通(渠道模式、渠道类型、多少层级),消费者如何购买等。

运营者必须能把核心业务逻辑流程画出来,这样才能知道运营核心与切入点。

(1)自己所在的行业和公司目前面临的困境是什么？该行业的领先者是如何应对的？该行业涌现出哪些新模式和新方法？

(2)自己产品的优劣点是什么？消费频率如何？用户的购买流程、购买动机和决策因素分别是什么？

如果微信营销的运营者不能站在行业和企业的角度去思考工作，那么，很多运营决策和动作将根本无法达到预期的目标。

3.6.4.2 微信营销应具备的意识

进行微信营销应首先要具备结果导向、价值思维、杠杆思维三种意识。

(1)结果导向。微信营销是一个细节繁杂的工作，大多时候微信营销人员都在做琐碎的工作，这容易让人变得迷茫而没有目标。由于微信的变现速度比较慢，微信大多数运营结果都需要时间沉淀才能呈现效果。这个时候需要有结果架构与目标拆分流程意识，去思考和要求自己的工作。例如，当从事新媒体文案工作时，要清楚地认识到文案工作的运营指标是什么，整个公众号的运营目标是什么，如何工作才能完成运营指标与平台目标。工作人员的每一个动作应该都围绕着目标进行，这样工作才会有价值。

(2)价值思维。卖家的运营更应该立足于用户价值，即卖家的一切运营工作都应为用户创造实际价值。当经营者进行运营工作时，需要站在用户的角度思考或者直接咨询典型用户的意见。这次运营对用户有什么价值？这个价值是不是用户需要的？用户参加这次运营最关注和担心什么？

运营需要围绕着用户价值开展，一切对用户没有价值的行为都是徒劳的。

(3)杠杆思维。在运营过程中，不仅要找到支点，更要让自己成为杠杆去撬动资源来完成目标。优秀运营一定能够对团队/企业、资源、用户进行整合和运用。

①团队/企业。微信营销项目需要充分调用内部的每一分力量，运营不是一个人的任务，应善于调动团队甚至企业的每一个部门、同事、伙伴来完成同一个任务；还要懂得集体策划、团队讨论、团队执行；同时要善于使用微信/QQ群、WPS、电话、会议、小组讨论等工具来完成团队协作。

②资源。企业可以整合的不仅只有内部团队，更重要的是要善于挖掘、整合外部资源来为己所用。例如，代驾平台在推广时，如果只利用地推团队进行推广速度会非常慢，于是代驾平台选择与饭店、酒吧等外部资源合作，在其店面铺设宣传物料来进行营销推广，取得非常优异的效果。

③用户。当前用户对品牌的营销越来越麻木、怀疑，用户间的口碑传播、购买评价反而成为极具影响力的营销助力。在微信平台上，用户会以关系链形成自己的关系网络，在这个网络上用户间能进行高频、高价值的信息交流，每一次连接都影响着社交双方。于是用户间的传播分享，成为微信运营极其重要的指标。

例如，近年来非常流行的"众筹""拼团""分享有礼"等工具，无一不是利用用户间的分享传播来进行运营的。朋友圈中转发、分享的比例非常高，分享传播本身就是用户基本的社交需求与行为，所以要懂得围绕用户价值去调动用户的分享意愿行为。

3.6.4.3 微信营销的基本能力

微信营销运营必备常用能力包括沟通能力、文案能力、策划能力、分析能力、执行能力，需要营销人有意识地培养。

（1）沟通能力。运营时，总会遇到大量需要与同事、企业、用户去进行沟通，进而说服他们的场景，运营的沟通能力是运营工作的核心。那么，应该拥有一个怎样的沟通能力呢？

①引起注意力。在互联网这样的快节奏平台，用户的注意力是短暂易消逝的，也就是说，如果不能快速引起用户的注意，用户根本不会给你机会说/看下去。所以要运用价值前置、设置悬念、反转常识等技巧来调动用户的注意力。

②事实细节。从对事实与细节的描述出发，通过事实与细节的详细描绘来引发用户的感知、共鸣和认同。

③价值。凡事无利不起早，最重要还是如何通过沟通将真实的价值传递给用户，即要通过沟通让对方知道这对于他而言有什么好处，这些好处如何得到。

（2）文案能力。对于微信运营而言，文案能力绝对是最重要的技能，因为图文推送基本上是所有微信运营案头最基本的工作，一个微信运营如果没有文案能力，就如同少了一只手。一般认为文案能力包括三个方面：洞察、文案、排版。

①洞察。洞察就是对文案受众的了解和对时事热点的嗅觉，能够快速地将品牌、用户特点与热点报道结合，借势刷屏朋友圈。

②文案。文字要能打动用户是一个非常需要时间与天赋的技能，好的文案应该具有洞察用户、投其所好，传递情绪、引起共鸣，出色文笔三个特点。

③排版。版式设计、色彩搭配、文字分段排列、图片表情包之间的搭配结合都是排版的范畴，也是吸引用户注意的重要条件。

（3）策划能力。活动策划执行能力也是微信运营必备技能之一，当前网络营销就需要不间断地开展各类活动，节日活动、促销活动、庆典活动、吸粉活动、热点活动、服务活动等，可以说"运营不停，活动不止"。对于一位运营人员而言，掌握活动时间、频率、主题、目标、流程、复盘也显得格外重要。一位优秀的运营人员应该要懂得以下问题。

①什么时机应该做活动？为什么这个时机适合做活动？

②活动应该保持一个怎样的频率？

③活动价值与吸引点是什么？应该设计怎样的主题？

④活动如何触达用户并引发参与、分享？

⑤活动目标是多少（量化）？如何确保达成？

⑥整个活动流程是怎样的？有无经过测试？用户的参与门槛是什么？

⑦活动复盘下来的收获与不足各是什么？如何进行改进？

（4）分析能力。数据分析就是通过运营过程或外部数据报告产生的数据进行对比变化的分析，以了解事物的现状与发展趋势，现在任何一个行业都应重视并掌握数据分析能力。数据分析的价值与作用一般有以下四点。

①数据可以客观反映出当前运营状态的好坏。

②数据可以帮助运营人员找出运营问题所在。

③数据可以帮助运营人员找出实现目标的最佳路径。

④数据可以帮助运营人员了解用户。

(5)执行能力。微信运营人员,最重要的能力就是执行力,需要把每一个运营细节真正落地执行,再一步一步去优化改进。

3.6.4.4 微信公众号引流

当公众号申请完成后,吸粉引流就是微信营销中最为重要的任务之一;没有流量,再好的运营活动也无法执行。微信公众号用户来源主要集中在扫描二维码和支付后关注等线下场景,以及关注图文消息和公众号等线上场景。企业对公众号运营的引流核心指标是转发分享率与阅读率。

(1)公众号吸粉引流的定位。公众号要想受到用户的关注,实现引流的目的就必须先对吸粉引流进行定位,需要思考如下问题。

①精准粉丝是谁?他们有什么特点?
②精准粉丝在哪儿?如何触达他们?
③精准粉丝为什么要关注公众号?这个公众号能为他们提供什么价值?
④如何使精准粉丝愿意传播分享?他们的动机是什么?

例如,某品牌婴幼儿奶粉的粉丝定位如表3-5所示。

表3-5 公众号粉丝定位

精准粉丝人群	处于怀孕期、哺育期的父母及其家人
人群特点	年龄段集中(25~35岁),极其关注怀孕及哺育资讯知识,注重口碑,重视产品安全与价值
人群来源	医院、药店、母婴店、家政机构(月嫂)、母婴论坛、母婴类商城App、信息问答平台等
如何触及	线下合作、宣传材料投放、网络交流咨询、平台合作
为何关注	领取试用、了解产品、购买产品、促销活动、售后服务、专家咨询、资讯经验技巧
为何愿意分享	活动、高价值图文、分销、用户惊喜、社区社群

(2)公众号吸粉引流的资源利用。企业公众号吸引粉丝需要充分利用用户资源和企业渠道资源。

①用户资源的利用可以采用:整合企业拥有的手机号码等资料的顾客;利用品牌个人号主动添加用户为好友;品牌个人号多维度地去维护营销客户(消息推送、微信群、朋友圈);品牌个人号有意识地将用户沉淀至公众号(转发公众号消息、二维码、活动)。

②企业渠道资源的利用可以采用:与市场/渠道/业务等部门合作;申请创建品牌渠道专用微信个人号;渠道专用微信号加渠道人员微信(渠道商、渠道员工);利用微信号来进行渠道维护营销;利用微信号与渠道的连接,通过图文/活动转发分享,二次接触渠道背后的消费者或企业宣传资源。

(3)公众号吸粉引流的方法。

①求关注。充分利用企业和个人的人脉资源,多方求关注、求转发,积累初始粉丝。因此,公众号运营者的微信好友数与微信群数应该足够多。

②图文消息。制作有价值、吸引眼球的图文消息,使初始粉丝有意愿主动分享转发。

③做活动。最容易打动用户的方式就是提供真实的利益。通过合法合规的活动,带给用户实际的好处,使用户活动触达量、用户活动参与率、用户活动分享率达到一定的水平。

④打广告。借助于微信的海量用户和数据分析,将广告精准地投放给潜在用户。目前微信广告主要分为朋友圈广告、公众号广告和小程序广告,它们的特点与表现形式如表3-6、图3-41、图3-42、图3-43所示。

表3-6 微信广告类型对比

广告类型	广告特点	适用范围
朋友圈广告	以类似朋友的原创内容形式,在用户朋友圈进行展示的原生广告,通过整合亿级优质用户资源,朋友圈广告为广告主提供独一无二的互联网社交推广营销平台	品牌推广活动、推广门店、商品推广、推广应用、发放优惠券、推广公众号、收集销售线索、推广小游戏
公众号广告	是基于微信公众平台,以类似公众号文章内容的形式,在文章底部、文章中部、互选广告和视频贴片等四个广告资源为进行展示的内容广告	品牌推广活动、商品推广、推广应用、发放优惠券、推广公众号、收集销售线索、推广小游戏
小程序广告	是基于微信公众平台,利用专业数据处理算法实现成本可控、效益可观、精准触达的广告投放系统	品牌推广活动、商品推广、推广应用、推广公众号

图3-41 朋友圈广告

图3-42 公众号广告

图 3-43 小程序广告

⑤线下推广。企业所拥有或合作的直营店、加盟店、复合店、商超等终端零售渠道都能接触大量的精准用户,所以可以通过各类线下资源进行宣传推广,扫描关注。

⑥产品扫码。企业可以在产品或包装上加入二维码,当产品接触购买用户时通过扫描来引流。产品二维码应该显眼并有让用户扫码的理由。

⑦地推。企业与其他企业渠道合作或直接以线下地推的方式来获取用户关注。

3.6.4.5 公众号文案写作要点

用户关注微信公众号的原因是企业能够提供有价值的产品、服务或信息,信息主要通过图文消息的文字和图片来传递,因此,文案写作是让用户长期关注、阅读、转发分享消息的重要因素。

文案写作能力除了写手自身的文化水平及写作能力之外,还应该通过"观看→思考→提炼→实践→应用"这个过程来不断提高;同时还需要多读书、多练习。除此之外,还有如下技巧。

(1)蹭热点。当社会出现热点事件后,知名品牌新媒体都会快速针对热点创作一句相关的文案或文章。例如,电影《流浪地球》上映后,电影里多次出现的"北京第三区交通委提醒您:道路千万条,安全第一条"台词广泛流行,某婚恋网站适时推出宣传口号:"感情千万条,脱单第一条",以此加深用户的印象。

(2)话题性宣传。当行业知名品牌做出一个极具影响力的宣传文案或活动时,你可以站在其竞争对手的角度,为其策划编写一套文案和活动来与之竞争。例如,当年的加多宝与王老吉广告语。

(3)草根语言。新媒体最大的特征是打破了传统媒体与普通百姓的不对等的状态。因此,应该多用通俗化、娱乐化、生活化的语言来贴近用户。

(4)表达清晰。文案要把内容表达清楚,不要让用户看了半天,也不知道在说什么?不知道需要做什么?能得到什么价值?例如,香飘飘奶茶的广告语:"小困小饿时间到,就喝香飘飘"。简单明了,说明了该产品的饮用场景。

(5)标题吸睛。虽然大多数用户不喜欢"标题党",但好的标题却是吸引用户阅读的重要因素。在保证文案内容的前提下,标新立异并结合热点的标题是提高点击量与阅读量的必备条件。一般公众号的图文如果超过10万+的阅读量都是有着非常吸引眼球的标题。吸睛的标题一般具有如下特点。

①把用户想要的结果提炼在标题上。让用户快速判断你的内容价值,以决定是否点击阅读。所以,要懂得在标题中体现出内容的真实价值。例如:"中国直播界第一惨案:萝莉变奶奶"。

②标题中使用数据表达观点。数字更容易给用户一种客观可信的感觉,所以要尽量使用数字来代替文字表达观点。例如:"15小时,2 000战士,换回命悬一线的800万生命"。

③标题使用场景代入。将用户最熟悉的生活场景和故事放入标题,用标题去营造场景或描述故事。例如:"妈,我想吃你做的红烧鱼了"。

④标题借势傍名人。有意识地与名人(热点、用户熟悉事物)扯上关系,借助其影响力刺激用户点击观看。例如:"月减十几斤,爆红ins,奥斯卡影后、维密天使都在用的减肥方法,心动不?"

3.6.4.6 公众号内容吸引用户的方法

众号号为了吸引更多的用户关注,可以从新鲜、精良、有趣、准确四个方面入手。

(1)内容新鲜。即每天发布的内容有新鲜感,就如同人们准点看某个电视台节目一样,它每天带给观众不错的资讯信息。

(2)品质精良。由于用户的订阅号都被折叠收藏在"订阅号"下,如果公众号的内容没有质量,那么用户就不会一层一层点击进去浏览内容。

(3)精彩有趣。公众号内容应该有足够的趣味性和精彩程度,成功的图文经常使用幽默有趣的语言文字或是趣味动图来增加内容的多样性和趣味性。

(4)定位准确。对公众号本身和用户的定位应该精准,运营者要清楚知道用户关注的目的是什么。是为了具有时效性的内容还是内容上的多样化?是关注新品发布还是希望收到打折信息?

3.6.4.7 通过公众号与用户互动的技巧

在公众号中必须有互动。一方面是让用户知道运营者是一个活生生的人而不是机器。另一方面,互动可以加深用户对公众号的感情,增加用户的黏性,维护好已有的粉丝。

(1)公众号的内容要有话题性。无论是发文章还是做活动,都要让用户有想参与讨论的兴趣和欲望,他们才愿意发声。

(2)可以在自定义菜单中设置一个醒目的菜单,让用户第一时间找到互动的地方。

(3)用户互动内容及时回复。如果运营者没有及时回复用户的内容,则用户会觉得不被重视,用户体验很不好。对于忠诚粉丝来说可能还可以理解和接受,但是对于临时订阅者而言,他们很有可能因为服务不周而取消关注。

习题 3

1. 在互联网中搜索注册百度"百家号"和今日头条"头条号"的流程,并尝试以个人身份注册"百家号"和"头条号"。

2. 举例说明微博吸引粉丝的各种方法。

3. 打开微博,将微博上的顶部广告、粉丝通、粉丝头条、右侧广告位、下方广告通栏截图并标识;同时指出这些广告链接到了哪里。

4. 开通微信订阅号,并完善公众号设置和完成自定义菜单;同时,针对当前国内外热点事件发布一篇原创推文。

5. 根据本单元中关于"公众号文案写作要点"的内容,分别针对每一个写作要点,寻找一个相对应的案例。

6. 阅读下面的案例,说明在此案例中钉钉采用了哪些微博营销技巧?

【钉钉本钉在线求饶,求出一大波好感度】

之前,钉钉成为教育部选中的老师直播及中小学生上网课指定 App,没想到教育部的加持没让它走上"钉生巅峰",却惹恼了寒假被占用、被迫上网课的小学生。

当听说 App 的评分低于一星就会被下架(这当然是假的),愤怒的小学生疯狂组团给钉钉打一星,几天内钉钉从优秀的 4.9 分跌至稀碎的 1.3 分。

面对一群孩子,一贯严谨理性、专注办公的钉钉要怎样解决这种飞来横祸?

讲道理是讲不了的,打感情牌也打不到他们心上。钉钉灵机一动,干脆放弃挣扎,直接求饶。官博破天荒发布了求饶情包,引来支付宝、天猫、淘宝、盒马等阿里众多小伙伴安慰和求情,还获得了"看热闹不嫌事大"的百万点赞。

图 3-44 钉钉官博"求饶"页面

4 网上开店初期准备

教学内容：
- 目前各类主流电商平台介绍；
- 网店的定位与商品选择；
- 网店的人群定位与前期市场调研。

能力目标：
- 本章主要介绍在开设网店之前的各种前期准备。通过学习，学生可以对当前各类电商平台的基本开办条件、资金要求、经营者资质有所了解；掌握不同电商平台的优劣势与擅长领域；能够对将要开设的网店进行准确定位，通过市场调研确定目标消费者，选择适合推广销售的商品和服务。

4.1 电商平台的选择

根据《第45次中国互联网络发展状况统计报告》，2019年全国网上零售额超过10.6万亿元。其中，实物商品网上零售额8.52万亿元，占社会消费品零售总额的比重为20.7%。截至2020年3月，全国网民中超过78.6%的人进行过网络购物，用户规模达到7.1亿人。因此，商家通过网络进行产品销售是大势所趋，而网上开店是最为直接的网络销售形式。在商家开设网店之前应进行网店的规划，深入了解行业发展、产品特征、市场竞争、用户需求等内容。

4.1.1 电商平台认识

电子商务发展至今，出现了各种形态，电商平台也变得多种多样。按照出现时间的早晚可以分为传统电商、新电商、社交电商；按照行业划分，有房产类、外卖类、汽车类、出行类、旅游类、酒店住宿类等；按照交易对象所在地区，可以分为国内类和跨境类；按照成交方式分为在线交易类、O2O类、新零售类。由于许多电商类型相互交叉，因此，本书只是列举出几种最为常见类型的电商平台。

4.1.1.1 传统电商

对于电商平台，按照传统的分类方式，可以分为B2B、B2C、C2C三种模式，这是以交易对象不同进行的分类。

（1）B2B电商。B2B电商就是Business-to-Business电商模式的缩写，即企业对企业的电子商务，电商平台上的交易双方都为企业。典型的代表就是阿里巴巴、慧聪网、网商网等，这些电商网站经营的产品种类繁杂，属于综合类电商平台。除此之外，还有很多网站只是在某一个或某几个行业和产品领域经营，这类为垂直类电商平台。如机械设备类有垂直机械网、中国机械网、机电之家等，建筑建材类有建材网、中华地板网等，五金工具类有上海有色网、铝道网,化工塑胶类有化工网、化工产品网等。

(2) B2C 电商。B2C 电商就是 Business-to-Consumer 电商模式的缩写,即企业对个人的电子商务,电商平台上交易的一方为企业,另一方为消费者。典型的代表就是天猫、京东、当当网等,这些电商网站经营的产品种类繁杂,属于综合类电商平台。除此之外,还有很多网站属于垂直类电商平台,例如,唯品会专注于品牌尾货销售,蜜芽是专业的进口母婴用品特卖商城,每日优鲜是专门经营生鲜食品的移动电商平台。B2C 电商模式中,京东、当当等主要采用商城本身进行独立经营,即自营模式(也有一定数量的其他商家);而天猫采用的是搭建平台,为众多的商家和消费者提供交易环境,通过广告和增值服务获得利润。

(3) C2C 电商。C2C 电商就是 Consumer-to-Consumer 电商模式的缩写,即个人对个人的电子商务,电商平台上交易的双方都是个人。典型的代表就是淘宝、闲鱼、拼多多等(这些平台上也有很多的企业卖家),淘宝网、拼多多是典型的综合类电商平台,闲鱼专注于闲置二手商品的交易。这些电商平台也都是为众多的商家和消费者提供交易环境,通过广告和增值服务获得利润。

除了上述的分类外,还有一种 O2O 模式,即 Online-to-Offline,线下与线上相结合的电商模式。这类电商一般都是生活服务类,商家在线上进行宣传推广,并与消费者完成线上交易,线下商家提供服务。例如,滴滴打车、美团、饿了么、链家、携程、途家等,他们都是专注于在某一个领域为消费者提供日常生活服务。

4.1.1.2 新电商

新电商是相对于出现较早的传统电商而言的新的电商模式,创新的实体企业利用数字化工具在和粉丝互动中,打通营销链和供应链,从而创造独特价值、传播独特价值、建立多场景成交价值。近几年快速发展的跨境电商、社交电商、新零售、微商、社区电商都属于新电商范畴,与传统电商相比,新电商在以下几个方面出现重大的变化。

(1) 主体变化,不再是互联网公司主导的电商,而是实体企业创新的电商。
(2) 核心变化,不再是核心化的电商,而是多极的电商。
(3) 运营变化,不再只是流量化的电商,而是粉丝深度互动的电商。
(4) 成交变化,不再是店铺成交的电商,而是多场景成交的电商。
(5) 模式变化,不再只是销售电商,而是用户驱动供应链的电商。
(6) 合作变化,不再仅限于平台电商卖货,而是和平台电商的深度融合。

例如,拼多多就将自己定位为新电商开创者,致力于将娱乐社交的元素融入电商运营中,通过"社交+电商"的模式,让更多的用户带着乐趣分享实惠,享受全新的共享式购物体验。

4.1.1.3 社交电商

在新电商领域,当前最为热门的模式是基于微信生态的"社交+电商"模式。作为后电商时代的新模式,社交电商被验证为可行的模式,由于其可规模化复制且想象空间大,进而成为资本追捧的"香饽饽"。2019 年社交电商的典型代表——拼多多的用户已经超过 4 亿人,成为国内用户数量排第二的电商平台;2019 年社交电商平台云集也在美国上市,受到无数电商创业者的青睐。而拼多多和云集都是在 2015 年成立的电商平台,仅仅用四年时间就跨入国内电商的第一梯队。

2018年,社交电商行业从业人员规模突破3 000万人,从业人员数量增长速度达到50.2%,社交电商行业的参与者已经覆盖了社交网络的每一个领域。在传统商家都面临互联网流量瓶颈、获客成本逐年上升的情况下,社交电商天然的用户裂变属性成为众多品牌商的不二选择。与此同时,越来越多的传统电商平台也纷纷建立自己的社交电商渠道,如京东拼购、苏宁拼购、国美美店、每日一淘、海尔顺逛等。2019年主流社交电商如下。

(1)综合类。

①拼多多创立于2015年9月,2018年7月在美国纳斯达克证券交易所正式挂牌上市。创立3年,汇聚4.185亿年度活跃买家和360多万活跃商户,平台年交易额超过4 716亿元。

②达令家于2017年8月正式上线,依托线上社交流量和线下零售场景的融合互通,专注于女性购物体验的新零售探索。

③贝店创立于2017年8月,隶属于贝贝集团旗下全资子品牌,是国内一家采用自营加品牌直供模式,与数万个源头品牌直接合作的社交电商平台。专注于家庭消费,为用户提供居家、服饰、水果、美食、美妆、母婴等全球好货。

④甩甩宝宝是鲸灵集团旗下的社交电商平台,创立于2018年6月,甩甩宝宝定位于S2B2C社群。在平台、品牌商、小程序、消费者之间搭建协同网络,加快信息和资金的流转效率。其具有几千家品牌商入驻、48小时限时特卖,玩法丰富,高速裂变,一站式售前、售后、物流服务等特点。

⑤楚楚推。醋溜科技旗下形成了由楚楚街、楚楚通和楚楚推组成的平台事业群。楚楚推上线于2017年,是推荐和推广楚楚通货品的社交电商平台。目前楚楚推已拥有百万入驻店主,VIP会员超过50万人,单日最高销售额突破千万人。

⑥顺联动力商城致力打造领先的口碑社交电商平台,业务布局涵盖线上商城、新零售、供应链仓储等领域。覆盖全国8 500多万用户,App下载量破亿,拥有千万级活跃用户。

⑦海尔顺逛是海尔集团官方社群交互平台,聚焦社群交互,旨在打造线上店、线下店、微店、小程序"四店合一"的,通过个性化小数据提供智慧家庭解决方案的物联网平台。"四店合一"模式使原本各自为战的线上店、线下店、微店、小程序共享资源和利益,为线下店提供社群交互的工具,为微店主搭建"0成本创业平台",同时也给用户带来场景化的智慧家庭体验。

⑧微选是京东与美丽联合集团成立的合资公司旗下的电商服务平台,依托于微信,专于微信社交电商新生态,致力于帮助商家实现去中心化运营。

⑨好物加一于2018年7月正式上线。通过M2A社群模式加小程序千人千店,解决传统电商产品供应链、流量等问题。目前,好物加一平台拥有全球16个国家(地区)1 600多个品牌10 000+可售商品。入驻品类包括美食饮品、酒店民宿、教育培训、生活服务、休闲娱乐、周边游门票、水果生鲜等。

⑩淘集集于2018年8月上线,是一个针对"县乡村"用户的社交电商平台,通过邀请好友一起拆"助力红包"的方式裂变,主打低价、高频商品,包括日用百货、美妆个护、服饰鞋包、家居家纺等,目前平台的月活跃用户数已突破数千万人。

(2)美食生鲜类。

①环球捕手成立于2016年4月,以美食为核心,辅以社交电商、内容电商、自营品牌等

多重属性。入驻品牌超2 000家,为全球近4 000万名用户提供高性价比的商品和服务。

②每日一淘是由每日优鲜打造主营美食生鲜电商的领导品牌,于2018年上线。提倡分享经济和社交电商一体化概念,通过前端社交分享+会员制,后端直采+直供的S2S共享创业模式,最大程度分享社交电商红利。

③兴盛优选是全国连锁便利超市芙蓉兴盛旗下的电商平台,采用"线上预售+门店自提"的方式,以社区便利超市为依托并通过预售,为社区家庭消费者解决以生鲜水果为核心的全品类精选的商品需求。

④环球好货成立于2018年8月,是互联网独角兽小黑鱼孵化的精选美食社交电商。环球好货通过打造前端分享+会员体系,后端建立产地直采供应链,平台负责配送和售后服务体系,成为国内生鲜电商平台。

(3)拼团类。

①松鼠拼拼是以微信小程序为载体的社区团购平台,它基于社区,为社区家庭推送高品质、超低价的生鲜日用品。平台具有零费用,无须缴纳加盟费、上架费,结款周期短等优势。

②拼家佳是一个一站式购物社交拼购商城,利用拼购营销工具及社交玩法,刺激用户多级分享裂变,实现商家引流及用户转化,主要消费群体为中青年。它具有免费入驻拼家佳,只需要缴纳对应品类的保证金,开店结束时予以退还的特点;团购玩法除了一般的拼团功能,还有抽奖团、秒杀团、阶梯团、品牌团、试用团、新专团、海淘团、邻居团、推广团、自选团、分销团等玩法;其流程简单并拥有成熟的平台运营体系,基于微信社交生态圈的拼团模式,可以定期进行高转化率的优惠活动。

③京东拼购是基于京东商家,利用拼购营销工具,通过拼购价及社交玩法,刺激用户多级分享裂变,实现商家低成本引流及用户转化的一个工具,主打"低价不低质"概念。

④国美美店是以组团购物模式为核心的生活消费类社交购物平台,经营百货、生鲜、零食、美妆、母婴、电器等商品。美店依托国美强大的供应链体系,与品牌商家直接进行合作,并由商家直接发货,免去代理渠道费、运输物流成本。平台可以免门店租赁费、技术服务费、交易佣金、市场推广费;商家可共享国美市场推广资源的站外引流;该平台有专业的系统数据支持,能为品牌合作商提供全方位统计数据。

(4)精品会员类。

①云集是一家由社交驱动的精品会员电商,为会员提供美妆个护、手机数码、母婴玩具、水果生鲜等全品类精选商品。拥有超过4 500万普通用户和700万付费会员,单日销售额最高超过8.7亿元。

②闲来优品是一个会员制商城平台,商城中的商品以30%的高频长尾类母婴、居家、美妆商品+10%生鲜水果+30%全网畅销的爆款贱货+10%闲来优品自营+20%高佣金爆款商品组成。

③人人优品创办于2015年6月,2016年其App正式上线,目前入驻品牌超600家,产品款式超40 000款。

(5)SaaS服务平台类。

①有赞主要从事零售科技SaaS服务,帮助商家进行网上开店、社交营销、提高留存复购,拓展全渠道新零售业务。旗下拥有:有赞微商城、有赞零售、有赞美业、有赞小程序、有赞

教育、有赞餐饮、有赞学院等产品线。

②SEE小电铺是国内内容商业化联盟以及国内首个小程序电商SaaS服务平台。通过数据技术与供应链服务,在微信生态中驱动自媒体和品牌去中心化商业网络,SEE小电铺的服务帮助品牌开启新营销和新零售,为自媒体实现商业闭环和内容变现。

③微盟是微信第三方服务提供商,基于微信为企业提供开发、运营、培训、推广等一体化解决方案服务,提供包括微商城、微盟旺铺、智慧零售等产品。

(6)导购平台类。

①什么值得买是帮助消费者更多地了解产品信息,更好地判断产品品质,确认什么东西值得买的导购类平台。平台中主要包括"优惠精选""海淘专区""发现频道""值客原创""资讯中心""消费众测""商品百科"等栏目。

②美柚是以女性健康生活为切入点的社交导购平台,为女性提供购物、减肥、瘦身、美容、丰胸、星座交流社区,可切换备孕、怀孕、育儿、孕期模式。

(7)新零售类。贝壳优品是新零售轻创业平台,以"互联网+"的新零售模式为用户创造机会,通过社交带动用户一起参与到新零售中来,形成裂变成无数个导购细分入口的行为,让更多人从传统的消费者身份,转变成为消费商。

(8)买手类。火球买手是一个IP买手入驻、产出优质内容、推荐好物的电商购物平台。App内实现交易闭环,由买手或者入驻的商家发货给用户。目前平台用户超100万家,入驻品牌600家。

(9)众包分销类。爱库存是一个全球众包分销平台,通过创新的S2B2C模式,上游打通品牌方库存,下游服务分销商,借助社交电商的爆发力,带动分销商的能动性进行销货。

(10)清尾货类。抖仓成立于2018年5月,是专注帮助商家清尾货的服务平台。目前已在全国拓展分销代理近2 000家,服务品类已覆盖服饰鞋包、儿童母婴、家居家纺、美妆、食品生鲜和日用百货等。

(11)亲子教育类。大V店是致力于亲子阅读、妈妈成长的会员电商平台。以亲子教育为切入点建立妈妈社群,为妈妈提供购物、社交、学习等多维度的服务,目前已拥有数百万活跃的妈妈用户。

2020年社交电商仍将进一步发展,决定社交电商平台生存发展的将不再是运营模式,而用户规模、供应链、服务能力等将成为竞争的关键因素。

4.1.1.4 跨境电商

随着国家一带一路倡议的实施,跨境电商成了电商领域一个重要的发展方向。国内的跨境电商分为进口和出口两类,作为买家主要用进口跨境电商购买国外的商品,作为中小卖家更多地采用出口跨境电商,将国内的商品销往国外。

(1)进口跨境电商平台。当前,国内主要的进口跨境电商包括:网易考拉、天猫国际、海囤全球、唯品国际、亚马逊、小红书、洋码头、苏宁海外购、1号店全球进口、蜜芽、丰趣海淘、顺丰优选、贝贝全球购、聚美极速免税店、达令家等。据艾媒咨询发布的《2019上半年中国跨境电商市场研究报告》显示,网易考拉以27.7%的市场份额位居国内跨境进口市场首位,连续四年稳居市场份额第一,天猫国际、海囤全球、唯品会分别以25.1%、13.3%、9.9%的市场份额位居其后。

①网易考拉海购。设网站平台作为网易旗下的跨境电商平台,能够借助网易的强大流量支持,迅速推广获取用户;主要与国外知名品牌商合作,以自营直采为主。

②天猫国际。为了满足中国消费者不断提升的消费品位和消费能力,天猫国际面向全球招募最纯粹的海外商家。入驻商家必须具备中国大陆以外资质的公司实体,拥有海外注册商标,具备海外零售资质,并且在国外有良好的信誉和经营状况。

③海囤全球。海囤全球是京东旗下品牌,由原来的京东全球购更名而来,目前已开设多个国家馆和地区馆。

与天猫国际不同的是:海囤全球是海外直采+开放平台,技术服务费较低,天猫国际是纯平台模式,技术服务费较高;海囤全球则采用保税集货、保税备货、海外直邮三种模式,天猫国际主要是保税备货模式;海囤全球模式需要精确管理,供应链压力由京东、商家共同承担,天猫国际模式管理上更简单,供应链压力由入驻商家承担。

④唯品国际。唯品国际始终坚持自营模式,并已经形成了买手+海外仓的供应链特点。买手团队是唯品国际发展全球采买能力、完备海外仓布局的关键,买手不仅要有高敏感的时尚嗅觉,还需要对优质品牌及商品有精准的挖掘能力和采买能力,通过对国际市场流行趋势的判断,挑选到更优质的国外商品,满足消费者愈发个性化的需求,同时也确立了"专业时尚买手+全球精选好货"的新品牌定位。

⑤亚马逊中国。亚马逊中国沿袭了美国亚马逊的经营理念,允许品牌商家入驻,但入驻门槛较高,明显高于其他平台的资质要求,是国内最早的跨境电商平台之一。(注:亚马逊中国于2019年7月起将不再运营中国国内市场业务并停止向商户提供服务,但亚马逊海外购、亚马逊全球开店、Kindle和亚马逊云计算将继续在中国运营。)

⑥小红书。小红书初期只是一个单纯的UGC购物笔记分享社区。在国内跨境旅游市场高速上涨阶段,小红书切中了旅游时购物选择的痛点,利用高质量的购物分享社区吸引大量用户,建立了自营购物平台进行用户行为转化。得益于其优质的UGC分享社区,小红书拉近了用户与用户、用户与平台、用户与产品之间的距离,保持着行业内活跃量与渗透率很高的成绩。

(2)出口跨境电商平台。

①亚马逊(Amazon)。亚马逊目前是全球最大的跨境电商平台,在各国设有独立的电商平台,主要面向经济发达国家和地区。亚马逊对入驻商家的要求非常高,对商品质量、服务、价格都有特殊要求,小卖家、个人卖家很难入驻。

②易贝(ebay)。易贝与淘宝的模式类似,店铺操作较为简单,并且开店是免费的,门槛低,适合于各类卖家;但在入驻流程中需要办理的手续会较多,重视卖家的信誉。易贝在很多国家设有独立平台,但核心市场仍旧是在欧美,卖家如果侧重于欧美市场的开拓,选择易贝是个不错的选择,并且开店投入较低。

③速卖通(aliexpress)。速卖通是阿里巴巴旗下的出口跨境电商平台,在全球战略中着眼于亚马逊、易贝的空白点,也就是进入非发达或电子商务处于初级阶段的国家和地区。速卖通平台上的卖家必须针对目标市场制定销售策略,高性价比、低价、低成本物流乃至普通的电商服务,即可满足目标市场的需求。

④Etsy。Etsy是一个以手工艺成品买卖为主要特色的电商。虽然Etsy的整体规模很

大，但是这种只接受手工活、主要靠情怀支撑的电商模式并不适合普通的行业，普适性不强。

⑤Wish。Wish更侧重于移动端的跨境电商平台，虽然不是全球最大的几个出口跨境电商平台，但却是国内卖家优选的四大平台之一。在Wish上，商品价格低廉、品质较高，其中很多商品都是从中国发货。Wish使用独特的推荐方式能够对产品的质量做到保障，确保用户的利益，并且在技术上采用更智能的推送算法，可以为每一个消费者推送喜欢的产品，实现精准营销并留住大量用户。

这五大平台是目前最受消费者欢迎的跨境电商平台，也是从事出口跨境电商卖家应当重点考虑的平台。除了这些主流的平台外，非洲的Kilimall，东南亚的Lazada，印度的Paytm，拉美的Linio等新兴市场的本土电商平台也有大量的国内卖家在从事跨境电商出口业务。

除了选择入驻平台，也可以采用自建网站的方式，尤其是面向欧美发达国家时，品牌商独立建站可以更好地服务于自有品牌的宣传推广；但最大的问题是引流，当前引流成本过高，因此这种方式不适于中小卖家。

4.1.1.5 电商平台分类

企业或个人在开店之前应该对各大电商平台的规模、经营品类及规则有清晰的了解。只有这样才能选择适合的电商平台，有针对性地开设网店。根据《互联网周刊》、中商情报网的统计数据，2018年国内各类主流电商平台如表4-1(1)(2)所示。

表4-1(1) 国内主流电商平台

综合电商	生活电商	母婴电商	生鲜电商	医药电商
淘宝网	美团点评	妈妈网	每日优鲜	健客网
拼多多	滴滴出行	育儿网	盒马鲜生	康爱多
天猫	饿了么	宝宝树	京东到家	药房网商城
京东商城	携程旅行网	贝贝网	超级物种	1药网
苏宁易购	同程艺龙	蜜芽	多点	好药师
亚马逊中国	口碑	母婴之家	中粮我买网	健一网
国美在线	哈啰出行	孩子王	本来生活	康之家
唯品会	惠民网	美囤妈妈	小象生鲜	药品终端网
当当网	淘票票	麦乐购	顺丰优选	七乐康
1号店	瑞幸咖啡	妈妈100	天天果园	叮当快药
微店	猫眼电影	大V店	我厨	阿里健康药房
网易严选	58到家	十月妈咪	易果生鲜	海王星辰
蘑菇街	驴妈妈	宝贝格子	五百家	老百姓药房
一淘网	途家	爱幼爱	爱鲜蜂	一心堂
指动生活	新氧		7Fresh	金象网
YOHO有货	土巴兔		美菜	快方送药
礼物说	首汽租车			药给力

表 4-1(2)　国内主流电商平台

体育电商	特卖电商	奢侈品电商	农村电商	社区电商
识货	拼多多	珍品网	日日顺乐农	你我您
体博网	唯品会	走秀	汇通达	十荟团
咕咚商城	卷皮网	优众网	乐村淘	兴盛优选
优个网	聚美优品	寺库	惠农网	考拉精选
任意球	楚楚街	美西时尚	中国农产品网	小区乐
当客 get	折 800	尚品网	村村通商城	益商云
Mesuca	聚划算	麦时网	农卖网	呆萝卜
Keep 商城	闪电降价	Roseonly	云特产商城	邻邻壹
激想体育	一折特卖	TOPLIFE	中国土特产网	餐饮会
	十元包邮	要客	土大姐商城	每日一淘
				谊品生鲜

4.1.2　电商平台入驻的优劣势与准入条件

在每个电商平台入驻开店都有各自的优缺点以及准入条件。

4.1.2.1　天猫商城

(1)优势。

①天猫占据巨大的市场份额优势,2019 电商网站排名,天猫在全球网站排第 13 名,且天猫具有极大的 GMV(成交总额)增长速度,仅 2019 年"双十一"天猫成交额就达到 2 684 亿元,因此天猫具有强大的平台支持。

②天猫具有完善的售后服务,所有的商品都有七天退换货保障,用户可以购买运费险,完善的服务深受用户的喜爱,使天猫拥有密集的客流量。

③天猫商城可以进行分销管理,以此来扩大品牌的知名度。

④天猫后台还可以有数据魔方服务,进行数据分析,如月销售额、地区销售额、每件产品的销售趋势等。

(2)劣势。天猫对于店铺的门槛要求较高,导致各个环节的运营成本也相应提高,因此天猫适合资金充足且大品牌的商家。

(3)开店条件。现在,天猫的开店比较特殊,只允许"品牌池"内已有的品牌开店。也就是说天猫开店是邀请制的,不是说任何品牌都能开设的。例如"母婴/奶粉辅食营养品"品类,天猫的开店要求如图 4-1 所示。

在天猫中有旗舰店、专卖店、专营店、卖场型旗舰店四种店铺类型,不同的店铺类型有不同的入驻要求,如图 4-2 所示。

以京东、天猫为代表的 B2C 平台,由于流量竞争白热化,技巧较多,适合品牌商或者有一定资金运营实力的代理团队开店。

打开链接 http://t.cn/RKIBYji,查看更多天猫开店规则。

打开链接 https://zhaoshang.jd.com/index,查看更多京东开店规则。

图 4-1 天猫店铺入驻要求

图 4-2 天猫店铺类型

4.1.2.2 唯品会

（1）优势。唯品会可以在成本较低时首先积累到海量用户和品牌知名度。

（2）劣势。唯品会品牌渠道资源明显不及竞争对手，不能保证高端品牌的稳定供应，被动增加了二、三线品牌，不利于品牌塑造和用户培育。从招商条件可以看出，唯品会只针对大品牌的招商规则，使得唯品会是一个线下知名大品牌拓展销售渠道的一个很好的合作商，因此不适合中小卖家。

打开链接 https://vis.vip.com/stipulate/，查看更多唯品会开店规则。

4.1.2.3 阿里巴巴

B2B 是商家对商家进行销售的一种商业模式，主要以批发的形式居多，也有一件代发，很多微商进货也是以阿里巴巴为主要渠道。

（1）优势。

①流量大，访问量大。

②推广力度强，相对的功能比较完善。

③采购成本低，库存成本低。

④市场机会大，周转时间少。

(2）劣势。

①消费者的权利等还不够好。

②有时会存在欺骗的行为。

(3）开店条件。阿里巴巴这类 B2B 电商平台,适合厂商或者有大量货源的有一定资金实力的卖家开店;分为实力工厂、实力档口、官方旗舰店、品牌专营店、源头厂家、实力卖场等六种入驻形式,如图 4-3 所示。

图 4-3 阿里巴巴店铺类型

打开链接 https://shili.1688.com/page/zhaoshangbiaozhun.html,查看更多阿里巴巴开店规则。

4.1.2.4 淘宝

淘宝类目几乎涵盖了生活所需的全部,是一个针对全网用户的开放店铺模式。除了假货、香烟、危险品之外的违禁品,只要提供相应的资质,几乎所有的商品都可以在淘宝售卖。

(1）优势。

①准确的市场定位。

②便捷的支付方式。

③无形资产优势。

④种类的多样化。

(2）劣势。

①经营成本不断增加。

②相对天猫来说,信誉度较低。

淘宝有个人店铺和企业店铺两种。

4.1.2.5 微商微店

微店、有赞等基于微信开发的店铺系统,多为微商售卖商品的交易渠道。相对淘宝来说,微店是只针对店主自己朋友圈的一个小范围客源的店铺,相对闭合。

(1)优势。

①微店的商品选择相对自由,除了国家明令禁止的违禁品,几乎都可以售卖,也可以作为线下交易的一个收款渠道,护肤品、零食、农产品都是常见的微店品类。

②微店改变了卖家守株待兔的被动营销,不再守着计算机眼巴巴地等待客户上门,你可以主动出击,和客户交流,掌握客户需求。

③节省投资,投资成本相对少。

(2)劣势。

①由于相对闭合的模式,会出现官方监管不力的弊端,这种模式容易出现假货。

②适合具有一定好友基础的卖家。

微商进货的模式主要分为囤货式、代发式两种。囤货式的微商有着严明的等级制度,靠囤货来升级自己的代理级别,从而取得更低的进货价,而购进的货品大多也是靠转卖给低级别的代理来消化掉;代发式的微商不进货,卖出的商品由公司统一发出,或者由微商自己从1688选择代发,这种模式比囤货较为安全,不会出现积压货品的情况。

4.1.2.6 O2O类平台

在美团、饿了么、58同城、京东到家等平台上,外卖、美甲、家政服务等通通可以通过O2O的形式实现,比较适合做本地服务类的卖家,如外卖配送、超市配送、专车、美甲美容、家政等。美团入驻条件如图4-4所示。

图4-4 美团入驻条件

4.1.2.7 拼多多

(1)优势。

①购物流程极简,让几乎没用过手机的人都会用,且差异化定位,定位三四线城市用户,提供最低价的可用商品,找到空白市场。

②采用微信拼购等低成本的成长模式。

③依靠微信,获得低成本流量。

(2)劣势。商品的质量、服务目前有所欠缺。适合个体卖家,例如果农、服装厂商等大批量、低价位的商品入驻。

(3)开店条件。拼多多有个人店、普通店、专卖店、专营店、旗舰店等不同类型的店铺,商家根据自身需要选择店铺类型。对于个人商家的入驻没有过多的要求,对于企业需要提供相关的资质。具体如图4-5所示。

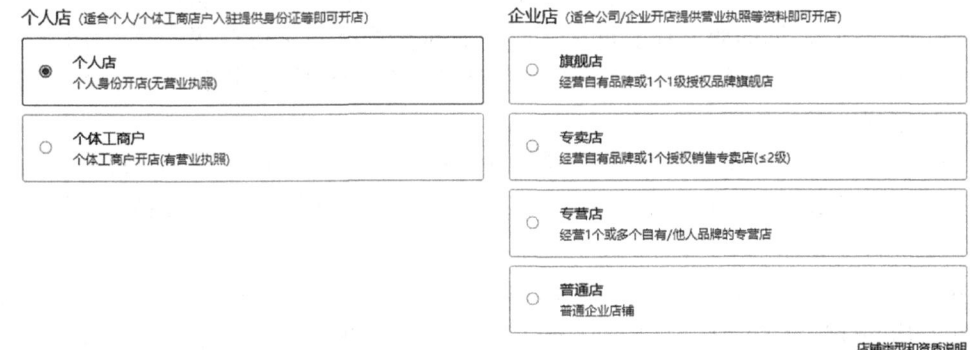

图4-5 拼多多开店类型

4.1.3 电商平台的入驻费用

各类电商平台的入驻都有一定的条件,如入驻费用、卖家资质、商品品牌、卖家信誉等。但对于中小卖家和个人卖家来说最为关注的就是入驻和服务费用。本节主要列举当前入驻主流电商平台的费用。

4.1.3.1 天猫入驻

入驻天猫商城的费用主要包括三类,分别是保证金、软件服务年费和软件服务费(佣金)。

(1)保证金。一般为5万元、10万元、15万元三档,个别品类会高达30万元(如医疗健康)。保证金主要用于保证商家按照《天猫服务协议》、天猫规则经营,且在商家有违规行为时根据《天猫服务协议》及相关规则规定向天猫及消费者支付违约金。

(2)软件服务年费。一般为3万元、6万元两档。入驻时缴纳年费的金额参照商户选择经营的类目中对应年费金额的最高档;结算时参照有效月份内销售额占比最大类目对应的折扣标准。

(3)软件服务费(佣金)。一般集中在2%、5%两档。总体上依据品类差异分布在0.5%~10%不等,商家在天猫经营需要按照其销售额(不包含运费)的一定百分比(费率)交纳软件服务费。

4.1.3.2 京东入驻

入驻京东开放平台的费用包括保证金、平台使用费(月费)和技术服务费(佣金)。其中保证金和平台使用费有明确的金额规定,技术服务费则采取费率的形式收取。

(1)保证金。一般为3万元、5万元两档,一些品类达到6万元(电脑设备、存储设备等)、10万元(奢侈品、洋酒、奶粉、无人机等)或者更高(汽车类)。

(2)平台使用费(月费)。统一为1 000元/月,个别品类500元/月或免费(如票务、酒店预定)。

(3)技术服务费(佣金)。各品类佣金差异较为明显,一般集中在5%~8%。总体上依据品类差异分布在2%~10%不等,个别免收。

4.1.3.3 小红书入驻

小红书入驻的申请与审核时间主要取决于商家本身。如果商家可以快速填写入驻信息,并一次性通过审核,且不对合同进行申诉,那么最快可以一周内完成入驻。

(1)保证金。不同的商家有不同的保证金,保证金根据商家特点、资质类型和店铺类型而变化。小红书会和申请入驻的商家在入驻流程的"合同签署"步骤确定保证金,商家通过公对公转账到小红书账户。

(2)技术服务费(佣金)。销售佣金是小红书唯一的收费模式,没有其他营销、流量和资源位费用。小红书会和申请入驻的商家在入驻流程的"合同签署"步骤确定佣金率。

4.1.3.4 拼多多入驻

拼多多目前可以免费入驻,支持先发布商品,后缴存保证金。但为了保障消费者权益,在未缴存店铺保证金的情况下,店铺功能受到限制,如无法新建推广计划,成团订单总额受限,成团订单数不能超过100单,提现不能超过3次,店铺罚款处罚不能超过2次等。

(1)保证金。个人店和企业普通店入驻选择主营类目时可以选择医药健康、虚拟商品、普通商品。选择普通商品的店铺入驻时统一缴纳1 000/2 000/10 000元的保证金,再根据具体出售的商品,需要补缴部分保证金,选择普通商品的店铺可以跨类目经营。

(2)提现服务费和支付手续费。通过微信或支付宝可以提现或支付,入驻商家需要支付6‰的手续费;使用花呗和信用卡为1%的手续费。

4.1.3.5 淘宝入驻

当前,在淘宝网上开店也是免费的,但也需要缴纳保证金。

(1)淘宝开店前期需要交纳1 000元的保障金,在不开店的时候可以随时退还;现在有很多店铺可以开通30元一年的保证金,效果和1 000元的一样,但不退还,需要一年一交。

(2)其他费用。淘宝店铺上线后,前期信誉在1钻以下时,旺铺是免费的;升级到1钻后,淘宝收取每月50元的旺铺费用。商家可以自己进行免费的店铺装修;但如果商家没有技术进行专业的装修,可以由第三方服务商提供,一般在300~500元。如果使用一些营销工具,还需要支付一定的费用,如使用一些打折的营销工具每月10元,搭配套餐的营销工具每月5元,视频营销工具每月2.5元,宝贝关联营销工具每月10元。

通过上述的分析可以看出,对于初级卖家或个人卖家,选用淘宝、拼多多、小红书等平台开设网店是较为可行的创业方式。由于淘宝网在国内是用户最多的电商平台,经营模式也最为成熟,功能也最为强大,需要的电商运营技能也最多。因此,本书以在淘宝网上开设网店为例进行讲解。同时,在淘宝网上开店的技能与经验也可以移植到其他电商平台上。

4.2 网店的定位与选品

4.2.1 网店开店前的初步定位方法

网店定位,是网店开店前所要做的第一要务。对网店进行市场定位,就是寻找网店差异化的过程,也是一个网店在市场中积极寻找自我位置的过程,它确定了网店所要面向的用户群体,确定了网店的风格,以及后续的价格和运营策略等。

4.2.1.1 网店市场定位的步骤

(1)确定目标用户群体。目标用户群体的确定,是网店市场定位的第一步,它确定了网店主要消费者的年龄范围、收入情况、兴趣爱好、价值主张等。与此同时,网店也可以根据消费者的相关数据,实施相关的产品策略、价格策略和运营策略等。如想要开一个奢侈品店,就要考虑到这个行业针对的目标用户群体有两大类,一类是高端,一类是中低端。高端的用户以中年女性居多,因为高端奢侈品价格高,青年女性的收入决定了她们没有这样的消费能力,所以商家必须要针对中年女性这个群体来选款和营销,不能单纯认为奢侈品是女性化的东西,就只去做青年女性的营销,那样收效会很差。

(2)竞争对手调研分析。"同行是最好的老师",竞争对手的调研分析,对网店市场定位有实际的指导意义。通过浏览竞争对手的店铺、查看网上竞争者的历史交易记录等来分析竞争者,确定其商品组成、价格、销售额等,然后将自己的网店与竞争对手进行综合比较分析,可以为前期定位和后期运营提供大量有效数据。

(3)自我优势分析。通过竞争对手来重新认识自我。因为一个商品通常是多个因素的综合反映,包括性能、构造、成分、包装、形状、质量、品牌、售后服务、价值主张等。只有通过比较,才能确定自我优势,从而在后期推广和运营的时候,将其作为主要的卖点去宣传,区别于同行竞争者。

(4)确定网店定位。完成调研和自我分析后,要综合所有分析和各方面调研的结论,为网店确定一个最终的市场定位。当然,同样的调研分析数据,在具体实施中,因为企业注重的方式不同,也有了很多种展现形式。

4.2.1.2 市场定位的方式

(1)迎头定位。这是一种与市场上最强的竞争对手"硬碰硬"的定位方式。这种方式有时是一种危险战术,很容易导致失败,但不少卖家认为,这是一种更能激励自己奋发上进的定位,虽然有风险,但一旦成功就会取得巨大的市场优势,产生高额利润和高知名度。新手卖家如果采用这种方式,应该清醒地估计自己的实力。

(2)差异化定位。这是一种避开强有力竞争对手的市场定位。这种定位方式不与强有力的对手直面相对,而是选择从自己有优势的方面入手,从而在不同的竞争层面,完成对竞争对手的超越。它的优点是能够迅速在市场上站稳脚跟,并能在目标顾客群心目中迅速树立自己网店的形象。由于这种定位方式市场风险比较低,成功率较高,常常为大多数新手卖家所采用。

(3)二次定位。二次定位通常是指对销路少、市场反应差的商品进行重新定位。这种定位旨在摆脱困境,重新获得增长与活力。困境的产生可能是决策失误引起的,也可能是竞争对手反击或出现新的竞争对手造成的,还有可能是因为商品意外地扩大了销售范围而引起的,这时就需要二次定位。例如,目标市场为青年人的某款服装却在中老年顾客中流行开来,这种情况就是通过重新定位形成的。

4.2.1.3 网店定位遵循的原则

(1)生产成本。这是企业生产过程中所支出的全部生产费用。当企业具有适当的规模时,产品的成本最低。但不同的商品在不同的条件下,各有自己理想的批量限度,若超过了这个规模和限度,成本反而要增加。

(2)机会成本。这是卖家在商品成交后所获得的收入用于其他投资可能会获得的额外收益。机会成本越高,卖家的收益就越高。

(3)销售成本。这是商品流通领域中的广告、推销费用。在市场经济体制下,广告、推销等都是商品实现其价值的重要手段,用于广告、推销的费用在商品成本中所占的比重也日益增加。因此,在确定商品的营销价格时必须考虑销售成本这一因素。

(4)仓储物流成本。这是商品从生产者手中转移到卖家手中所必需的运输和储存费用。商品畅销时,储运成本较低;商品滞销时,储运成本增加。不管发货的物流费用由谁负担,储运成本最终都包含在商品的综合总价里面。

4.2.2 网店的选品

对于初级卖家来说,当确定了将要开店的电商平台和网店定位后,网店中销售的商品选择就十分重要。不管选择什么样的商品,最关键的是需要根据自己的情况来定,因为每个人的经验、资源、背景都不相同,只有最适合的,没有最好的。

4.2.2.1 虚拟商品与实体商品的选择

现在很多人开了网店,但是更多人选择退出了开网店,因为竞争太激烈,但各行各业都存在着激烈的竞争,所以网店的成功是属于少部分坚持下去的卖家。网店销售的商品可以分为实体商品和虚拟商品两大类。开设实物店就是把货真价实的商品(如服装、化妆品等)通过网络进行销售;开设虚拟店就是卖虚拟的商品(如游戏点卡、Q币、游戏装备、话费等)。

(1)开设虚拟商品网店。开设此类店铺的优点是门槛比较低,购买一个充值软件,费用约为300~500元,风险比较小,不需要快递物流,比较容易上手;另外,还可以通过软件自动充值,真正做到无人看守也能帮卖家充值、发货、评价;经营初期可以给周围的朋友、亲戚、熟人充值,逐步积累信誉。同时,虚拟产品不存在压货和库存问题,因此压力较小。开设虚拟商品网店比较适合刚开店铺,资金较少,时间较少的卖家。但这类商品类型较少,进入门槛最低,因此竞争也十分激烈,从每个顾客身上获得的利润很少,如果没有足够的用户数量,是难以达到一定盈利水平的。

(2)开设实体商品网店。如果商家自己有实体店铺然后再开设网店,这是不错的选择。但是如果采用批发等其他方式获得产品则面临着资金的投入和库存的压力,商品需要进行拍照、上架、推广等工作,获得订单后还要打包发货等。这些工作需要的资金、时间、技能、资源比较多,有时一个人无法独立完成;另外,还面临着货物销售不畅、积压,甚至亏本的风险。因此,实体商品网店存在着很多的不确定性。但相对来说,一旦坚持运营下去,并逐步获得足够经验、技能、资源后,获利空间也是巨大的。这种网店适合于长期经营。本书中的例子也是以销售实物商品的网店为主。

(3)开设提供服务的网店。对于具有一定独特手艺、技术、知识的卖家,可以开设提供技术服务、增值服务的网店,通过自己或团队的技术为其他企业或个人提供服务。例如,在淘宝上开设提供商品拍照美化、提供网店装修服务、提供网店运营的网店,这种店铺也不需要库存、物流等工作。这些网店对资金、资源没有要求,非常适合新手和大学生来经营创业,而且有些工作也不需要有非常出色的技能或知识,例如,修图等工作,只需要更多的时间和耐心就可以实现。这种网店的经营者需要技能熟练,并逐步积累成功作品和客户资源,才能不断扩展业务。

4.2.2.2 实体商品选择事项

适合网店销售的实体商品的来源可以从线下渠道、线上渠道和农村土特产品等几个方面获得。但无论从哪个渠道获得实体商品,都应该关注以下的建议和注意事项。

(1)实体商品选择建议。

①要具有一定购买频次的商品,客户可以形成持续性消费。例如,零食、生活用品、生活服务等,因为与已经对你取得信任的客户再次成交比与一名陌生的客户成交要更容易。

②要单价相对不高的产品,例如珠宝首饰等高单价产品容易压货。

③要选择体积小、方便运输的产品,刚开设网店时,精力和能力都有限,不能把精力放到物流售后处理上。例如,对陶瓷、酒类等易碎品,家具大宗电器等应慎选择。

④具有分享性质的产品,可以先从周围亲戚、朋友、熟人做起。例如,美护产品、健康类的产品等。

⑤要有质量保证的正规厂家生产的产品,让消费者对产品有信心,避免售后服务的麻烦和差评。

⑥要有较高利润的产品,因为这样的产品适合进行网络分级代理销售,能引爆网络。例如,一个9.9元的产品,卖出几千份,利润也不会太高,但是99元的产品,卖出几百份,利润都有可能高于前一种商品,而且质量也有保证。

(2)选择实体商品注意的问题。

①不要选择那些议价能力高的厂家,以防产品卖得好了,厂家突然涨价,挤压网店利润空间。

②不要选择竞争激烈的产品,以防打价格战。

③不要选择那些概念过于先进、技术不够成熟的产品。

④不要选择太过昂贵的产品(如珠宝玉器),开店初期,资金有限,即使做代理,一旦有物流售后纠纷,理赔风险也很大。

⑤不要选择保质期短的产品(如生鲜水果)。

4.2.2.3 实体商品的线下来源渠道

(1)批发市场进货。这是最常见的进货渠道。如果开店是经营服装,那么可以去周围一些大型服装批发市场进货。每个行业在很多地区有不同的批发市场,在批发市场进货需要有强大的议价能力,力争将批发价压到最低。同时,要与批发商建立良好关系,在关于调换货的问题上要与批发商说清楚,以免日后起纠纷。另外,可以观察到市场动态、流行趋势等。对于不愿压货的新手卖家,通过这种方式进货,进货时间、进货量自由。

(2)寻找身边的货源渠道。通过朋友、熟人介绍一些货源批发或者实体店的卖家,有时能够更有效地拿到最低价,使前期起步的压力降低许多。

(3)当地特色产品渠道。每个地区都有自己的特色产品,如果卖家所在的地区有一定的特色产品,例如,海边的海产品、山区的山货,卖家都可以对这些特色产品的来源深入了解。针对当地特色产品渠道,议价都会容易很多,在保证货源特色的同时,进货、发货也方便很多。

(4) 厂家直接进货。正规的厂家货源充足,信用度高,如果长期合作,一般都能争取到产品调换。但是一般而言,厂家的起批量较高,不适合小批发客户。如果你有足够的资金储备,有分销渠道,并且不会有压货的危险,则可以找厂家进货。

(5) 批发商处进货。一般上1688网就能找到很多这样的贸易批发商。他们一般直接由厂家供货,货源较稳定。不足的是,因为他们已经做大了,订单较多,服务难免有时跟不上。而且,他们都有自己固定的客户,很难和他们谈条件,除非你的店铺成为他们的大客户,才可能有折扣和其他优惠。在开始合作时就要把发货时间、调换货品等问题讲清楚。批发市场的商品种类、数量多,挑选和比较的余地较大。

(6) 库存或清仓渠道。很多卖家利用库存及清仓渠道创建了货源上的一个价格优势。由于商家急于处理库存或者清仓,这类商品的价格通常极低,如果你有足够的砍价能力和经济实力,可以用极低的价格一并购进,然后转到自己店铺进行销售,利用地域或时间差获得足够的利润。针对这些产品,一定要对质量有识别能力,同时能把握发展趋势并建立好自己的分销渠道。

(7) 品牌代理商。淘宝上的一小部分卖家加入了品牌代理商行列,当然这需要看品牌的知名度,以及如何获得好的品牌授权条件及要求,对于卖家来说这是一个先天的优势。

(8) 卖家自有货源。如果卖家有自己的生产场地,生产自己的产品,这将是最好的一种商品来源形式。但大多数卖家自有货源都是通过自己手工制作完成,产品本身具有一定的独特性,卖家可以掌握定价权、不存在压货问题;这种方式最大的问题是一旦销量扩大无法及时供货,网店的商品种类、数量、经营规模就会受限。

线下实体商品的来源需要前期投入一定的资金,还要给商品拍照、上架、推广、打包、发快递等,需要时间多、资金大、容易压货。

4.2.2.4 实体商品的线上来源渠道

(1) 天猫供销平台。在淘宝店铺后台进入供销平台可以查找天猫供销平台,通过它可以找到各类供应商。这种方式优点是卖家只需做几个操作,用鼠标点几下,这款商品就可以直接发布,省去制作宝贝详情页、设置属性等工作,一键就能将商品搬到自己的网店里;而且如果有人下单,订单会直接生成到供应商那边,卖家无须再去下单,只要给供应商付钱即可,包括物流单号的填写等,都不用操作;还有部分能在淘宝搜索结果中显示"授"的标志,也就是品牌授权,这样买家看到也会觉得卖家比较可靠,这种方式缺点是价格可能会稍高。

(2) 1688代销市场。1688网站能够适应更灵活多变的网上交易,做到更轻松快速地补货。许多淘宝卖家一开始都从1688网站进货,再加上从淘宝后台可以直接通过卖家中心后台的链接直接链接到1688网站,咨询产品具体信息并进行询价。需要注意的是,卖家在1688网站上选择供应商时,还需要注意挑选有官方资质认证的诚信通会员,选择通过支付宝进行交易才更能保障货款的安全。

(3) 其他B2B平台进货。线上寻找货源的另一个途径是通过慧聪网、中国化工网等不同的B2B平台挑选适合自己网店经营的产品。另外,很多线下批发市场都有线上的B2B平台,需要卖家细致地去观察及挑选。

(4) 网上代销进货。目前,网上有很多的代销网站,例如52货源网、迈拉网等,商品种类数量繁多。这种方式就像代理别人的商品来卖,当卖家卖出去之后,代理商会给卖家发货。

这种进货方式的优点是可以一键上架,卖家不需要进货,不需要发货,省去很多事情;不需要大量周转资金。但是,代销最大的缺点是代理商往往给卖家的商品价格过高,卖家在淘宝的同类产品中几乎没有任何优势;代销的服务出现问题时,有可能得不到及时的解决。

实体商品来源于网上渠道的网店在经营过程中,需要时间相对较少,资金要求相对适中,5 000~10 000元即可。但这种形式由于商品直接由供货商发货,卖家看不到商品,所以不能保证商品质量,而且经常缺货、断货,需要每天更新商品剩余数量,相对烦琐。

4.2.2.5 农村土特产品的来源渠道

随着人们对绿色、健康、原生态、无污染的商品需求量越来越大,农村土特产会被大众看好,市场前景广阔。阿里巴巴集团推出的农村电商(村淘)发展迅猛,农产品、土特产是很多卖家可以选择的货源之一。在寻找土特产的同时,卖家应知道什么地区出什么样的产品。

(1)结合周边农村。卖家可以结合本地周边农村地区进行筛选,找出某种类型的特产货源;还可以尝试用搜索引擎搜索哪些地区有哪些土特产,然后再寻找生产者。很多卖家做土特产货源,都是从农民的渠道进货,一方面帮助农民致富,另一方面也促进了当地土特产的销售。

(2)线上土特产商城。土特产大都分布在农村地区,而很多卖家一般都在城区,找寻土特产货源不太容易,这时就要在网上寻找土特产货源。除了在阿里巴巴供货地找寻货源外,还可以在新型的专业土特产网站上找寻更多详细、精品的货源。有很多农村地区开始发展电子商务,如果卖家是刚起步需要做土特产货源的,则可以通过一些土特产商城进货或者分销。

4.2.2.6 选品的商品维度

在选品进行网上销售的时候,还应该注意商品的维度,可以从产品生产周期、产品更新周期、产品市场热度、同质化产品数量、同质化产品价格、产品质量等几个方面考虑。

(1)产品生产周期。卖家要考虑工厂的生产周期,在产品销售后期需考虑到商品断货的情况,一款商品从开始销售到变为主款需要花费很多心思去运维和推广,所以一旦断货影响很大,即使后期再上架也会有所影响。

(2)产品更新周期。网店的每款商品都有生命周期,所以需要考虑产品的上新周期、款式的更新和换季产品的更新,产品都有销售的淡旺季,应予以提前考虑。以淘宝女装为例,四季上新都要及时,甚至很多店铺在夏季就会开始上新秋季衣服。

(3)产品市场热度。确定产品的市场热度是非常必要的,这决定了前期是否要投入广告。一款没有市场热度的产品,投入推广也不会有什么好的销售业绩。看一款产品的市场热度情况,最简单的方法就是使用淘宝网的生意参谋(如图4-6所示),在其中的市场行情数据分析中可以清楚地看到一些网店的流量指数,同时也清楚地知道行业的产品交易数据,可以看到哪款产品的交易指数是多少,以及行业热门搜索词。

(4)同质化产品数量。同质化产品数量是指全网同款商品的数量,数量多、销量高就代表着产品有市场。例如,在淘宝搜索"T恤衫"这个关键词就可以看到有许多同款的产品,最多的销量可以达到20万以上的订单。

(5)同质化产品价格。同质化产品价格是指同款商品价格的高低。将自己的商品与网

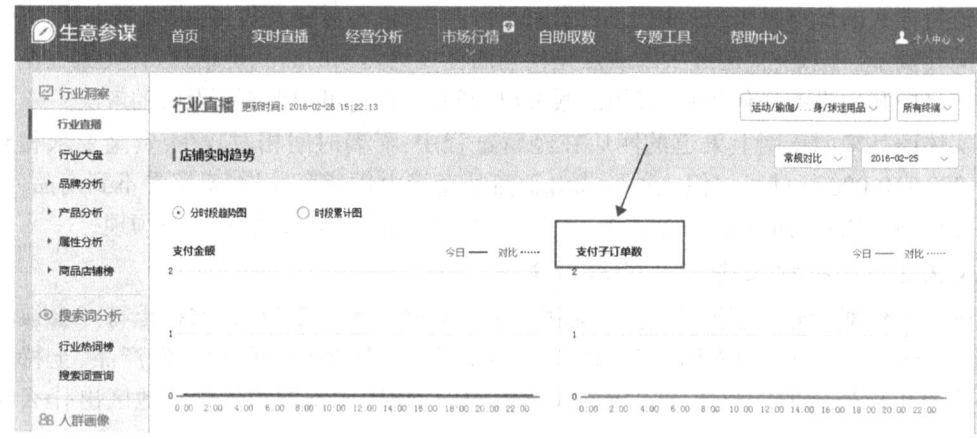

图 4-6　生意参谋

上同款商品相比,如果同款商品的价格普遍高于自己的货源价格,如果同款商品价格虽然低于自己的货源价格,但自己的商品在质量、材质、工艺、功能上更好,如果自己的商品货源价格+利润高于同款商品的低价格,低于同款商品的高价格,这些都是网店可以选择的商品。

(6)产品质量。产品的质量是选品的重点,它不仅关系到销量,还关系到售后服务的成本以及信誉评价。

4.2.3　网店商品的定价

人们选择网上购物的一个重要原因是价格便宜,因此,网店中商品的价格往往决定着网店运营的成效。商品的价格是以商品本身的价值为基础的,同时又受到市场供求和市场环境因素的影响。网店商品的定价受到内部和外部两方面因素的影响。内部因素包括商家实力、定价目标、产品自身;外部因素包括需求、政策、竞争和供求关系。

4.2.3.1　网店商品定价策略

(1)折扣定价策略。这是为了鼓励顾客及早付清货款、大量购买、淡季购买,酌情降低其基本价格的策略,以促进多销、快销。通常采用的折扣策略有现金折扣、数量折扣、功能折扣、季节折扣、价格折让等。

(2)地区定价策略。地区定价策略即商家对卖给不同地区的顾客采取差别价格的策略。具体有原产地定价、统一交货定价、分区定价、基点定价、运费补贴定价等 5 种。

(3)心理定价策略。

①声望定价,即用高价让消费者觉得产品有较高的声望或品质,常用于象征身份、地位、品位的产品。这种策略通常适用于高级名牌产品和稀缺产品,如高档手表、名牌时装、名人字画、珠宝古董等。

②尾数定价,即在价格数字上不进位,而保留零头,使消费者产生价格低廉的感觉。消费者会认为这种价格经过精确计算,购买不会吃亏,从而产生信任感。这种策略通常适用于基本生活用品。

③招揽定价,这是适应消费者贪便宜的心理,特意将某几种商品的价格定得较低,以吸

引顾客经常来采购廉价商品,同时选购其他正常价格的商品。一般超市总采用这种定价方式。

(4)差别定价。这是指对同一产品针对不同的顾客、不同的市场制定不同价格的策略。其种类主要有以顾客为基础的差别定价策略,以产品为基础的差别定价策略,以产品部位为基础的差别定价策略,以销售时间为基础的差别定价策略。

(5)产品组合定价。产品组合定价策略是指处理本企业各种产品之间价格关系的策略。它包括系列产品定价策略、互补产品定价策略和成套产品定价策略。

如果出售的是产品组合,则可以考虑采取如下定价策略。

①搭配定价,将多种产品组合成一套定价。

②系列产品定价,对不同档次、款式、规格、花色的产品分别定价。

③主导产品带动定价,把主导产品价格限定住,变化其消耗材料的价格。

④以附加品差别定价——根据客户选择的附属品不同,而区别主导产品价格。

此外,还要考虑价格心理因素,例如折扣、价格尾数、优惠等。

4.2.3.2 新产品上市的定价策略

(1)撇脂定价。撇脂定价又称高价法,即将产品的价格定得较高,尽可能在产品生命初期,在竞争者研制出相似的产品以前,尽快地收回投资,并且取得相当的利润。然后随着时间的推移,再逐步降低价格使新产品进入弹性大的市场。一般而言,对于全新产品、受专利保护的产品、需求价格弹性小的产品、流行产品、未来市场形势难以测定的产品等,可以采用撇脂定价策略。例如,近期新上市的5G手机就可以采用这种定价方法。撇脂定价适用条件如下。

①市场上存在一批购买力很强且对价格不敏感的消费者。

②这样的一批消费者的数量是够多,企业有厚利可图。

③暂时没有竞争对手推出同样的产品,本企业的产品具有明显的差别化优势。

④当有竞争对手加入时,本企业有能力转换定价方法,通过提高性价比来提高竞争力。

⑤企业的品牌在市场上有强大的影响力。

在上述条件具备的情况下,企业应该采取撇脂定价的方法,这也是某些企业和某些行业普遍、长期使用的一种定价方法。

(2)渗透定价。渗透定价策略设定最初低价,以便迅速和深入地进入市场,从而快速吸引大量购买者,赢得较大的市场份额。较高的销售额能够降低成本,从而使企业能够进一步减价。渗透定价适用条件如下。

①市场对价格敏感。

②生产经营费用随销量的增加而降低。

③低价不会引起竞争。

例如,小米手机刚上市时就采用的这种定价方式,推出极具性价比的手机产品,再辅以饥饿营销的推广销售方式,从而在国内手机市场占据了一席之地。

4.2.3.3 网店商品定价技巧

(1)了解网店定价禁忌。在进行网店销售价格制定时,应该避免发生如下两种情况。

①不经过成本核算,同行比较,盲目定价。

②频繁改动价格。商品价格一旦确定,应该尽量避免频繁地改动价格,否则会给店铺带来极大的负面影响,严重影响自然流量的提高。

(2)进行定价前的成本核算。在定价之前,一定要核算成本。很多小卖家成本核算的方式很简单,即进货价多少钱,快递成本多少钱,然后以此为标准定一个价格。这种定价方法做下来,到月底一核算,基本上赚不到钱。

对于成本核算,大致可以分为人力成本、固定成本(如房租、水、电)、营销成本、产品成本、退换货损耗、尾货滞销损耗、平台扣点费用七大项。可以按表4-2进行核算。

表4-2 网店经营成本核算表

成本类型	项目1	项目2	项目3	项目4	项目5	计算方式
人力成本	人数	工作时间	小时工资			×
固定成本	办公用品	水电费	房屋租金	税费	其他	+
营销成本	推广费用	物料费用	其他赠品			+
产品成本	出仓成本	包装成本	物流成本			+
退换货损耗	发货费用	补偿费用				+
尾货滞销损耗	出仓成本	尾货数量				×
平台扣点费用	营业额	扣点率				×
总成本	上面7项成本累加					
纯利润	营业额-总成本					

(3)掌握消费者的购买心理及对价格的认识。大部分消费者会避免购买最贵或者最便宜的产品,而会选择相对稳妥的中间价格产品,这是现在大多数有一定消费能力买家的一个习惯。

例如,同一件产品,一家卖200元,一家卖100元,一家卖50元,那么消费者会相对思考,200元的肯定是暴利,会担心自己买贵了。而对50元的会认为便宜没好货,认定这是质量差才卖这么便宜。而100元的相对正常价格较容易获得消费者的选择。

4.2.3.4 产品款式布局

一个网店如果想正常持续地运作下去,店铺里的产品布局一定要合理。不同的类目,不同的阶段,店铺有不同的产品布局方式。一般来说,有一定运营经验的卖家在其网店中会采用主推款、引流款、利润款、形象款、活动款的产品布局方式。并且不同的产品款式,在不同的时间段可以相互切换。小类目或者级别太低的店铺可以不必区分得太明显,但是引流款及利润款是店铺必备的。

(1)主推款。它面向目标客户中的大众客户,是商家主推的产品,转化率高、毛利率趋于中间水平。相比于竞争对手,它有价格或其他方面的优势。

(2)引流款。引流款即吸引流量的流量款商品。它的网店流量来源最大,转化率最高、毛利率较低。相比于竞争对手,它具有性价比优势,从而更利于占领搜索结果的有利位置,后期可带来较大的免费流量。

(3)利润款。利润回报源泉的商品,应该占商品结构中最高份额,面向目标客户中的小众,注重他们对款式、风格、价位、卖点的需求,销售的目的就是赚钱。此类商品精准推广,通过定向数据进行测试,或者通过预售方式进行商品调研,以做到供应链的轻量化。

(4)形象款。这是高品质、高调性、高客单价的极小众商品。适合目标客群体里面的细分人群,形象款仅会占商品销售中极小一部分,商家可以仅保留线上商品处于安全库存中,目的就是提升商家品牌形象。

(5)活动款。活动款就是用于做活动的商品。根据活动目的不同,又可以划分为清库存款、冲销量款和品牌款。

4.2.3.5 商品的定价

由于网店中不同的商品负担不同的款式功能,因此定价标准存在着差异。下面主要介绍引流款及利润款如何定价。

(1)商品定价的考量因素。网店商品定价与传统商品定价思维方式接近,既要考虑到商品成本因素,又要考虑到市场竞争、商品款式划分、活动因素。

①从网络运营成本的角度,主要有商品成本、人员成本、推广成本、包装成本、快递成本、平台佣金、税收、拍摄成本等。由于当下电商人才匮乏和网店竞争相对激烈,在整个运营中,人员成本、推广成本会相对较高,一般各自占到营业额的10%左右,因此商品定价后,起码要保障商品毛利润应该大于33%。当然根据各自行业竞争、经营店铺的不同,商品不同,其定价各有差别,需要结合各自行情及企业现实运营、发展阶段情况进一步确定,各有差异。

②从商品款式划分上,由于引流款、利润款、活动款、形象款各自市场定位有所差异,因此要根据其受众和市场定位的不同再逐个定价。形象款利润最高、利润款其次、引流款再次。

③在定价的过程中一定不能忽略活动因素的存在,一般而言,对参加淘系官方活动或者站外活动的商品,活动组织方对活动价格都会有苛刻的要求,例如,要求活动价格不能高于平时价格的 8 折,更有甚者可能是平时价格的 3 折至 5 折或更低,而且还要求该价格在一个月或 3 个月的区间内不能出现更低价,因此前期要充分做好产品布局和价格布局工作。

除了上述的成本因素、款式因素、活动因素,还需要考虑竞争对手的价格变化因素、商品的生命周期因素、消费者心理因素等情况。

(2)引流款的价格确定。引流款是网店流量的基石。它具有访客量大、曝光量大、转化率高、引流效果强等优点;但也有利润低、客单价低、风险大、容易出现差评等缺点。所以引流款对客户的反馈很重要。引流款的定价方法如图 4-7 所示。

①搜索主词。在搜索框输入"帐篷户外",选择"按照销量"排序。

②然后统计出搜索首页中户外野营帐篷的价格。100 元以下的是 6 件,100~200 元之间的是 10 件,200~300 元的是 8 件。

③选出价格最多的价格区间作为自己的价格区间,然后把这个价格区间的所有宝贝价格相加,再除以宝贝数,作为自己的定价,当然一定要考虑成本问题。

(3)利润款的价格确定。利润款是一个店铺必不可少的款式,它是店铺正常运行必不可少的。利润款的优点是产品本身质量好、退货少、备货压力小、利润较大;缺点是转化率低。对这个款式一定要做好详情页及卖家秀的优化,突出优势、特点。利润款的定价用到了"0.618 黄金分割定价法则",这个价格是大多数人能够接受的。这种方法在淘宝定价的应用如图 4-8 所示。

图 4-7　引流款价格搜索

图 4-8　利润款价格搜索

①搜索主词。在搜索框输入"帐篷户外",选择"综合"排序。

②鼠标指向"用户喜欢的价位",选择占比最多的那个部分(往往占比最大的价格区间一般都不是价格最低的);图 4-8 中,占比达到 60% 的价位是在 128~398 元。

③在这里是没有绝对的中端价格的,只有低端和高端两个极端,这两个极端计算标准是

根据商品主词想要抢占的价格段来定位的,这里需要两个公式:

(价格段最高价格-最低价格)×0.382+最低价格=低端价格

(价格段最高价格-最低价格)×0.618+最低价格=高端价格

这个例子中,低端利润款的价格约为231元,高端利润款的价格约为295元。

另外,需要注意的是,网店里不可能所有商品的利润都相同,所以在定价时一定要和店铺的"271"策略匹配,即20%低价(用于引流和活动专供),70%中等(保证主体销售额,不亏本、不压货),10%高价(塑造品牌档次)。

除此之外,网店还可以设定清库存款,即款式陈旧、型号不足、销量不高的商品,主要目的是为了清理库存。冲销量款,即一般情况下是基于平台成交额基础要求、部门的KPI考核等原因未完成业绩指标而确定的产品。品牌款,即在活动期间放弃商品的利润,成为让客户感知商家品牌的商品。与此同时做好后续的售后跟踪,更能够提升活动后的复购率。往往贪图便宜购买商品的顾客,不一定是网店最终的目标客户,活动产生的客户复购必然仅仅为一小部分,因此,给原有老客户提供优惠及福利,是商家做活动的另一个理由。

4.2.4 线上、线下渠道的冲突

企业的产品营销包括线上、线下两个渠道,一般来说,这两个相互依存、不可偏颇。但线上、线下这两个渠道经常出现冲突。

4.2.4.1 线上线下渠道冲突的表现

伴随着电子商务规模的发展壮大,许多传统企业相继进军电子商务,但在网络创造销售增长奇迹的同时,传统的线下销售渠道承受了巨大的压力。线上线下渠道冲突体现为以下几方面。

(1)线上线下客户冲突。线上渠道是新渠道,且网民主要以年轻、具有一定消费能力的群体为主,故其从线下渠道拿走的都是优质的消费者,这也是线下渠道承压造成冲突的源头。

(2)线上线下产品冲突。实体店由于受经费、人力、门店大小等因素的影响,能够展示的商品类别、款式等有限;而对于网店而言仅仅是增加一个链接页面,所以线上可以相较于线下提供尽可能多的产品,消费者可选择的余地会大很多,自然容易使客户由线下渠道转移至线上渠道进行消费。

(3)线上线下价格冲突。线上渠道由于信息传播速度快、沟通便利、物流便捷、销售流程短,由此成本降低带来的价格优势,使得线上销售渠道迅速瓜分线下渠道的份额。同时,网络销售的特点决定了其销售的商品不需要大量库存,对发货地没有特殊要求,这使线上渠道在物流及仓储成本上具有优势。加上通路费用也相对较低,线上渠道在价格上也普遍具有优势,平均来看,线上渠道比线下渠道产品优惠20%左右是很正常的情况。而这样的价差已经令线下渠道很难招架,导致其经营多年的区域化管理体系在线上渠道的冲击下束手无策。

(4)线上线下客户服务冲突。线下实体店的主要经营思想是将门店商品推荐给消费者,同时为消费者提供良好的服务,进而构建客户关系。而销售成绩、客户关系维护、客户忠诚度的培养在很大程度上取决于门店人员,这就使得客户所享受的服务存在较大的变动性、差异性。

线上渠道的思想是通过搭建友好的产品展示界面和网络推广,引起消费者的注意,诱发其购买意愿。从吸引消费者到最后促使消费者下单以及客户的关系维护,线上可以提供一

整套标准流程,客户的满意度基本趋于一致。作为企业,无论是疏忽了线上渠道还是遗漏了线下渠道,都会失去一定的竞争优势,唯有线上线下相互融通的渠道才是当前发展所必需的,才是更有利于企业发展的。例如,南极人是国内知名的内衣品牌(见图4-9),企业最开始依托于线下渠道,但随着电商的发展,企业加大线上线下的融合,公司旗下传统logo品牌、IP品牌与CP品牌并行,涵盖南极人、南极人home、卡帝乐鳄鱼、帕兰朵、PONY COLLECTION等品牌,由南极人转型而来的南极电商已经位居国内电商企业前30位。

图4-9 南极电商首页

线下渠道和互联网渠道之间的矛盾似乎很难解决,如果总是拘泥于线下渠道,则势必会弱化在互联网端的发展;但太过强化线上渠道又必然在价格体系、分销体系、供应链体系上冲击原有的线下业务。

4.2.4.2 线上线下渠道相冲突的解决策略

针对线上、线下渠道冲突的问题,龚来祥在《传统企业如何做电商以及微电商》中提出了以下几个解决策略。

(1)下水道策略。线上销售作为消化线下库存的渠道,实际上就是产品区隔的模式。线上销售的产品主要是过季的库存产品,而线下实体店销售当季商品,线上、线下互不交叉,是两套不同的价格体系。做服装的传统企业比较多地采用这个策略,同时这也被证明是一个很靠谱的策略。简单地理解,就是把去年线下门店没有卖完的货全部拉到线上卖,把线上渠道作为库存的下水道。

这样,线上与线下之间就不会产生冲突了。这也是传统企业做电商解决线上、线下渠道冲突最直接的一个策略。当时,唯品会能够成功也是在一定程度上得益于这个策略。唯品会定位自己是专门做特卖的网站,其实就是把各大知名品牌在线下渠道卖不完的库存通过1~2折的低价拿过来,然后在网上以低价卖出去。其产品是正品,但由于是帮助传统企业消化库存,所以价格很便宜,因此受到消费者的追捧。对传统企业而言,因为线上卖的是库存,这样也不会因此冲击到线下的销售。

(2)网络专销品牌策略。网络专销品牌策略就是线上销售的品牌区别于线下门店的品牌,即网络销售设立全新的品牌、产品以及服务,这样消费者就无法与原有品牌的产品以及服务进行对比,实现线上、线下区隔的目的。国内知名休闲装品牌"以纯"从2010年开始采用电子商务进行线上销售,用了两年时间在天猫和京东两个销售平台取得了不错的业绩,但是线上线下冲突的问题也一直没有得到很好的解决。2013年1月,以纯宣布暂停电商业务,以纯在线商城及天猫旗舰店、京东店铺停止运营,原有以纯品牌退出电商渠道。不过,两个月之后,以纯的网络专供品牌A21在天猫旗舰店正式上线,主要面向年轻人群,价格略低于线下品牌。

(3)地区补缺策略。地区补缺策略是指线上渠道的建设主要弥补线下渠道覆盖的不足。例如,很多处于初步成长、地面渠道覆盖能力有限的企业,最初在线下经销网络没有覆盖的地区进行线上销售,从而弥补线下渠道覆盖不足的问题。

(4)品牌线上与线下客户区隔的策略。品牌线上与线下客户区隔的策略也是价位的区隔,不同的价位可以区隔开不同的消费群体,这样能够通过线上低价格品牌产品的曝光展示带动线下高价格品牌产品的销售。因为线上渠道的消费能力或者消费习惯导致其客单价相对较低,所以可以把一个品牌的中低价格的商品放到线上来销售,而把价格相对较高的产品放到线下来销售。

(5)线上渠道以提升品牌力为主的策略。这是指在线上消费人群积聚的电商平台重点进行广告宣传、塑造品牌,进而促进线下的销售。

(6)线上、线下价格完全一致的策略。线上、线下价格完全一致的策略比较适合品牌知名度高的企业。在这种策略下,要求传统企业的销售网络是由分公司而不是经销商所构成的,另外,所有的线下门店都要求是直营店而非加盟店。总体而言,就是需要传统企业对于线下渠道有非常强的控制力。苏宁采取的就是线上与线下产品价格完全一致的策略。

(7)线上网店与线下门店的互动协作策略。这种策略实现了交易环节的区隔,线上负责接受消费者的订单,线下传统渠道负责完成订单,线上、线下联手,实现传统门店与电子商务的协同以及互补,这个策略就是O2O模式。线上与线下渠道相融合,是零售行业发展的必然趋势,也就是所谓的"新零售",企业以互联网为依托,通过运用大数据、人工智能等先进技术手段,对商品的生产、流通与销售过程进行升级改造,进而重塑业态结构与生态圈,并对线上服务、线下体验以及现代物流进行深度融合的零售新模式。

4.3 市场调研与人群定位

4.3.1 开店前的市场调研分析

在开设网店选品之前还应该通过一些网上的工具,进行相关数据搜索,进而完成市场调研分析,使网店的定位更加准确。

4.3.1.1 行业分析

国内目前网络消费多以第三方平台淘宝、京东为主,人群信息获取渠道多以百度关键词搜索为基础,因此可以通过商品主流关键词测试,借助主要网络平台指数参考来分析目前商品市场的发展情况。

(1)百度指数分析。打开链接 index.baidu.com,在搜索引擎中输入商品核心关键词。这里以"T恤衫"为例搜索当年的数据,结果如图4-10所示。

通过2019年1月到8月的百度指数曲线可以看出,T恤衫从3月开始,关注量就不断增加,这就意味着从3月开始就是T恤衫销售的旺季。

图 4-10　百度指数搜索

(2) 阿里指数分析。打开链接 index.1688.com，选择男士 T 恤类目，可以看到该款商品近期采购数量及淘宝需求预测等，如图 4-11 所示。

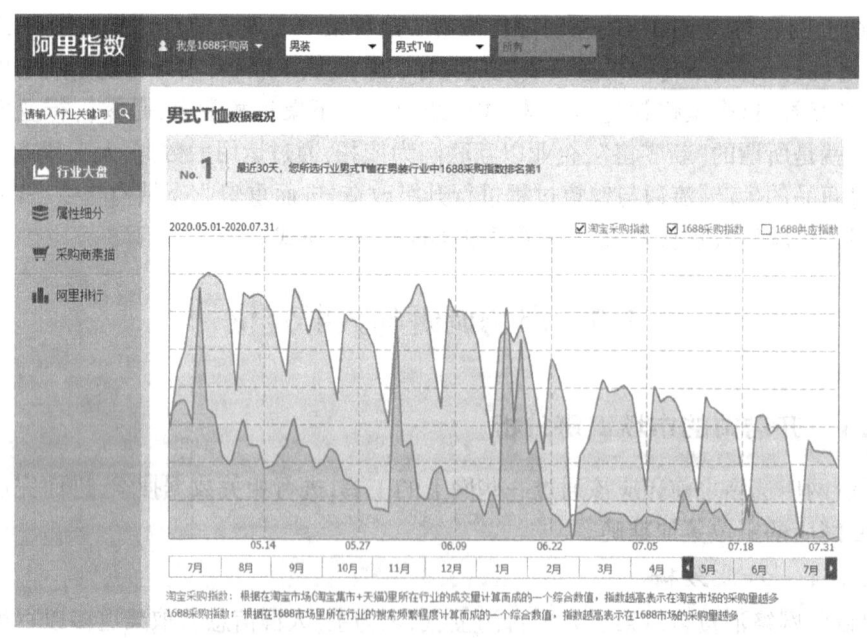

图 4-11　阿里指数分析

(3) 淘宝购买统计。在淘宝网中搜索商品关键词"T 恤男"，可以获得网店近 30 天销售数量，通过统计，可以判断商品当前销量情况及整个市场需求，如图 4-12 所示。

图 4-12　在淘宝中 T 恤衫(按销量排名)

(4)生意参谋统计。打开链接 sycm.taobao.com,通过生意参谋后台,可以分析整个行业经营情况、总体卖家情况、买家情况。生意参谋页面如图 4-13 所示。

网店的经营者通过生意参谋可以对该类商品的市场行情、行业走势等数据进行精准地查看。生意参谋分为专业版和标准版,使用时需要单独付费。淘宝的各类数据统计分析工具及收费如图 4-14 所示。

通过以上指数分析,还可以发现该市场客户的人群画像以及产品搜索相关关键词。这对于商家进行市场细分、客户定位、商品材质确定都有重要的参考意义。

4.3.1.2　竞争对手分析

了解过市场需求、发展情况之后,接下来就需要了解一下市场竞争情况。

(1)淘宝搜索分析。在淘宝中搜索同质化商品关键词,进入排名靠前的网店,通过查看网店动态评分、商品展示页面、成交量、商品价格等网店信息,从而了解目前市场商家情况、网店经营情况。[①]

---

① 从 2019 年 4 月 18 日起,淘宝网对卖家店铺档案页面将不再展示。

图 4-13 淘宝的生意参谋

图 4-14 淘宝的数据分析统计工具

（2）第三方软件分析。现在有一些针对淘宝、京东、拼多多等平台的第三方分析软件，通过它们可以帮助卖家分析同行的网店。例如，通过看店宝（www.kandianbao.com），搜索关键词"T恤男"，可以得到同行店铺的各种经营数据，如图4-15、4-16所示。

看店宝【kandianbao.com】 > 淘宝天猫店铺搜索 > 淘宝 t恤男 店铺搜索

t恤男 查询

淘宝集市和天猫商城有 t恤男 相关业务的店铺共有 706664 家 查看更多店铺数据

序号	店标	店铺名称	商家旺旺	信用	好评率	DSR	所在地	商品数	月销笔数	分析
1		港仔文艺男	气质有毒		99.26%	4.8	杭州	1009	580275	店铺
2		森马官方旗舰店	森马官方旗舰店		T	4.8	杭州	3496	507558	店铺
3	唐狮	唐狮官方旗舰店	唐狮官方旗舰店		T	4.8	宁波	2757	308098	店铺
4	UNI QLO	优衣库官方旗舰店	优衣库官方旗舰店		T	4.8	上海	2047	1544127	店铺
5		美特斯邦威官方网店	美特斯邦威官方网店		T	4.7	上海	2856	240189	店铺
6		小尼力街头嘻哈潮流店	小尼力		99.40%	4.8	福州	5843	477972	店铺
7		Mansway男道男装	bdwptyn		99.66%	4.8	杭州	762	64284	店铺
8		rampo乱步旗舰店	rampo乱步旗舰店		T	4.7	广州市	2958	282002	店铺
9		文艺男女店	rubylau520		99.18%	4.8	杭州	1248	180527	店铺
10	GXG	GXG官方旗舰店	gxg官方旗舰店		T	4.8	宁波	1278	84788	店铺

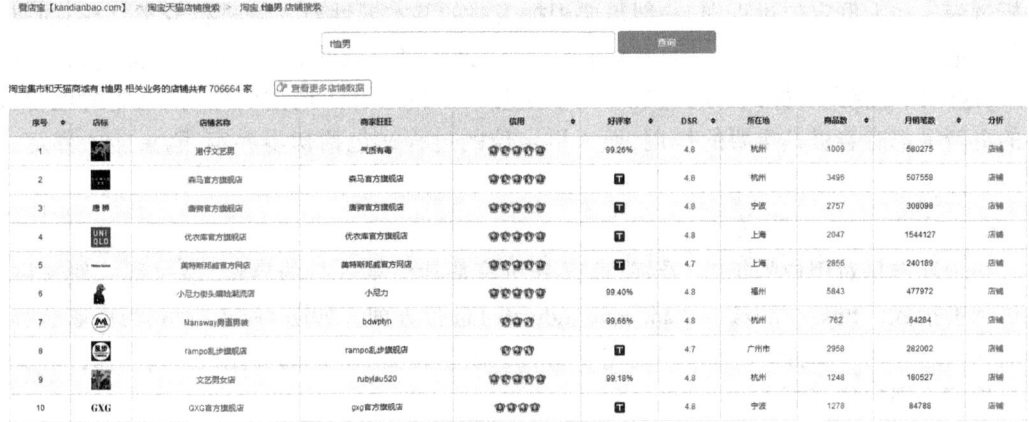

图 4-15　看店宝 T 恤衫排名前 10 卖家统计

店铺基本信息

店铺类型	淘宝店铺	店铺粉丝数	10466000	所在地区	浙江 杭州
信用等级		好评率	99.26%	店铺宝贝数	共1009件宝贝
掌柜旺旺	气质有毒	创店时间	2012-12-10 11:31:49	客服电话	高级版功能
DSR	4.8	经营资质	7年老店	主营类目	服饰鞋包

你还可以查看该店铺的： 全店宝贝数据 新品上架记录 详细动态评分 隐形降权 相似店铺 店铺引流词

店铺健康指数

	当前评分	与同行相比	评分总人数	5分 评分人数 / 占比	4分 评分人数 / 占比	3分 评分人数 / 占比	2分 评分人数 / 占比	1分 评分人数 / 占比
宝贝与描述相符	4.77057	0.50%↓	1580338	1383947人/87.57%	107496人/6.80%	44908人/2.84%	10677人/0.68%	33310人/2.11%
卖家的服务态度	4.81839	0.34%↑	1580315	1417994人/89.73%	96427人/6.10%	33441人/2.12%	6114人/0.39%	26339人/1.67%
物流服务的质量	4.79951	0.86%↓	1580281	1404720人/88.89%	100684人/6.37%	37783人/2.39%	7793人/0.49%	29301人/1.85%

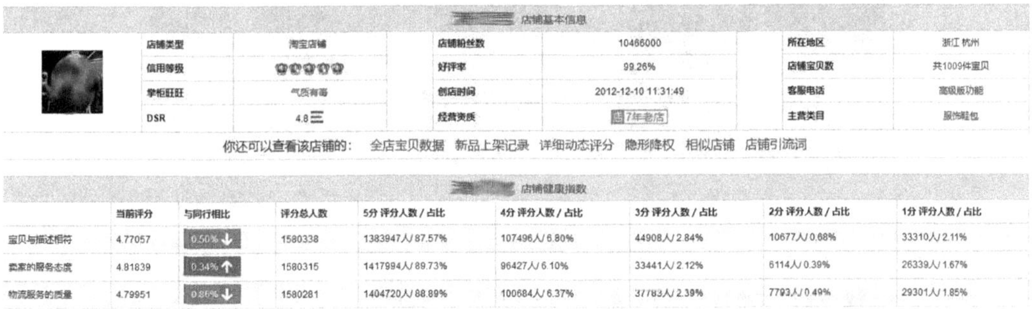

图 4-16　看店宝 T 恤衫卖家详细数据

4.3.1.3　网店自身分析

自身分析是网店前期准备过程中最为重要的工作之一，商家通过对自身情况的分析可以准确地了解自身所具备的优势、劣势、机会及所受到的威胁，进而做出相应的调整以使网店后期的运营工作更加顺利。在自身分析的过程中一般采用 SWOT 分析，即从自身的优势(S)、劣势(W)、机会(O)、威胁(T)四个方面进行分析。

(1)优势分析。优势分析是对自身资源优势的综合分析，通过与网络上经营比较好的同类产品进行对比，总结出自身品牌在运营策略、产品质量、品牌知名度等方面所具有的优势。

(2)劣势分析。劣势分析是对网店所具有潜在问题的综合分析，通过劣势分析商家可以清晰地认识到自身已有的问题及潜在的问题。

(3)机会分析。机会分析是对商家所面对的市场前景的综合分析，通过机会分析商家可以了解到自己所面对的机遇，进而可以对网店未来的发展做出预估。

(4)威胁分析。威胁分析主要是对网店构成品牌、销量方面影响的因素分析，通过威胁分析，可以帮助商家了解到经营过程中的威胁因素，进而帮助商家提前做出相应的调整。

4.3.2　开店前的消费人群定位

消费人群定位指的是按照一定标准对人群进行分类，进而找到产品对应的目标人群的分析过程。在人群定位过程中,一般需要根据人群的基本属性对人群进行分类,分类的属性通常有地区、性别、年龄、喜好、用户级别等。利用这些属性能够对喜好某一产品的人群打上标签,这些标签就是目标人群的特性。人群定位对于网店开店前期的准备、网店的运营、产品的更新等都有着极其重要的作用,而人群定位的过程又包括初步界定、购买能力界定、购买需求界定及消费频率界定四个方面。

4.3.2.1 初步界定

初步界定是对用户的年龄、爱好、地区分布等基础信息进行的界定,该过程一般来讲是通过阿里指数(https://alizs.taobao.com/industry)进行查询。如图4-17所示,当商家能够清晰地列出这些用户属性时,就基本确定了目标人群。但是,这样的界定还不够精确,需要进一步地缩小用户群范围。

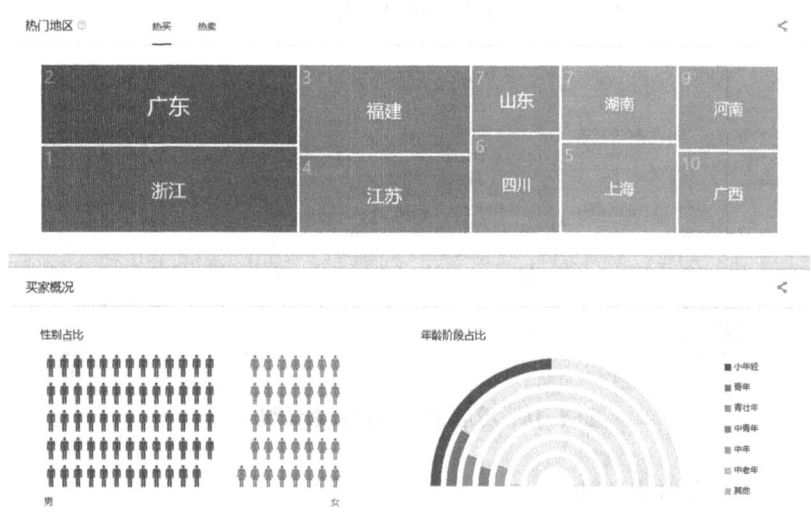

图4-17 T恤衫的阿里指数人群分析

4.3.2.2 购买能力界定

目标人群必须是具备购买产品能力的人,否则只会浪费促销资源及网店精力。目标人群的购买能力一般通过客户群收入或平均消费水平,以及是否购买过大额相关产品来界定。

4.3.2.3 购买需求界定

目标人群之所以会购买商品,代表客户有需求。客户的需求决定了这个客户的购买欲望与购买力。客户的需求可以从客户的消费历史和客户关注的焦点中看出。假如客户曾经购买过你的竞争对手的产品,或相应的替代品,那么,客户在这个方面是有需求的。假如客户关注某一产品的性能、特点、评价,那么,他一定在这方面有需求,因此可以从互联网相关的评价网上找到有需求的客户。

4.3.2.4 消费频率界定

消费频率越高,证明目标人群对产品的需求量越大。同时,消费频率代表了客户对此类产品有偏好,那么,促使顾客产生购买行为就会顺利很多。

习题 4

1. 按照本单元表 4-1 中关于国内主流电商平台的分类,再给每一个平台类型填写 3 个未在表中列出的电商平台。

2. 分别进入淘宝和拼多多网站,认真阅读这两个电商平台针对个人卖家所规定的入驻条件,比较他们之间的差异,说明这两个平台分别适合什么样的卖家。

3. 针对学员所处地区,选取当地一些特色农产品作为将要开设网店的商品,请根据本单元讲解的知识点,确定搜索主关键词以及引流款商品、利润款商品的价格。

4. 按照本单元所讲解的网店商品五种定价策略,从淘宝的网店中各找出三个相对应的例子。

5 淘宝开店

教学内容：
- 淘宝网店的申请流程与开设步骤；
- 网店的装修。

能力目标：
- 本章详细讲解在淘宝开设店铺的过程，包括网店的申请流程和开设步骤，网店首页各模块的设计与装饰，网店详情页的制作，网店商品标题关键词的选择与优化，网店页面图片的美化设计。

5.1 网店创建

在对电商行业有了一定了解之后，接下来便是在淘宝平台上完成网店的开设。通过在淘宝上提交身份信息和银行账户进行支付宝个人认证，即可拥有卖家资格；完成申请后填写店铺名称、店铺标识等基本信息即可完成网店开通。

5.1.1 网店申请

网店的开设是个人进行网上创业的第一步，该部分内容包含了网店注册、网店信息的完善、产品的选择三部分内容。

5.1.1.1 网店申请的条件与准备工作

(1) 个人卖家在淘宝上开设网店必须满足的条件如下。
① 18 岁以上。
② 一张身份证只能开一家店。
③ 必须经过支付宝实名认证和开店实名认证。

(2) 在开设网店之前应该提前准备好基本的开店工具，具体如下。
① 硬件准备。硬件设备包括手机、电脑、相机等。
② 操作技能。卖家要熟练掌握基本的计算机操作，如图片处理软件、视频剪辑软件等；基本掌握淘宝开店的基本规则和运营技能。
③ 开通网上银行。卖家要单独办理一张银行卡，并开通网银功能，银行卡中不要放太多的钱，专门用作网上交易。

5.1.1.2 网店申请注册

网店申请注册的流程是：注册淘宝用户账号、完成支付宝认证、完成淘宝开店认证。这个流程可以分别通过 PC 端注册和移动端注册两个途径进行，这两种途径注册操作步骤基本相同。用户注册是淘宝网店申请注册的基础，不论是买家还是卖家都需要完成用户注册，在完成用户注册后才能进行开店相关的操作。

(1)用户注册。这是在开设网店前需要完成的注册,具体包含了设置用户名、填写账号信息、设置支付方式、注册完成四个步骤。

①设置用户名包含了手机号码验证和登录名的设置,用户在完成该操作后进入到填写账号信息的操作。

②填写账号信息包括登录密码的设置和会员名的设置。

③设置支付方式则是激活在线支付工具账号的过程,该操作是用户注册过程中最为复杂的一步,需要用户完成身份信息认证、银行卡认证、认证审核三个步骤,完成以上步骤后即完成了淘宝网的用户注册过程。注册淘宝用户可以采用手机号码也可以采用电子邮箱。主要操作如图 5-1、5-2 所示。

用户提交注册材料后,淘宝将会很快认证审核完成。

(2)开设网店。用户在完成淘宝用户注册后,就可通过淘宝平台提供的功能完成网店创建,网店的创建包括选择开店类型、阅读开店须知、申请开店认证三个部分。在整个的注册流程中,申请开店认证是整个网店创建过程中最为复杂的部分也是最为核心的部分。

用户登录淘宝,在页面的上部选择【我是卖家】→【免费开店】,如图 5-3 所示。

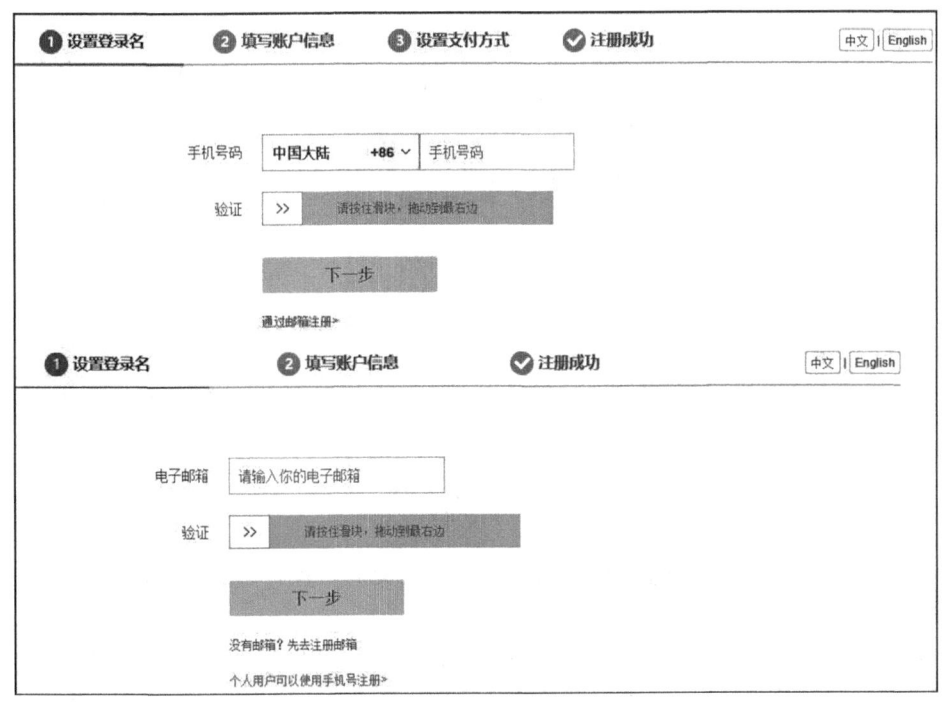

图 5-1　淘宝用户注册流程(1)

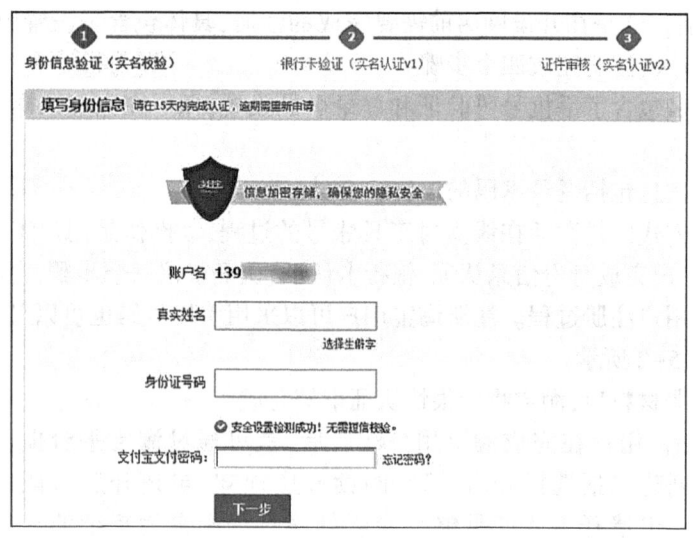

图 5-2 淘宝用户注册流程(2)

图 5-3 淘宝开店

在淘宝中可以开设个人和企业两种店铺,需要提交的审核材料也不尽相同,本书主要讲解开设个人店铺。

申请开店认证包含支付宝实名认证和淘宝开店认证。其中,支付宝实名认证在淘宝用户注册的过程已经完成认证,因此该部分认证操作只需要完成淘宝开店认证即可,淘宝开店认证是淘宝网身份认证,是阿里巴巴集团提供的一项关于互联网个人身份有效性、真实性的认证服务。该认证有手机淘宝客户端认证和钱盾认证两种方式。

手机淘宝客户端认证是根据认证提示,填入所需信息,拍摄上传所需证件和照片,完成认证。

钱盾认证需要手机中安装阿里巴巴的"钱盾"App,其具体认证步骤如下。

①扫码下载安装阿里钱盾 App。

②进入钱盾,选择【身份认证】按钮,然后扫码进入复核页面。

③点击【提交复核资料】,完成身份验证,身份验证包括了验证手机号码、填写联系地址、拍摄证件照片三步。

④提交审核后,等待审核通过;审核通过后网店创建完成,接下来就是网店信息的完善。

图 5-4 至图 5-13 是个人店铺注册认证的具体流程。

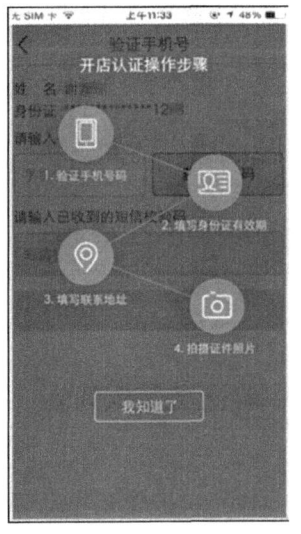

图 5-4 淘宝手机客户端认证(1)   图 5-5 淘宝手机客户端认证(2)

图 5-6 淘宝手机客户端认证(3)   图 5-7 淘宝手机客户端认证(4)

图 5-8　淘宝手机客户端认证(5)　　　图 5-9　钱盾认证(1)

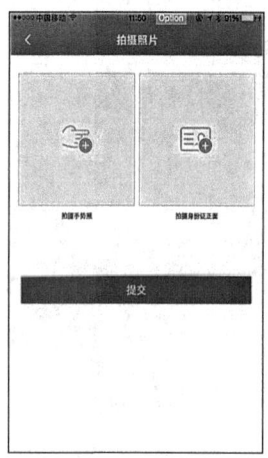

图 5-10　钱盾认证(2)　　　图 5-11　钱盾认证(3)

图 5-12　钱盾认证(4)　　　图 5-13　钱盾认证(5)

如果个人开设网店后,一段时间没有经营,则店铺将会被淘宝关闭。如果想重新经营,需要激活并再次进行认证。如图 5-14 至图 5-16 所示。

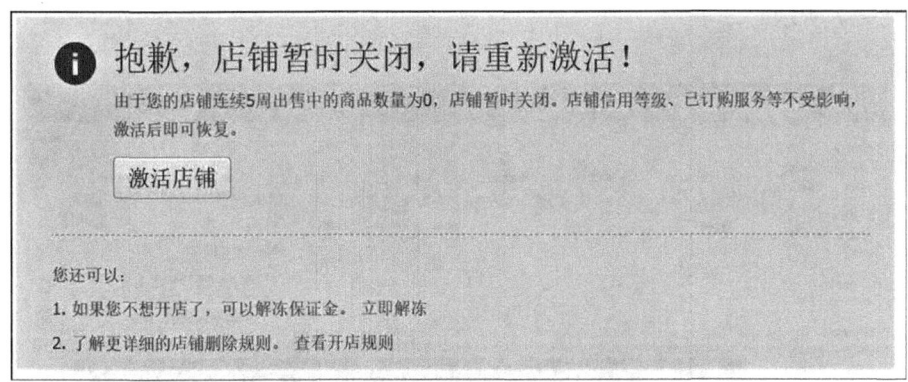

图 5-14　激活店铺(1)

图 5-15　激活店铺(2)

图 5-16　激活店铺(3)

5.1.2 网店信息完善

网店审核完成后,卖家即可登录淘宝后台,选择【千牛卖家中心】,进行店铺信息完善工作,如图 5-17 所示。

图 5-17 千牛卖家工作台

5.1.2.1 千牛工作平台

千牛是阿里巴巴出品的针对卖家的工作平台,淘宝卖家、天猫商家均可使用。其中包含卖家工作台、消息中心、阿里旺旺、量子恒道、订单管理、商品管理等主要功能。在电脑端既可以使用网页版,也可以安装单独的千牛卖家工作台软件;千牛电脑端是在卖家版阿里旺旺的基础上升级而来的;同时还有手机版的千牛卖家中心。一般来说,在淘宝上开设网店用电脑端的千牛卖家中心更为合适,本书后面操作的千牛卖家中心,没有特殊说明都是指电脑端的。网店经营者不仅可以在千牛卖家工作台进行店铺基本信息设置、店铺装修、商品发布、订单查询、完成订单查询等功能,而且还可以获得更加完善的店铺数据分析,进行资金操作,开展营销活动等工作。图 5-18、5-19 是千牛卖家中心的常见功能模块。

5.1.2.2 店铺基本信息完善

网店基本信息的完善主要包括网店名称、网店标志、联系地址、网店简介、主要货源、网店介绍五个部分信息。网店名称、网店标志因直接能显示在用户面前,是用户最先看到的网店信息,因此网店名称和网店标志是网店信息中最为重要的信息,而网店简介、网店介绍并不能直接显示在用户面前,而且只能在移动端看到,因此并不是淘宝网店信息的重点。另外,基本信息如果不满意,以后可以修改,但用户注册的淘宝名不能修改,因此在起名时应该慎重。店铺基本信息完善页面如图 5-20 所示。

图 5-18　千牛卖家工作台用户运营

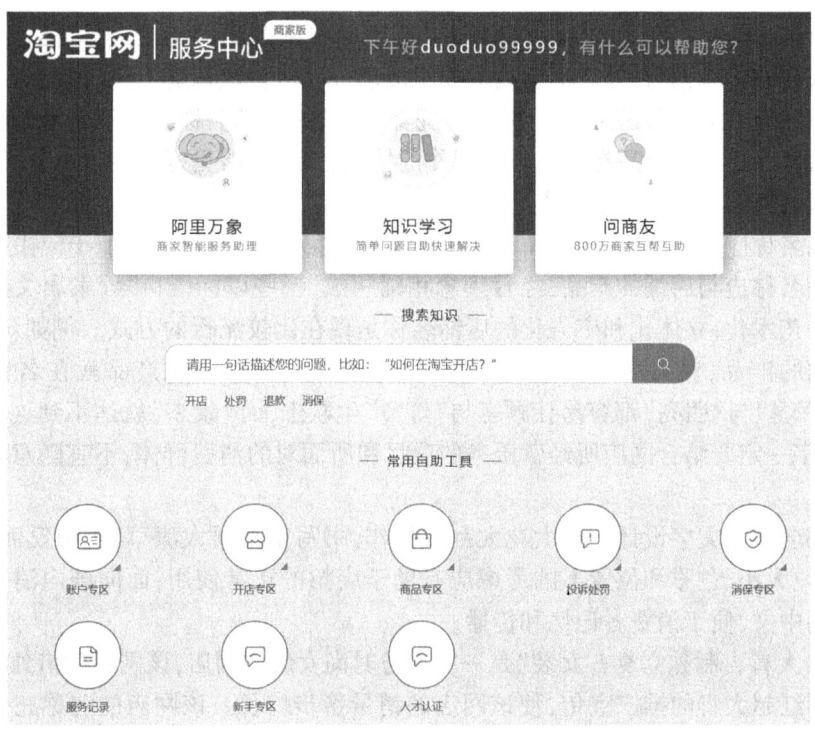

图 5-19　千牛卖家工作台服务中心

图5-20 店铺基本信息完善页面

（1）店铺起名。店铺名称应该力求简洁，能引起买家关注，并容易被记忆。店铺名称不仅仅是一家店的代号，更是外观形象的重要组成部分。从一定程度上讲，好的店铺名称能迅速地把店铺的经营理念传递给消费者，增强感染力，通过店铺名称能让消费者知晓网店销售产品的类目和产品特性。只有经过精耕细作的把控之后，才能更好地体现出其名称的特性。在给店铺起名时需要注意以下几点。

①店铺名称应朗朗上口，给人留下深刻而美好的第一印象，让人一下子记住店铺名字。

②店铺名称应与店铺的产品、经营理念相辅相成，一些以标语口号、隶属关系和数目字组合而成的艺术化、立体化和广告化的店铺名称是现在比较流行的方式。例如：有的店铺经营金属方面的产品，便在店铺名字中添加一个"鑫"字，而做木质产品就在名称中添加个"懋"字；"辉煌"与"明亮"都容易让顾客与"灯"产生联想，而"豪杰"就达不到这个效果。所以，店铺名字一定要结合网店所经营服务的项目和所面对的消费群体，不宜随意叫个空而大的名字。

③店铺名称的文字设计不要太花太乱太做作，书写字不要太潦草，否则反而不易辨认；店名的字形、大小、色彩和位置上的考虑应有助于店招的正常使用；面向国内消费者的店铺应尽量使用中文，便于消费者记忆和传播。

例如，"大喜自制独立复古女装"是一家销售时尚女装的网店，该网店凭借独特的复古风格设计和网红赵大喜的推广宣传，使该网店的销量稳步增长。该网店的名称充分地将整个网店的设计风格、秉承的理念准确地表达出来。首先，"大喜"说明了该网店与网红模特赵大喜有关；其次，"自制"一词则是表达出网店内的服装的来历，告诉消费者本店的服装均是个性化设计制作；最后，"独立复古"一词将网店所秉承的女性独立的思想和复古的服装风格充分表达,让消费者一看便知。

(2)店铺标志设计。店铺标志简称店标,它能直观且快速地传达网店信息,是网店信息中最为重要的一个基础信息,网店标志的好坏能够间接地影响网店的销售情况。在信息大爆炸的时代,人们每天要浏览大量的信息,如果网店标志没有吸引力,那么就会影响到网店的访问数量,因此网店标志的好坏对于网店来说尤为重要。在进行网店标志的设计时应注意,首先网店店标设计应简单,其次网店标志应与网店经营理念相关。

店标以图片形式展示,在上传店标时应注意,文件格式需为 GIF、JPG、JPEG、PNG,文件大小在 80K 以内,建议尺寸为 80×80px。

(3)店铺其他信息完善。

①店铺简介可以详细地说明了店铺的起源、发展、定位等,使网友更好地了解店铺及企业。根据搜索引擎收录规律,将店铺最热门的产品介绍写在里面,便于蜘蛛抓取内容。

②联系地址可以填写线下实体店的地址及营业时间、邮政编码等。

③店铺介绍更多的是起到传播和宣传店铺的作用,在店铺介绍上可以利用图片加文字的形式,增加了用户的阅读传播性,同时也增强了用户对店铺的信任度。

④主要货源填写的是店铺产品的进货渠道。

5.2 网店装修

互联网中流行一句话:"有图有真相",这充分说明了在互联网上,大量信息都是通过图片来传达的,网店经营也不例外。与在实体店中可以全方位了解商品不同,对于网店而言,消费者都是通过图片去了解商品,因此图片成为网店的基本元素。网店视觉营销的兴起,让越来越多的卖家清晰地意识到了网店视觉优化的重要性。如何利用视觉冲击、色彩控制、图片设计等手段,实现对买家视线和心理的把控达到营销目的,已经成了卖家日常运营中不可或缺的一环。而商品构图、商品图美化、网店装修则是视觉营销的主要呈现形式。作为网店经营者,如何从网店定位的角度把握好商品的呈现形式,网店装修样式与风格,是网店运营成败的关键。

本节任务就是以淘宝平台为基础,从网店主图、网店首页、商品详情页及移动端网店设计四个方面详细讲解。

网店装修工作一般归属于网店美工,其岗位职责是进行网店的装修、首页及详情页布局排版设计,活动海报的设计,钻展、直通车的设计创意,根据网店策划制定的专题策划案,进行网店专题页面的设计制作。

5.2.1 网店首页设置

网店的首页自上而下一般包括店招、顶部分类导航、轮播海报、搜索栏、侧边栏分类导航、自定义分类导航、推荐宝贝、热卖宝贝、友情链接等模块。

5.2.1.1 首页组成部分

图 5-21 所示为店招,下面为顶部分类导航。如图 5-22 所示,左上为搜索栏,右上为海报,左侧为侧边栏分类导航,右下为推荐宝贝。

图 5-21 店招及顶部分类导航

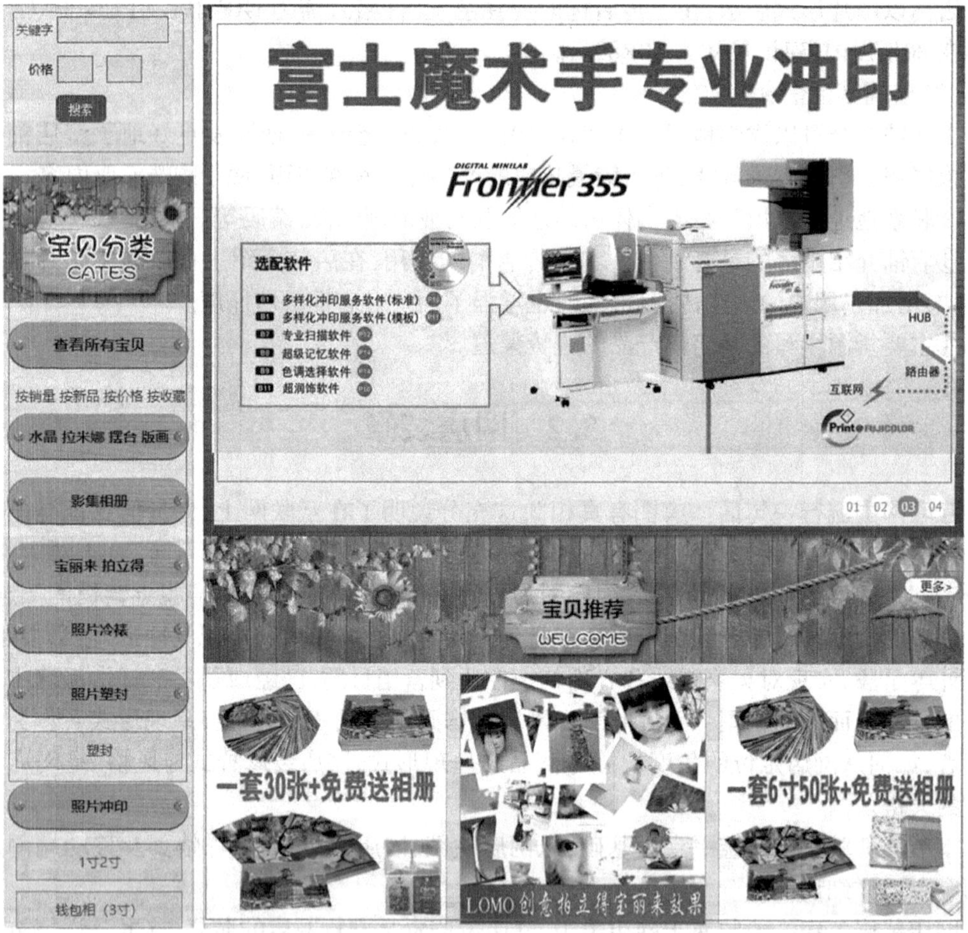

图 5-22 店铺首页模块

图 5-23 为淘宝网店常见布局,这些部分不是网店必需的,可以根据实际情况进行增加和删减。

图 5-24 为淘宝后台店铺装修界面,采用模块化布局,可以直接拖拽进行增减,并且可见即可得。具体操作时,将鼠标指向某个模块,该模块就会变为可编辑状态,出现【编辑】【删除】【添加模块】按钮,操作者可以根据实际情况进行该模块的编辑;如果要加入新模块,也可以选择页面最左侧的各个模块图标。

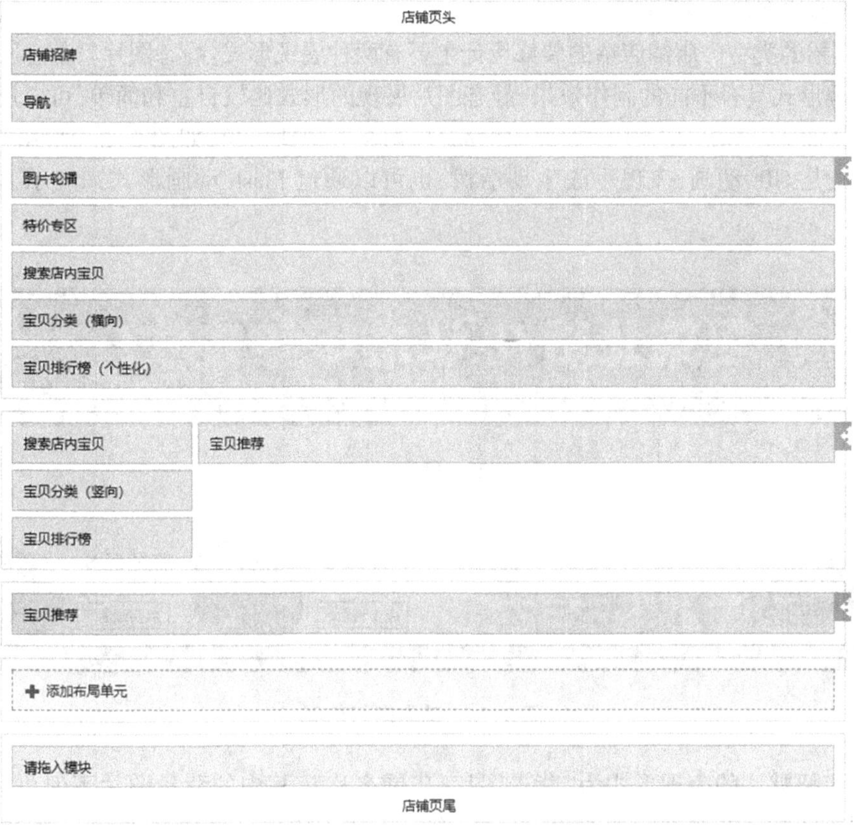

图 5-23 淘宝店铺常见模块布局

图 5-24 淘宝后台店铺装修界面

5.2.1.2 店招

当消费者进入淘宝上的某一个店铺,如果店招制作得足够优秀,那么,消费者看到店招就能够了解店铺的很多信息,这就像实体店铺外的招牌起到同样的作用。因此,店招必须传递明确的信息,店招的位置应该出现在店铺首页及每个详情页面的上方,包含网店商品、网店品牌、活动信息等重要内容。

(1)店招的类型。店铺店招的装修设计主要有两种展现形式:静态图片与动态图片。不同的装修展现形式具有不同的制作效果,静态图片展现的形式比较自主和简单,可以用简单的图片设计制作而成。如在店招中添加爆款商品,购物车等快捷窗口,如图 5-25 所示。动态店招主要使用的是 GIF 动画,表现手法生动活泼,也可以通过 Flash 动画形式来展示,如图 5-26 所示。

图 5-25　静态店招范例

图 5-26　动态店招范例

店铺店招默认的表现形式为"背景图片+店铺名称",其中的背景图片不但可以更换,还可以使用店铺默认的招牌背景图片。另外,淘宝店铺店招顶部模块基本默认为 950×150px,顶部模块包括店铺招牌和顶部导航,但在实际设计店招的过程中不应超过 150px,以 120px 为最佳,因为 150px 会挡住下部的导航栏。

(2)店招的设置。在店招部分点击【编辑】按钮,就可以进入店招的设置页面,如图 5-27 所示。操作者可以事先通过如 Photoshop、美图秀秀、光影魔术手等图像处理软件编辑、制作背景图,保存在本地或上传至淘宝图片空间。然后选择制作完成的背景图作为店招。

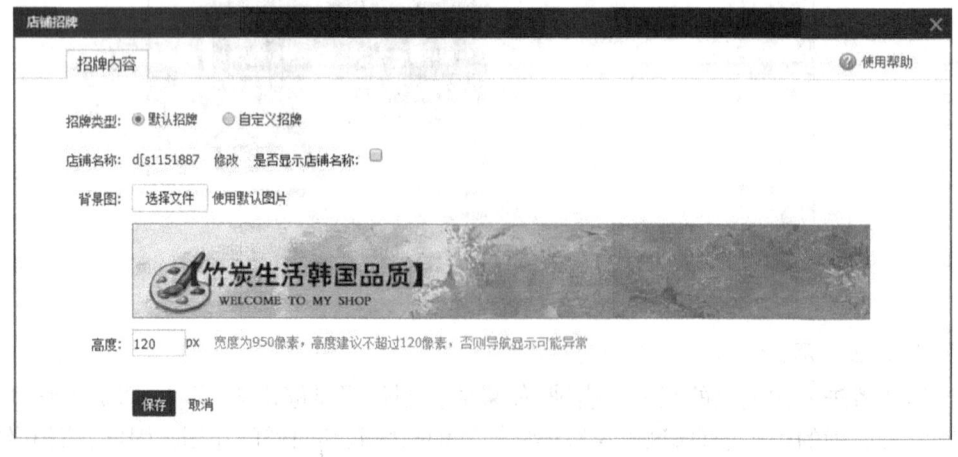

图 5-27　店招设置

(3)店招背景图设计要点。一般来说为了保证和树立自身品牌的形象,在店招上都会添加"真实拍摄""如实描述""品质保证"的字样。这样不仅可以将诚实、守信的店铺理念呈现给顾客,而且能够提高顾客对店铺的信任度。

在店招上面还可以添加"欢迎光临""收藏本店""本店新品已经上架,欢迎抢购""点击查看"等字样吸引客户。这些字样需要设置超链接,以便消费者点击后可以直接进入相应页面或实现相应功能。因此,为了进行后续的店招优化和修改,需要保存jpg和psd两种格式。

对于有超链接内容的店招图片,通过Photoshop制作完成后,选择【文件】→【储存为web格式】,选择存储路径并对文件进行命名,选择格式的时候要选"HTML和图像"格式。

然后,打开Dreamweaver软件,利用热点工具画出需要添加链接的区域,选择【矩形热点】工具,画出需要添加链接的部分,在选中热区的状态下(热区周围有四个青色的小方点),下面的属性中会显示热区的属性,在标注的链接框中,填上对应的宝贝的链接,然后复制代码到文本文档中。点击【代码】按钮,显示此文件的代码部分,复制<body></body>之间的代码到文本文档。如图5-28所示。

店招背景图等内容设置完成后,点击【保存】按钮进行店招的保存。最后点击店铺装修页面右上角的【发布站点】按钮,进行店招的发布;只有发布后,才可以确保替换的店招最终成功地被运用到淘宝店铺中。

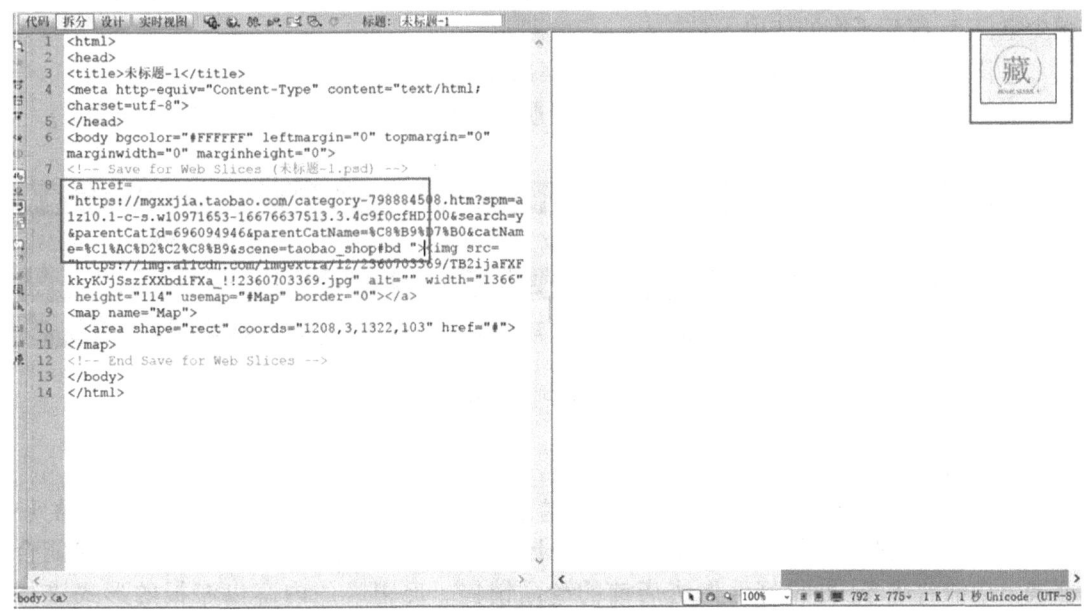

图5-28 店招超链接设置

5.2.1.3 顶部导航

导航是为了方便进入店铺的消费者搜索商品而设置,作用就如同商场的楼层悬挂牌上列出的分类,导航按展示方式分类,分为隐形导航、半隐形导航和显形导航。

(1)隐形导航。隐形导航一般以"全店产品"或"所有分类""全部分类"为标题,只有当鼠标移动到标题上才会显示所有类目,所占的位置很小,相对不易被发觉,从设计上来说,隐形导航也是图文结合的方式,有文字有背景,设计的余地较大。

(2)半隐形导航。半隐形导航一般设置几个主要的大类标题,鼠标移动到标题上之后显示细分类目,比较容易被发现,而且仅展示大类的标题,能够清晰展现网店内商品的主要构成。从功能上来说,半隐形导航具有提示性和导购性的作用,目前淘宝店铺里使用较多。从设计上来说,半隐形导航分类标题的图片背景和字体颜色都是自行设计的,因此要注意与整体风格协调一致,并可利用反色和对比色区分,从而达到一目了然的目的。

(3)显形导航。显形导航与隐形导航相反,一般出现在首页活动区域的下部,再次给予顾客全面的产品类目提示,占用的面积相对是最大的,也是最容易被看到的。在功能上,它对于顾客在看完推荐产品后没有自己的需求时,能够快速方便顾客再次搜索,找到自己更感兴趣的产品,提供方便快捷的购物体验,进而对流量进行分流和引导。在设计显形导航时需要注意几点。

①大类标题和每个小分类的文字要简洁,排列整齐美观,避免内容冗长错综繁乱。

②导航仍然是为分类服务的,但也要注意突出引导的重点和主要类目,可用符号、颜色等元素加以区分。

③可以加上其他内容的补充,但要避免将与用户体验无关的内容加入其中。

④如果是可选择展示的,可以适当加入产品内容补充相关信息,特别是当字比较少时,减少空白感,起到平衡的作用。

⑤营销人员可以做出相关的策划案和文案以配合营销。

图 5-29 就是四个不同店铺的顶部分类导航栏,导航栏的尺寸基本默认为 950×30px。

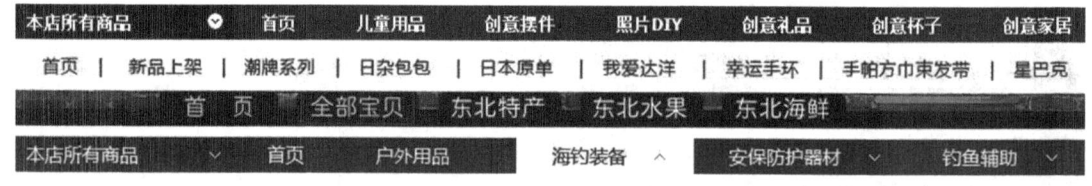

图 5-29 顶部分类导航栏

5.2.1.4 海报

店铺首页中最重要的、最显眼的部分就是促销区,它是店铺文化展示中非常重要的展示区,卖家可以根据自身经营活动的需要设计和组织页面内容。使用好促销区不仅能合理展示店铺商品,还能很好地促进店铺的商品销售。促销区的内容以海报的形式进行呈现。

(1)海报的特点。海报就是店铺首页中较大的活动展示或品牌展示图,如果是出现在第一屏,一般称之为促销图、网店首页焦点图等。这种海报还可以用轮播形式循环播放。轮播的海报,其信息分层合理,主题明确,视觉冲击力强,设计氛围和活动文案可以很好地结合,给消费者身临其境的感受,更易激发购物的强烈愿望。一般情况下,为了页面的美观,促销区海报的宽度为 950px,高度不超过 600px,图片的格式为 jpg 或 gif,如图 5-30 所示。

图 5-30 轮播海报

海报并不局限在首屏,网店的第二屏或第三屏也可以放置海报。在网店的第二屏、第三屏放置的海报,尺寸会比首屏的海报小一点。海报的尺寸比较灵活,没有必要都要像首屏的海报那么大,做得太大反而让消费者在有限的时间内接受的信息量变少,视觉的刺激也会降低,造成视觉体验差和空间的浪费。因此,店铺的美工可以考虑用四分之三屏或三分之二屏来替代满屏的海报,这样表现力不但不会削弱,相反视觉上适当留空会给人感觉比较干净、集中。

(2)促销海报的类型。放置海报的促销区主要是为了配合店铺的营销与推广,大体可以分为品牌形象推广海报、促销商品集中海报、单一促销活动宣传海报、公告展示海报、综合内容海报等 5 种类型。

①品牌形象推广海报。该类海报着重突出店铺或商品的品牌形象,适合走品牌化营销的卖家,以品牌拉力带动长期持续销售,如图 5-31 所示。它的特点在于页面庄重、简洁、不花哨,重点突出品牌标志和标语。

图 5-31 品牌形象推广海报

②促销商品集中海报。该类海报适合商品种类较多的店家,它把所有促销商品放到最

显眼的位置是个非常有效的方法,如图5-32所示。促销商品集中海报的特点在于它的页面花哨,尽可能地抓住买家眼球,在页面上会有很多商品展示并且突出商品价格,用夸张的文字突出促销内容。

图5-32　促销商品集中海报

③单一促销活动宣传海报。该类海报适合所有店家,它突出宣传店铺短期内的单一促销活动,集中资源带动销量。它的特点在于页面主题突出,图片和商品都是围绕一个促销活动设计,并且带有与活动介绍相关的文字和价格,如图5-33所示。

图5-33　单一促销活动宣传海报

④公告展示海报。该类海报适用于所有店家,它的主要目的是加强跟消费者的沟通,把近期内的公告内容做成文案放在促销区。公告展示海报的特点是可以根据实际情况使用大篇幅的文字或图片,内容复杂,有促销、推广、商品介绍、服务说明等信息,如图5-34所示。

⑤综合内容海报。店铺形象、促销商品、公告信息、推广活动等都会出现在这个海报上,不浪费任何页面空间,充分利用促销区黄金地段展示店铺内所有信息,如图5-35所示。其缺点在于没有一个统一的主题,商品图片、价格、促销等亮眼标志比较多。

图 5-34　公告展示海报

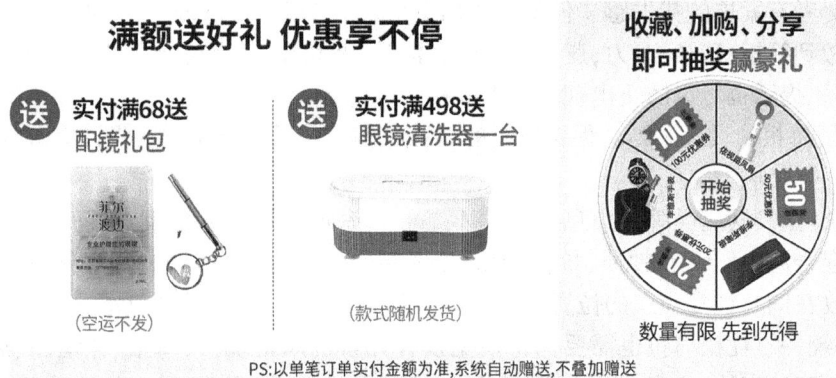

图 5-35　综合内容海报

（3）海报的额外促销元素。促销的形式多种多样,不论商家选择哪种促销方式,最重要的都是要把它传递给消费者,让他们知道网店中的活动,并让他们参与其中,告知消费者最直接的方式就是视觉,视觉展示最直观的体现就是促销海报的制作。

在进行网店促销海报设计时,介于其所具备的特殊功能与作用,并不能单单考虑图片形式的美观,对于促销海报而言有了博人眼球的外表,引起了消费者的注意,这只是成功的开端,如果不能有更多的视觉营销元素去引发消费者点击欲望,那么促销广告同样起不到应有的作用。除了促销活动本身的内容外,还可以添加以下元素,营造更为浓郁的促销氛围,进一步引导与促使消费者点击图片。

①引导标签的添加。在消费者的认知中,箭头具有引导性,而按钮则是用来点击的,因此当他们的视觉接收到箭头或是按钮这一信息后,大脑便会无意识地发出跟随或点击的指令,这可以说是一种习惯,也是一种潜意识的表现。根据人们的这种习惯,在促销广告图片中添加明确的箭头或按钮,会对消费者产生不可忽视的心理暗示作用,如 5-36 图所示。

图 5-36　海报中的引导标签

②添加限制提示。促销海报图片要营造热闹促销气氛，并加入时间限制或门槛限制，营造紧张感，促进消费者购物冲动，并提高下单的速度，例如，"限时抢购""最后 1 天"等促销文案，让消费者有紧迫的错失感。但是促销信息应尽量简单，字体统一，字数尽量保持在 10 字以内，要做到简短、清晰、有力，避免促销信息混乱、喧宾夺主、字体比例失调等问题。而且通过添加事先提示也可以防止出现消费者购物后的差评。

（4）促销海报的设计总则。促销海报的设计与淘宝的钻石展位图片设计有着相似之处，也有着一定的区别。

①主题突出。网店品牌等信息或许并不是促销海报图片中需要重点展开描述的对象；相反，为了迎合海报"促销"性质，价格折扣、秒杀等促销内容本身则成为需要重点突出的内容，需要被放在图片视觉焦点的位置上，让消费者明确地感受到促销的氛围。

②风格统一。促销海报也需要保持视觉设计元素的风格统一，海报、详情图、店铺公告等都应该在配色、字体、文案、设计元素等方面保持协调一致，海报图片的整体应该简洁明了，突出广告用语。

③目标明确。当促销海报有明确的适用人群时，广告中模特的选择和文字、色彩等其他视觉元素都需要注意迎合这些人群的特点。例如，一家经营少女系列服饰的促销海报，背景可以采用米黄色为主，淡雅清新，在衬衣旁边配以小花、树叶凸显小清新特点，字体造型选择自然，整体促销海报与网店清新脱俗的产品气质相匹配。

5.2.1.5　自定义区

为了让不同的店铺更有个性和特色，在淘宝的店铺装修设置中包含自定义栏目区域。

（1）自定义栏目版式。在淘宝店铺中，现有的自定义区有"950 尺寸""190 尺寸"与"750 尺寸"三种，这些自定义模块里可以根据卖家的需求往里添加图片、文字以及 Html 代码，网店美工可以将这些元素进行组合，使店铺装修更具特色与个性。

为了页面的美观，店铺布局通常会采用表格的排版形式，而商品排版往往用于店铺宣传页及商品促销栏目。如图 5-37 所示，图中放置了 5 个产品，所占比例各不相同，不规则的排版能使店铺的多种单品毫无违和地统一出现在首页。这类自定义区的排版，可通过 Dreamweaver 表格来实现。

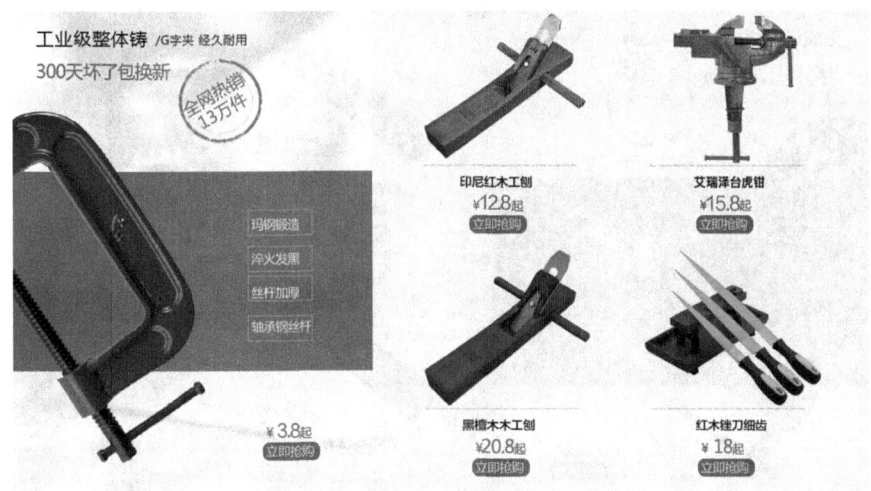

图 5-37 自定义区产品图片

这里讲解一下图 5-37 的排版方式。

①栏目布局。网店美工可以在 Dreamweaver 中设置不同行数和列数的表格，在每个单元格内插入对应的图片；在【站点管理器上】，单击鼠标右键，在弹出的菜单中选择【新建文件】命令，并以扩展名为 .html 命名。创建完成后，鼠标双击该文档进行编辑，单击【设计】，进入设计视图状态；选择【插入】→【表格】命令，在弹出的对话框中设置表格行数为 1、列数为 3，宽度为 700px，边框粗细为 0、单元格边距 0、单元格间距 0，完成表格的插入。接下来，单击左边第一格，选择【插入】→【表格】命令，在弹出的对话框中设置表格行数为 1、列数为 1，宽度为 100%，边框粗细为 0、单元格间距为 0、单元格边距为 0（这里用到宽度为百分比，意思就是这个表格的宽度是自由的，其宽度由所在的单元格的宽度决定，它会智能化调整自己的宽度）。同样的方法，在第二列及第三列插入 2 行 1 列的表格，最终表格效果图达到图 5-37 效果。布局完成后，只需在对应的表格内插入图片即可完成图片排版，按【F12】可以查看浏览器下的效果。

②图片切片。自定义区的图片可以是一整张大图，也可以由若干小图片组成。相比前者，后者以每个商品点击进入后就可以直接到达该商品的详细页面，让用户用最快捷和最直接的方式对商品进行了解并购买，更能提升店铺的转化率。但如果是若干小图片排版成的整张图片是无法为每个商品分别添加超链接的。因此，还需要对图片进行切片，将一张大图片分割为不同的部分，再分别对各部分进行编辑。首先在 Photoshop 中将图片打开，选择【切片】；根据商品类别选定切片的区域，将图片划分成块；从图片的左上角开始进行切割，按照要求进行每一部分的切割，以便于在编辑 Html 代码时可以对不同的商品添加不同的链接地址；切片完成后，在图片的左上角就能够看到一个自动的标记记号，如图 5-38 所示。

在图片切片完成后，选择【文件】→【导出】→【存储为 Web 所用格式】，选择存储格式的时候要选"HTML 和图像"格式；存储后可以看到刚才编辑过的图片已经储存为 1 个 HTML 格式的文件和 1 个 Images 文件夹；打开 Images 文件夹，可以看到从"01"到"05"共 5 张图片，Photoshop 已经默认为图片做了编号。

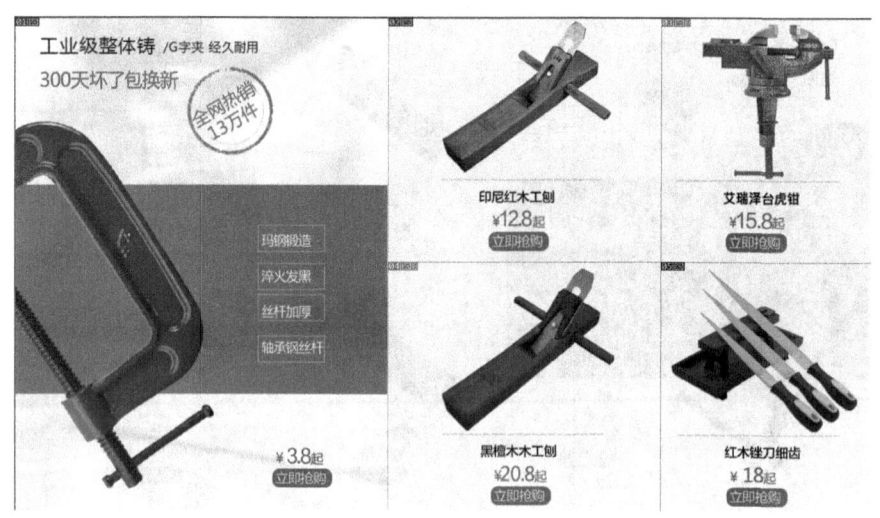

图 5-38　图片切片

接着在 Dreamweaver 中打开图片文件(即 HTML+图片格式);点击左上角【拆分】,页面左侧为 Html 代码,右侧为效果预览;点击一张图片,可通过代码查看被切割的各个小图片的属性代码,代码中包含图片所在文件夹、图片名称、图片宽度、图片高度等信息,要添加链接只需在目标图片的代码中使用链接命令。为了实现链接功能,此时需要在图片代码前添加链接代码,如下所示:

<ahref="产品链接" target=_blank>
<img src="images/01. gif" width="175" height="362" alt="">
</a>

依此将产品链接对应上图片后,统一复制所有代码,将代码粘贴至自定义区代码处。

5.2.1.6　侧边栏导航及自定义分类导航设计

网店中的分类导航承载着整理、归纳网店及网店商品信息的功能,相较于线下消费者而言,线上的消费者更加缺乏耐心,因此,清晰实用的分类导航设计便显得尤为重要。

(1)侧边栏分类导航。该分类导航常常位于店铺页面的左侧,除了会以商品款式来进行分类以外,通常还会以数据排序进行分类,例如,"按销量""按新品""按价格""按收藏",通过这些数据分类来展示商品,如图 5-22 所示。

需要注意的是,这些分类在侧边栏分类导航中通常只是一个链接网页入口,点击这些按钮后会跳转到相应的宝贝排序页面。通过数据的分类展示,可以让消费者更为全方位地了解网店中商品的情况与信息,消费者可以以此为依据进行商品的挑选与购买。

(2)自定义分类导航。自定义分类导航可位于店铺页面中的任何位置,常用于对网店活动等信息的分类介绍,通常采用按钮结合超链接的表现方式,如图 5-39 所示。

(3)分类导航设计的基本原理。分类导航中通常会包含商品详情页的链接以及需要消费者进行点击操作的交互设计,分类导航不仅仅是对商品分类归纳的视觉展现,更像是一个传送门,可以直接将买家"送到"具体产品的详情页中,因此,在商品分类的基础上,还需要考虑分类导航的易用性。

图 5-39　自定义分类导航

①协调分类导航,保持易用性。很多卖家为了追求页面的美观,会在网店首页的第一屏放置大尺寸轮播图片,同时为了保持页面整体的宽屏与开阔感而删除左侧的侧边栏分类导航,这样的做法不是不可以,但一定要顾及消费者的习惯与经验。卖家需要站在视觉营销的角度去进行分类导航版块的布置与设计,追求视觉的美感固然重要,但却不能因为过分追求形式的美感而影响了分类导航的易用性,破坏消费者购物的流畅体验。

②在统一中突显易用性。除了要在同一个页面协调好版块之间的布局以外,协调好页面与页面之间的版块布局也能进一步保证分类导航的易用性。例如,如果在网店首页的某个位置出现了侧边栏分类导航,那么,在商品详情页的相应位置也应尽量出现侧边栏分类导航,请对比图 5-22 和图 5-40,该网店的侧边栏分类导航首页和宝贝详情页不论是所在的位置,还是外观都做到了一致。一致性的设计能保证消费者的购物思路不被一些不必要的差别设计所误导,保证分类导航在各网页各个级别的易用性,为消费者提供了快速有效的购物体验。

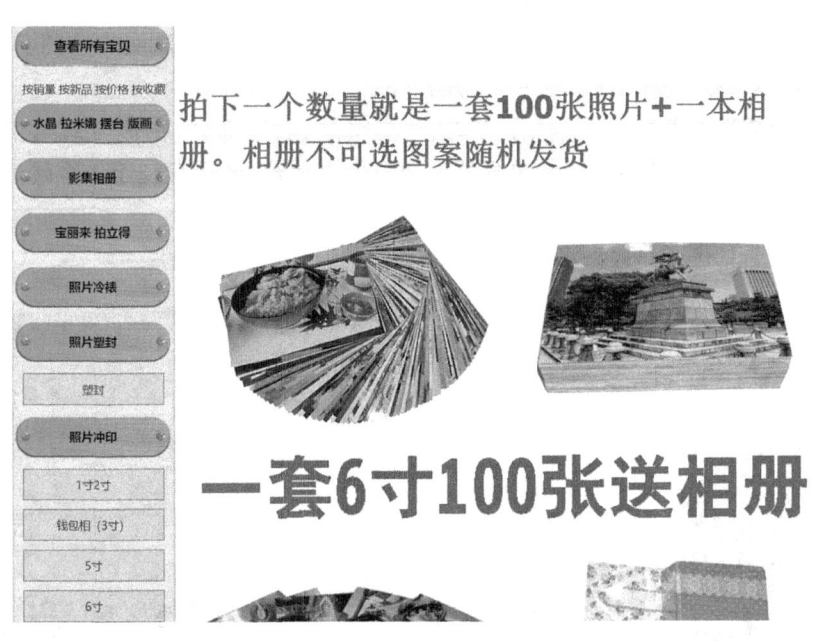

图 5-40　产品详情页中的侧边栏分类导航

③注意分类的逻辑性,确保易用性。分类导航的逻辑性包含了两个方面,一是指分类导航的信息架构,二是指视觉设计的逻辑是否清晰。

信息架构涉及商品类目的划分与归纳,合理清晰的信息架构能够梳理网店结构、有效传递信息，方便消费者查找商品，从而促成转化率的最大化；相反，信息架构的模糊不清则会给消费者带来混乱。

在视觉交互设计中有一个"三次点击"的设计理论，是指网页层数太深太多并不利于用户获取信息，如果通过三次点击还不能达到并完成用户的预期目标，那么，用户可能会因为缺乏耐心而放弃浏览。网店的分类导航设计也应如此，其信息框架逻辑应尽量扁平化，而非太深入的层级关系，每增加一个层级深度，就意味着用户需要多执行一次点击操作。因此，在进行分类导航设计时，跳转的层级关系最多不应超过三层。如图 5-39 所示，点击"扳手类"图标，应出现各种扳手的页面，点击某个扳手，则进入产品详情页。

5.2.1.7 店铺公告

网店的店铺公告既可以放在首页，也可以放在详情页；位置可以根据具体情况进行安排。例如，有的公告就放在首页的促销区，作为图片轮播的一个组成部分；也有的放在整个页面的中间或页尾。一个网店的营销成功单靠促销区广告是不够的，还需要结合店铺公告合理宣传。

(1) 店铺公告分类。店铺公告是买家了解店铺的一个窗口，同时也是店铺的一个宣传窗口。通过店铺公告，可以让买家迅速了解店铺，同时也可以宣传店铺的产品，一举两得，所以写好店铺公告就显得尤为重要。店铺公告的写法有很多种，大体可分为简洁型、消息型和详细型三种。

① 简洁型公告通常是一句话或者是一段话，例如，"新店开张，欢迎光临，竭诚为您服务！""小店新开，不为赚钱，只为提高生活品质，欢迎常来！"

② 消息型公告就是将店铺的促销活动或者商品上新通过店铺公告告诉大家。例如，"淘宝 99 划算节，时髦女装跨店满减，9.7~9.8 提前抢购""凡在划算节购买本店商品满 199 元，即送 50 元优惠券一张，每个 ID 限送一个，先到先得！"

③ 详细型公告即将购物流程、联系方式、产品概述、店铺简介、物流方式等统统都写上去。详细型的公告内容比较多，每个内容都添加一个小标题，这样有利于访客迅速了解店铺的公告内容。

上述三种公告如图 5-41、5-42、5-43 所示。

图 5-41 简洁型公告

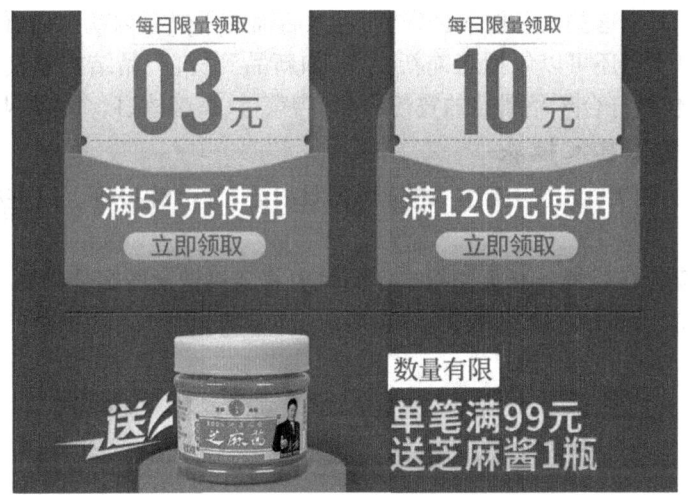

图 5-42　消息型公告

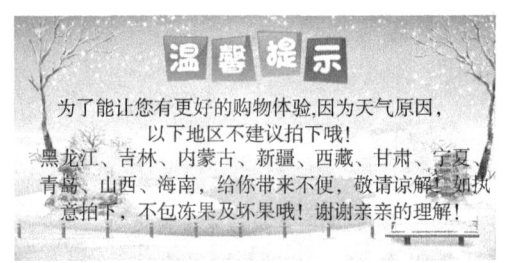

图 5-43　详细型公告

（2）店铺公告策划。店铺公告以图片为主，但公告中需要有更多的文字，因此店铺公告的撰写有许多注意事项。

店铺公告最重要的写法就是根据店铺的实际情况如实撰写，这样容易让用户产生信任感。另外，店铺公告应结合网店经营的实际情况以及营销活动适时地进行更新。

店铺公告最常用的是消息型，主要目的是以简明扼要的语言集中表达出店铺的特色，第一时间告知顾客店铺的最新动态，如果店铺公告做得吸引人就可以帮助店铺增加不少流量。但是由于店铺公告区域有限，所以在设计公告时一定要言简意赅，一针见血。设计吸引人的店铺公告应从以下两点着手。

①把公告做成广告。在公告上做广告不能太复杂，要让买家一看就懂，把产品或服务的概念清晰地传递给顾客。广告应为目标消费者量身定做，让他们容易接受。为此要研究目标消费者的偏好，按他们的"品味"设计广告，要让广告能给买家留下深刻的印象，并能和其他卖家的广告区分开来。另外，设计广告不是为了娱乐自己，而是要让买家产生心动、想要购买的感觉。所以广告要重点明确，要符合店铺的形象，紧密联系品牌，从而强化品牌在消费者心中的地位。广告要设计得新奇有趣，因为目前喜欢网上消费的大多都是年轻人，他们更愿意接受耐人寻味、极富趣味的信息。

②把公告做成信息栏。信息发布时可以包括促销活动，如一元起拍卖、购物优惠、店铺

开张纪念日优惠等,把这些信息放入公告栏,进入店铺的用户立刻就可以看到卖家精心策划的促销活动;信息发布还可以包括店铺新变化,如新品到货、产品结构调整和分店开张等信息;另外,还可以包括符合产品属性的宣传语、开店宗旨、品牌故事、个人创业经历等。

5.2.1.8 首页其他模块

在装修店铺的首页时,还包括宝贝搜索、客服中心、友情链接等。这些模块都有相应的设置方式。

(1)宝贝搜索。在店铺装修页面根据实际需要将宝贝搜索图标拖动到相应的位置,就出现了宝贝搜索模块,如图 5-22 左上所示;然后点击【编辑】进行设置,如图 5-44 所示。

图 5-44　宝贝搜索设置页面

(2)客服中心。客服中心的添加操作与宝贝搜索基本相同,一般放置在首页左侧,如图 5-45 所示。如果需要在客服中心添加旺旺图标,甚至多个旺旺客服则需要创建多个子账号,并分别进行单独设置,在此不一一赘述。

图 5-45　客服中心

(3)友情链接。友情链接的添加操作与宝贝搜索基本相同,一般放置在首页左下部,可以采用文字或图片的形式。

(4)设计师模块。在淘宝店铺装修页面,有基础模块和设计师模块两个部分;基础模块就是前面讲到的内容;设计师模块还包括特价专区、宝贝排行、宝贝分类等几个部分,具体操作与前面内容基本一致。

另外,在店铺装修的模块中,还有些功能是需要升级或付费才能开通的,例如,采用1920px图片进行装修,全屏轮播等。

5.2.2 商品页面版式设置

网店的首页是各种商品、海报、公告以及各种功能模块的组合。网店中最重要的内容是商品,每一个商品都要单独发布并制作商品的详情页。

在淘宝后台与首页装修相同的页面中,选择【宝贝详情页】,就可以对商品页面的版式进行设置,具体操作与首页版式设置基本相同。图5-46、5-47分别是商品页面的布局管理和页面编辑。

图5-46 详情页布局管理

5.2.3 商品页面设计与制作

大多数消费者都是通过淘宝搜索框进行产品搜索,或者通过引流手段,直接进入店铺的商品页面;商品页面的内容将直接决定消费者是否最终产生购买行为。因此,商品页面的设计与制作在店铺装修过程中显得至关重要。

5.2.3.1 FAB法则

从消费行为学的角度来看,用户对于一个商品从感知到认知再到认可,需要一个周期性过程,这个过程需要对用户进行引导。而且,消费者在网上购物常常具有虚荣、懒惰、好奇、恐惧、好胜等消费心理。

在消费行为学中有一个FAB法则,F代表产品特征属性,A代表产品作用,B代表好处利益点,任何一个消费者在购物时都不自觉地使用FAB法则。因此,商品页面的设计也应

图 5-47　详情页页面编辑

该遵循 FAB 法则,即引发兴趣→激发需求→赢得信任→帮助用户做出决定的基本思路。

5.2.3.2　商品关键词

消费者在淘宝中通过搜索关键词查找商品,显示关键词触发商品,再参考商品图片、价格或成交量。在网店经营中吸引顾客的不仅仅是商品图片的视觉吸引,还包括商品的文字介绍。商品的文字介绍中最引人关注的就是商品标题,标题中合理而准确的关键词会起到关键作用。商品标题描述关键词的选择分为找词、分词、分配词、组合词四个步骤。

(1)找词。最常用的找词方法包括淘宝网搜索下拉菜单、直通车关键词推荐、同行业店铺关键词等三种形式。

网站搜索下拉菜单是统计店铺商品信息数据与消费者搜索习惯数据相结合的站内搜索引擎,为了更加人性化地满足消费者的访问体验,网站搜索引擎通过对消费者搜索习惯与消费习惯进行对比,筛选出最贴合消费者的搜索结果。所以网站搜索下拉菜单就成为寻找商品关键词的首选途径,如图 5-48 所示。

(2)分词。商品的名称应该作为一个偏正词组出现,中心词为商品名称及商品的基本信息,再加上一定的形容词或副词作为商品修饰语,阐明商品特征。通常情况下,一个商品名

图 5-48　淘宝网搜索下拉菜单

称由两部分组成,即基本的商品名称和简单的商品描述,同样的商品使用不同的名称进行描述会产生不同的效果,如图 5-49 所示。

图 5-49　商品名称偏正词组

(3) 分配词。在商品关键词确定后要对关键词进行分配,如果是同一店铺同一品类的不同商品,最好是采用意思相同的不同关键词来扩大关键词的覆盖。以蜂蜜商品为例,蜂蜜有土蜂蜜、花粉蜜、槐树蜜、椴树蜜等。

通过分词的方法可以将收集到的关键词进行合理分配,电商运营追求的是利润,利润的最小单位就是流量的价值。在所有商品都受到商品基本属性限制的时候,使用同一个词描述不同的商品所产生的流量价值是不一样的,给网店带来的利润也具有差异化。这样的情况就需要对关键词进行分配。

关键词的分配规则就是比较关键词的流量价值,可以将一个关键词分别带入四种商品中,通过对比得出流量价值,敲定流量价值最大的商品,然后将关键词最终定位到这个商品上。由于测试工作需要很多时间,因此可以使用淘宝直通车服务进行。打开直通车,将多组关键词分别带入多个商品,利用公式"流量价值=客单价×转化率×毛利率",计算出流量价值,并选择流量价值最高的关键词。利用直通车进行关键词测试的主要原因是测试所选关键词在直通车中的转化率;直通车转化率也被公认为是最近似于自然搜索转化率的推广方式。

(4)组合词。通过观察和测试,可以找出某件商品比较优秀的关键词,然后对这些关键词进行组合。标题是产品的名称,其本身应该是一个名词,因此中心词一定要是个名词。围绕着这个中心词,其他的全部都是修饰短语或者词组。一般来说,比较好的格式是"偏正短语+后补短语"。通过前面介绍的分配词操作,基本上可以测试出哪些词与哪些商品匹配利润较高,然后按照介绍的组合方式设计出商品标题。

在设计商品标题的过程中,选出商品搜索量最大的关键词,同时参考同行使用的其他常用关键词。一款商品最好能选取 9~10 个以上的关键词,例如,花瓶、透明(样式)、玻璃(材质)、欧式(外形)、现代或古典(喜好)、时尚(特点)、田园(风格)、家居摆件(用途)、丹麦原装进口(正品说明)、7 折优惠(促销)。将这些关键词进行组合,可以产生以下的商品名称:白色透明玻璃花瓶欧式现代时尚原装进口;蓝色半透明玻璃花瓶现代时尚家居摆件进口;绿色不透明玻璃花瓶田园造型古典欧式 7 折促销中。

通过这些过程,可以很全面而又精准地把握哪些关键词符合买家的搜索习惯,但是在制定关键词的同时还要注重产品名称的美观,不要堆砌关键词,商品名称要让人搜索到的同时能感到商品的品质、内涵。堆砌关键词很容易让人摸不着头脑,印象不深刻,也产生不了购买欲望,所以组合词要注意把握好度。

5.2.3.3 商品标题

商品页面中的商品标题包含丰富的关键字,因此商品标题撰写应该遵循尽可能用简洁的语言概括出商品的特质,力求规范,包含丰富关键词,让消费者迅速了解商品的基本属性等原则。

(1)标题撰写格式。商品标题撰写的具体格式可以是"品牌+商品名+规格+说明",如图 5-50 所示。商品标题中要包含以下几个方面。

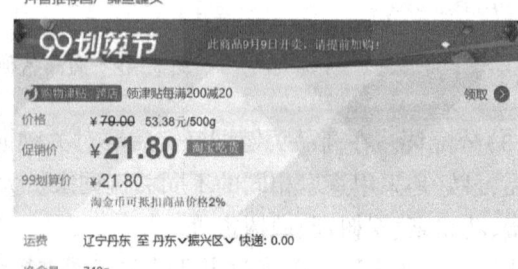

图 5-50　符合"品牌+商品名+规格+说明"格式的标题

①标题要有产品的名称叙述词。例如,卖搓澡巾的店铺,标题里必须加"澡巾"。

②标题要对产品的主要要功能、特性进行描述。例如,搓澡巾的材料含有竹炭纤维,那么,标题加上"竹炭"字样。

③标题要对品牌、促销、特性、地域特点等主要卖点进行描述。例如,搓澡巾上面印制了

韩语,可加上"韩国工艺"或"出口韩国"字样。

④标题要对店铺及商品的信誉度或好评率进行描述。例如,将店铺的信誉度加入商品描述中,向消费者传递该商家值得信赖、具有安全感的信息,如图5-51所示。

图 5-51　加入店铺信誉或用户好评

⑤标题要加入品牌或店铺名称,树立品牌形象。

⑥标题要合理利用一些热门搜索关键词,增加店铺或商品的曝光率。例如,带有"网红明星同款""权力的游戏同款"等字样。

⑦标题有字数限制。淘宝网规定商品标题在30个汉字或60个英文字符以内,尽量将这些汉字或字符用满。

(2)标题的关键词组合排序规则。标题的组合排序要考虑两点:一是有利于淘宝搜索引擎抓取,搜索引擎能够抓取权重高的词,因此进行标题优化时,要符合搜索引擎的抓取规则;二是标题要具有可读性,符合买家阅读习惯,组合标题时一般遵循紧密排列、空格无关、顺序无关的原则。

①紧密排列是指关键词"东北酸菜"可以拆分成为"东北""酸菜"两个关键词,而通常情况下,消费者搜索"东北酸菜"时,系统会优先展现紧密排列的关键词,这就是组合标题时的紧密排列原则。如图5-52所示,前两个是关键词紧密排列的样例,后两个是关键词拆分排列的样例。

②空格无关是指一般情况下,当关键词中含有空格的时候不影响商品的正常展现,例如,搜索"东北酸菜"和搜索"东北 酸菜",其搜索结果不受影响。如果空格的拆分使得关键词混乱,例如,原本是"酸菜"的关键词,拆分成"酸 菜"就会导致搜索结果不一样。淘宝商品标题最多只能有30个汉字或60个字符,空格也会占用有效字符,所以一般情况下可以在需要用空格拆分的关键词中添加有其他利于搜索的关键词,以达到标题字符被充分利用的目的。

③顺序无关是指关键词在组合时一般是不分先后顺序的,因为淘宝网在监测关键词时是查看标题中是否包含搜索的关键词,而对关键词的顺序并没有要求。例如输入关键词"东北酸菜"和"酸菜东北",一般来说搜索的结果是相同的。

5.2.3.4　焦点区

当消费者打开店铺商品页面时,最先映入眼帘的就是焦点区,如图5-53所示,页面左上框中为商品页面的焦点区。淘宝网现在的商品焦点区一般包括多个主图和头图视频。在同等级展现量的情况下,究竟哪些主图可以获取更多的点击量呢?店铺如何设计商品页面焦

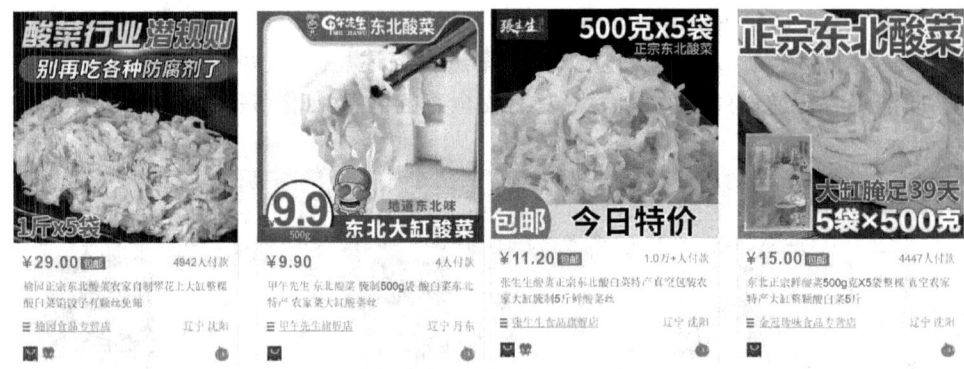

图 5-52　关键词紧密排列和拆分排列

点区的内容来吸引消费者呢？

图 5-53　商品详情页面

（1）商品主图。淘宝店铺商品的主图一般尺寸为 800×800px，图片要清晰，文字性内容不可太多，一般可以放公司 logo 和促销文字或产品卖点。字数控制在 6~10 个，产品主图底色最好统一。商品主图的制作应该具有美观、真实、实用的特点,尤其是真实更为重要。商品主图内容由背景、商品图和文案3部分构成。

①背景。主图背景与商品的对比度不要过于强烈,否则容易产生视觉疲劳。例如:产品颜色为黑色的,则背景色不应采用纯白色;一般主图的背景色建议用浅灰、米色等颜色,以达到一种柔和的效果;不同商品因行业不同且为了突出产品特性可以采用高对比度,如饰品采用纯黑或纯白背景,展现一种"高大上"的效果,如图5-54所示;背景的一个原则是衬托性,不能喧宾夺主,背景太亮、颜色混乱、对比度过低,都不合适;对于环境背景,拍摄的时候可以虚化背景,突出主体。

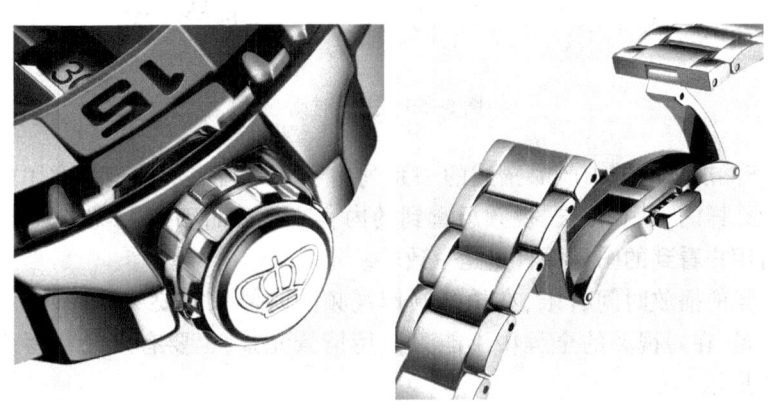

图 5-54 高对比度页面

②商品图。这是主图三要素的核心,主图的吸引力、个性化都要靠商品图来形成,商品图一定要清晰,不清晰的图片直接影响消费者对商品的第一印象。商品图一般是在主图居中位置,750px以上会有放大镜效果,但并不是越大越好,放大的效果和细节图接近即可,建议采用800px*800px即可。另外需要注意主图的自然性,也叫作空间感,这样可以增强图片的真实感。例如,阴影与立体效果,尤其是在美工抠图之后重新换的背景,如果不给主体加阴影会显得与背景不协调。对于一些大型商品的图片,因为拍摄视角的原因,可能出现不规则的形状,这种情况可以用Photoshop中的【滤镜】→【镜头校正】来处理。

③文案。主图通常不建议加文字,如果加文字也要遵循一定的原则,文字的内容要涉及卖点的提炼。除此之外,还应该注意文案部分占比不能超过主图面积的30%,并且文案排版应注重美观性。

主图是否加文字也因产品而异,例如:很多电子产品仅用图片展示不出来其功能属性,就可以用简练的文案来说明一下;而很多服装商品,主要看的是款式,用图片可以直观地展示出来,就不需要在图片上加文字说明。对比图5-55中左右两个主图。

商品主图的本质是通过视觉进行营销,不能单独去追求视觉的艺术效果而抛弃营销效果,主图的效果到底如何还要后期追踪。

(2)头图视频。卖家在商品详情页焦点区放置头图短视频,是现在最热门的商品表现形式。最新官方数据表明整体发布头图视频的商品成交转化率提升了20%。头图视频的拍摄一般通过围绕产品和勾画情景的方式来构建使用场景。围绕产品就是常见的产品评测、产

图 5-55 主图对比

品使用教程、产品展示等关于产品描述的一系列内容。勾画情景就是考虑用户在使用产品时的情景是什么样的。用户通过视频想看到的内容一是产品动态表现的本身,二是产品的场景化是否与用户看到的图片感官上是一致的。

由于短视频的播放时间有限,在拍摄制作视频的时候只需要突出一两个关键点即可。但是要注意的是,在短视频的全程中不能只使用情景元素,也要有产品特写或细节上的展示,如图 5-56 所示。

图 5-56 头图视频

5.2.3.5 详情页

商品详情页的作用就是让消费者了解商品、打消疑虑、增加信任、促使下单,最终提高店铺的用户转化率。因此,在详情页制作之前应进行许多前期准备工作,这样才能使文案、图片和视频真正打动消费者。如图5-53页面右下方框内为商品详情页中的详情页,商品的详细描述都在这个区域。该区域可以采用文字和图片组合的形式进行排版,但为了美观,现在一般都采用图片的形式。

(1)详情页视觉漏斗模型与信息填充。消费者对商品详情页的浏览有着从上至下的习惯,放置在顶端的内容会首先映入顾客眼帘,而对于商品详情页中常见的版块和信息而言,要如何安排它们的先后顺序呢?卖家要了解消费者需要看到什么,什么会让消费者产生浏览的兴趣。通过第三方调查数据,可以发现消费者对信息的心理需求比例如表5-1所示。

表 5-1 消费者对信息的心理需求比例

调查类型	调查内容	比例(%)
商品需求	商品的详细用途与功能	67
	是否适合自己	61
商品质量	商品附件清单	61
	商品规格、型号	58
	商品质量认证文件、标准认证信息	51
	商品生产厂商信息	48
购买商品理由	商品特点、特性、卖点	45
	商品各角度清晰照片	31
	商品使用说明或流程	27

通过这些数据可以看出,消费者在了解商品信息时,首先会想要了解商品的性质和属性,以此来判断是否为自己所需;在确定了商品的基本信息以后,再确认商品的质量,当质量也符合预期后,便会产生购买的意向;这时消费者便会希望更多地了解商品,通过了解商品最终下定决心购买商品。因此,商品信息是否具备足够的诱惑力就成了关键。想要展示信息有足够的诱惑力,除了更多地介绍商品的卖点等信息之外,还可以添加网店的信誉说明,这样更能使消费者在购买商品时产生安全感。

如表5-2所示,消费者对商品信息需求的比例逐步下降,形成了一个视觉漏斗模型。这就在一定程度上告诉商家在设计商品详情页面时,需要包含哪些商品信息说明,以及这些信息排列组合的顺序。把消费者想要看到的信息按重要性有序排列,能让消费者停留在详情页,从而提高流量的转化率。

在上述消费者对信息需求的基础上,卖家还可以添加更多的内容以丰富详情页,提高信息的说服力。综上所述,详情页需要从抓住消费者的视线开始,慢慢走近消费者的内心,并最终促成交易行为。具体来说可以总结为表5-2所示的阶段性目标和任务。

表 5-2　详情页阶段性目标与任务对应表

阶段性目标	营造营销氛围	消除消费者顾虑	增强购买信心	最终形成购买
阶段性任务	让消费者感受到店铺的氛围,激起消费意识	告诉消费者店铺商品的优势,让消费者可以放心选择	告诉消费者商品的利益点,增强购买信心	消费者购买商品,卖家获取利润,并促进复购

①营造营销氛围一般通过特色产品、店铺活动和套餐组合来实施。这些方式是主要用于营造营销氛围的信息说明,在商品的详情描述中添加这些信息,可以制造出店铺生意火爆的视觉效果,这样的视觉效果能增强消费者对店铺的信任感,刺激消费者的感官。

②可以在商品详情描述中可以添加服务说明、商品细节、包装图、安装图四类信息,用以消除消费者的各种购买顾虑。

③增强购买信心是通过添加第三方认证、商品检验证书、品牌说明信息、生产工艺与工厂规模的信息说明,让消费者更为信赖商品,而它们也构成了通常情况下进行商品详情页面设计时,用以增强消费者购买信心的说明版块。

④最终形成购买后,通过店铺优惠活动,提高增值服务等方式提高消费者的满意度和好评率,提高消费者的复购率。

(2) 商品详情描述的方式。通过 FAB 法则,针对消费者不同的购买动机,将最符合消费者需求与利益点的商品特色推荐给消费者,这是最关键也最精确有效的商品推销方法。为了让商品详情描述变得更加符合网络销售环境,增加消费者的购买动力,在商品详情的描述方式上还应该让消费者具有以下体验。

①真实感。在实体店购物,消费者可以通过触摸、试用等去感受,而网购只能通过图片去表现商品,网店商家最直接的方法就是模拟实体店的购物模式,保持商品的真实感,才能让消费者更加放心地购买。同时还需要保证商品信息叙述的真实性,才能形成好口碑,留住顾客。在对商品特点介绍时,卖家要从不同角度再现商品原貌,并添加细节说明,给消费者还原最真实的商品体验。也正是这个原因,现在很多淘宝店铺通过直播进行商品推广,因为直播给消费者的体验更加真实。

②逻辑感。在进行商品详情页设计的时候,逻辑感也非常重要,将商品的受众群体最想看到的信息放置在页面顶端,以此为依据,确定详情描述中信息的先后顺序,最终形成视觉漏斗模型中所表现的逻辑关系。在商品详情图设计时,除了要注意描述本身语句的逻辑,还要注意在整个页面中体现具有营销效应的描述逻辑,要让消费者先看到想看的信息,引起消费者的关注,然后添加有助于促进商品销售的各类信息,增强消费者的购买欲望。

③亲切感。充满亲切感的图片设计与文字描述能营造一种轻松愉快的购物氛围,拉近消费者与商品的距离,亲切的服务态度可以让消费者更加放松地购物。

④对话感。具有对话感的设计,可以让消费者有种身临其境的购物体验,感受商品的同时,也提高了成交的可能。

⑤氛围感。利用羊群效应,消费者往往会被销量高的商品所吸引,因此设计详情图时要营造一种很多人购买的卖场氛围,良好的氛围会引导消费者进行冲动消费。

⑥正规感。正规与规范带来的是信赖感与可靠感,因此商品详情页中不能忽略各种认

证证书等能证明商品正规的凭证。

（3）商品卖点提炼的前期分析。一个商品要有卖点才能打动消费者，这就要求卖家在制作详情页前先对商品的卖点进行提炼。卖点的提炼需要进行前期分析，并且需要掌握提炼方法。只有对商品进行了正确的前期分析，充分了解其特性，才能在众多的优点中总结出卖点，吸引消费者购买。前期分析包括了解商品属性、了解商品渠道、了解商品用户等几个部分。

①了解商品属性。卖家在做商品详情页的时候，首先应该知道要卖的是什么商品，都有哪些特征和信息。卖家应该对商品的产地、品种、包装、储存、使用方法、适宜人群等都非常了解。通常在做一个商品详情页的时候，首先是写一份商品说明，把商品的整个信息要点，包括整个制作的工艺流程，全部梳理下来。

②了解商品渠道。梳理完商品的属性后要了解商品的渠道，这包括商品的来源渠道和销售渠道。通过来源渠道找到自己商品的优势，如价格、品质、服务等；不同的销售渠道制作的详情页也不尽相同。另外，如果是实体店铺，还会存在线下线上销售冲突的问题。

③了解商品用户。只有了解了商品的目标用户群体，才能发现他们的需求点，然后通过内容满足他们的需求。例如，一个店铺卖高档手表，用户群体定位为白领男性，那么，卖家就要从他们的心理出发，了解他们出于什么目的来购买这些手表，了解他们喜欢的文案风格是什么样的。

围绕商品进行前期分析的过程中，做好前期调研是非常重要的，当卖家对商品有所了解之后，就要定位商品的用户群体，离开事实一切都是空谈，而这些数据一般都是通过前期调研获取的。前期调研包括问卷调研、用户提问、回访老用户、采购人员调研、同行店铺调研等方式。

第一，问卷调研。可以借助问卷星、微信小工具等第三方软件向目标群体调研，通过设计问题，让用户选择答案，收集用户的需求点。

第二，用户提问。店铺的客服在回复用户的提问时会获取大量用户需求信息，有经验和善于总结的客服人员会把用户咨询的普遍问题整理为FAQ（常见问题解答）文档。这些信息还可以进一步加工和处理，作为用户需求数据，简明清晰地展示在详情页。这样既为客服人员节省了时间，又为商品增加了说服力和吸引力。

第三，回访老用户。店铺人员要积极主动与老用户沟通，通过电话、微信、短信、微淘互动、赠送红包积分等多种方式，了解客户的需求信息；在回访过程中，多让用户回答开放性问题。

第四，采购人员调研。本店铺的采购人员在做采购之前，已经对商品有了充分的了解，他们可能是店铺中最先、最全面了解商品的员工，通过对他们的调研，详情页制作人员会对商品、用户、供应商、同行、市场有更加深刻的认识。

第五，同行店铺调研。同行是最好的老师，很多时候卖家并不是和用户做生意，而是和竞争对手做生意。虽不同的用户会购买同样的商品，但他们关注的焦点不会相同，有的关心价格、有的关心使用期限、有的关心物流等，任何一个卖家都不可能把所有的客户做完。因此，商家需要了解竞争对手，了解竞争对手最好的办法就是认真研究同行的店铺。在相似商品的商品详情页中，经常可以看到别的店铺已经总结好的商品卖点，可以用来参考，改善自己的商品详情；在相似商品的客户评价中，经常可以看到购买过的客户抱怨的问题，这就是客户的深层次需求,是需要被满足和改善的地方,店铺经营者可以从这挖掘用户的需求点,改善自己的商品详情内容。

(4)商品卖点提炼的方法。根据商品的人群定位,遵循前面讲解过的 FAB 法则,卖家要精准地分析出商品的优点,然后再对卖点进行筛选和提炼。

卖家拿到商品后,就要对商品进行定位分析。这个商品要卖给谁?自己商品的优势明显吗?谁会对这个优点买单?要认真地考虑定位群体,考虑他们真正对该类商品的需求是什么,从而提炼出该商品的卖点。需要注意的是,不是所有优点都称之为卖点,一个商品的卖点有一两个就足够了。

一般来说,经过对商品的前期分析,以及运用 FAB 法则的分析,卖家已经得到了一堆商品的优点特质,这其中包括产品的信息、来源渠道、产地信息、用户分析,等等。但是这些不能都放在详情页上,消费者不喜欢看过多的文字性内容。那么,如何从这一大堆的文字里面提取出真正要讲述的卖点呢?

卖点就是用户的痛点和痒点;痛点就是商品能满足用户的必要需求;痒点就是商品虽不是用户必需的,但却是用户非常想要的。例如:一个用户手机坏了,没有手机就无法与他人沟通交流,这就是痛点;一块名牌手表,对于一个心仪已久的用户来说,虽然不是看时间、计时必要的工具,却是让他朝思暮想的东西,这就是痒点。对于好的商品卖点来说,痛点、痒点二者必须满足其一。

如何从商品优点中筛选出卖点呢?这里可以借鉴"九宫格"矩阵图发散思考的方法,如图 5-57 所示。先将商品写在正中间,将需要考虑的卖点设计因素,向 8 个方向进行发散思考,分别记录在这 8 个格子里,再根据这些因素的主次关系来逐一筛选刚刚找到的优点,最终确定一两个卖点。

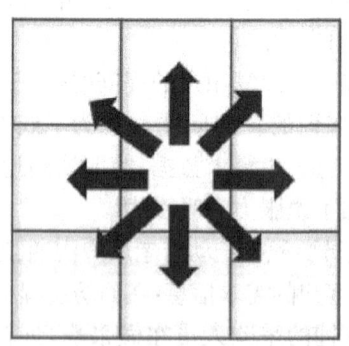

图 5-57 九宫格矩阵图

例如,以天猫上开设的金信通达食品专营店所销售的草莓为例。首先,将这款草莓放在九宫格的正中间,根据消费者购买这款商品时的考虑因素,发散思考出来包括价位、口感、产地、物流、品牌、品种、种植方式、采摘方式等特质,把这些特质写在周围的 8 个格子内,当然不限于 8 个,这里只是提供一种卖点筛选的思考方法。

①扬长避短,去掉这些特征中,不好或者不适宜宣传的一些缺点。例如,这款商品非著名品牌、价格较高,先划掉这两个。

②删除一些没有特色、不会对消费者的购买决策造成影响的特征。例如,营养丰富、绿色无污染、包邮。

③在剩下的这些特质里面找出最重要的两个因素,再进行延伸联想。例如:这款草莓是丹东出产的"99 草莓",是具有国家农产品地理标志的产品;同时,草莓不易久放,因此需要突出新鲜的特点。最终将产地、品种、采摘作为卖点,另外联想草莓内部和外部的颜色,以及口感确定了这款草莓的卖点。

筛选后就需要对这些总结出来的特质词汇进行二次文案加工,使其成为详情页上的卖点广告语,如图 5-58 所示。

图 5-58　九宫格思维筛选的商品标题

经过商品卖点的提炼,就会形成相应的文案。在一个详情页里面,虽然图片占了绝大部分位置,但是文字是必不可少的。有的商品文案用户看了就会激发痒点或直接满足痛点,但有的文案却让用户一点购买的欲望都没有,这就是文案的重要作用。商品详情页中好的文案一般具有充分的利益点、定位使用场景、利用情感诉求、具有画面感、表达目的明确、附带行动机制等基本特征。

(5)详情图具体内容。通过前面的介绍可以发现,经过前期分析和卖点提炼后,在商品详情页中应具有多页内容,每一页的内容均应该有比较明确的主题,下面较为详细地罗列了详情页应该具有的内容以及要对应实现的功能,具体如表 5-3 所示。

表 5-3　详情页内容及功能

页码	内容	功能
1	创意海报/关联销售	利用好三秒注意力原则
2	商品卖点/特征	FAB 法则→F 特征
3	商品作用功能	FAB 法则→A 作用
4	消费者青睐理由	FAB 法则→B 好处

续表

页码	内容	功能
5	商品规格参数	商品的可视化参数设计
6	同行对比	类似商品的优劣比较,强化商品的优势
7	模特/全方位展示	拉近客户体验感
8	商品细节展示	细节展示产品质感
9	商品包装展示	体现物流安全性
10	资质展示	展示品牌和公司实力
11	售后/物流	解决客户已知和未知问题
12	买家秀	通过第三方展示商品
13	搭配推荐	进一步关联销售
14	品牌文化、故事	树品牌、讲故事,提高转化率和复购率
15	收藏关注+优惠券	增加网店被关注的机会,促进销售和复购

本书以上面提到的金信通达食品专营店所销售的草莓为案例,进一步说明详情页要描述的内容。

①通过创意海报让消费者了解商品的总体情况,包括规格、价格、品牌、包装、物流等内容,如图 5-59 所示。

②此详情页发布于 1 月,正值年底,是走亲访友的旺季,因此将送礼作为重要卖点。通过产地、品种、品牌等内容的描述强化商品特征和卖点,如图 5-60 所示。

图 5-59 创意海报

图 5-60 商品卖点特征

③该商品主打送礼,因此,图 5-61 突出送给谁,体现出商品的用途。

④通过商品的内外包装展示,体现了物流的安全性,保证了商品的完整性,如图 5-62 所示。

图 5-61　商品用途

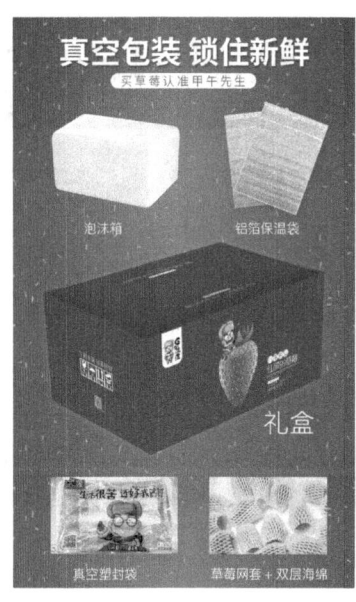

图 5-62　商品包装

⑤通过该商品生长环境、产地、种植工艺等描述，体现产品能够受到消费者青睐的理由，如图 5-63 所示。

⑥通过该商品与其他商品的对比，让消费者直观地感受到产品的优势，同时也为商品价格较高找到了理由，如图 5-64 所示。

图 5-63　商品优势

图 5-64　同行对比

⑦通过资质和企业实力展示，说明了商品值得信任，如图 5-65、5-66 所示。

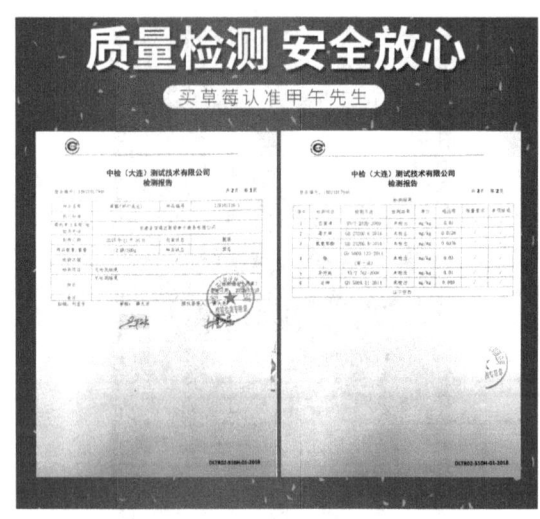

图 5-65　商品资质

图 5-66　企业实力

⑧商品实拍进行全方位的展示,通过表现细节,增加商品的可信度;同时在实拍图中加入了商品优点说明,进一步突出了商品的特征,如图 5-67 所示。

⑨通过展现草莓的不同吃法,将商品的使用场景进一步扩展,触及用户的痒点,如图 5-68 所示。

图 5-67　商品细节展示

图 5-68　商品使用情景

⑩图 5-69 展示了商品的售后服务,同时多次出现"甲午先生"字样,进一步宣传强化商品的品牌;图 5-70 进一步强化售后服务承诺,同时,通过其他图片映射物流的速度和安全。

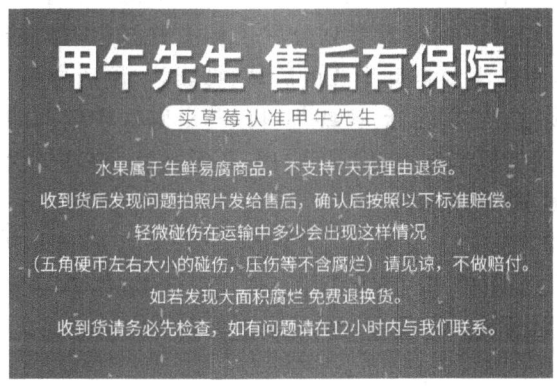

图 5-69　售后服务

图 5-70　售后承诺

在该商品的详情页中,无论是文案,还是图片都能够抓住商品的卖点,引起用户的消费欲望,促成购买行为。但该详情页还是没有包含表 5-3 所列的全部内容,请读者自行对比,思考一下还需要加入哪些内容。

(6)详情页制作要点。通过前面的案例可以看出,这个详情页全部采用图片的方式,文字嵌入图片中。一般来说淘宝店详情页图片的宽度是 750px,天猫店的宽度是 790px,图片的长度没有太多限制。但是,为了提高网页打开的速度,往往详情页都是由多张图片连续构成,只是用户浏览的时候没有感觉图片是断开的。在制作详情页时应该注意以下要点。

①电脑端详情页与手机端不一样。电脑端要求面面俱到;而手机端为了方便阅读节省流量,商品详情页不应过长,要选取最重要的信息,并控制在 5 屏之内。

②商品图片应有标志性,整个页面逻辑连贯,不要东拼西凑,否则会降低用户的信任感。

③详情页中能用图就不要用文字,图片比文字更直观更具有渲染力。

④详情页中每一页图片之间应该具有非常强的逻辑性。

⑤图片由商品层、文案层、背景层构成,注意页面布局,整个页面注意留白,不要堆砌无意义的素材。

⑥每张图片只说明一个内容,不要把所有想告诉用户的信息都堆在一张图上。

⑦对于需要突出的文案,可以采用文字描边,文字下方投影,复杂背景可以在下方加半透明图层。

5.2.4　手机移动端网店装修

随着移动互联网的快速发展,消费者在淘宝上购物也逐渐由电脑端的淘宝网转向移动端的手机淘宝,当前来自手机淘宝的订单量早已超越了来自电脑端淘宝网的订单量;未来,随着 5G 的进一步普及,移动端电商平台会进一步压缩电脑端电商平台的订单数量。因此,作为淘宝店铺的经营者也应该从手机移动端网店框架结构的安排、视觉装修与营销推广这几个方面入手,做好对手机淘宝店铺的设计、规划与运营。

5.2.4.1 手机淘宝首页的框架结构安排

与电脑端淘宝网一样,手机淘宝也存在着页面间的跳转以及页面结构层级关系的安排与布置,而这里所说的页面不再是指淘宝网中网店各级网页,而是指存在于手机淘宝 App 中的网店各级页面,为了方便管理,淘宝后台已经给店铺经营者划分好了相应的网店框架结构,如图 5-71 所示。图中被框上的部分都是手机淘宝自动生成的版块,搜索栏、网店导航、底部导航的位置都是固定的,左上是店铺名称,左下是店标,这些都可以与电脑端淘宝网的店铺完全一致。在手机淘宝的店铺中许多页面的框架结构都是固定的,不需要卖家考虑,卖家需要关注的是文案、图片、视频等内容,如图 5-71 所示。

卖家虽然无须考虑图标、按钮设计和店铺的结构组成,但需要注意在已有的框架结构中添加能够促进消费的内容,并且根据框架结构层面进行内容添加,否则,混乱的链接会导致店铺框架结构变得混乱,不为消费者所理解,阻碍购物流程。

5.2.4.2 手机淘宝店铺首页设计

与用电脑登录淘宝网所显示的宽阔范围不同,手机淘宝店铺的显示范围较窄,且在手机淘宝中进行店铺信息浏览时,大多数用户已经习惯向下方纵向延伸的观看方式,因此,手机淘宝店铺首页没有侧边栏信息条,但同样包含店招、优惠券、轮播图片、分类导航按钮等信息,比较常见的手机淘宝店铺首页如图 5-72、5-73 所示。

图 5-71 产品详情页框架

图 5-72 手机淘宝首页框架

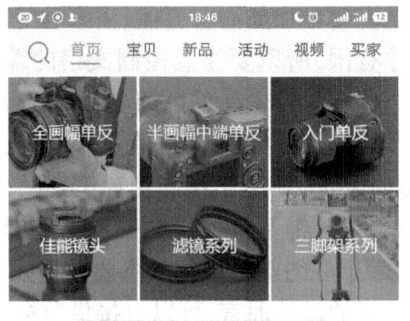

图 5-73　店铺首页结构

（1）手机淘宝店铺首页版块。对于手机淘宝店铺首页设计而言，选择放置合适的商品图片至关重要，商品图片吸引人，那么就更可能留住消费者。同时，在店铺首页中展示爆款促销等具有更强吸引力的商品，也是瞬间吸引消费者、进行快速转化与页面跳转的关键。为了充分展示店铺商品、优惠活动、促销海报，手机淘宝中店铺的首页一般不会只显示一页屏幕，往往会包含多个屏幕页面，大多数首页包括如表 5-4 所示内容。

表 5-4　手机淘宝店铺首页版块内容

首页版块	具体内容
首页第一屏的版块	店招、店标、店铺基本信息
	分类导航
	底部菜单
	轮播海报
	优惠券或优惠活动
商品分类展示的版块	第一区：爆款、热卖、促销或推荐款
	第二区：上新、应季商品
	第三区及以后区域：自定义分类、教程、物流、售后服务等

在首页上卖家还可以根据需要增加如淘宝直播、买家秀等版块内容。

由于手机屏幕展示的尺寸有限,所以要注意控制文字的篇幅,简洁清晰地展现,同时能为消费者提供快速便捷的分类导航设计也是手机淘宝店铺的设计原则。

(2)店招设计。店招设计包括店标、店铺基本信息、店招底图设计三个方面。店标的展示方式为正方形,是网店身份的象征,是用于让消费者识别的视觉元素,现在一般都放在首页的底部,如图5-72左下角所示;店铺基本信息一般放置店铺名称、店铺信誉、店铺粉丝等内容,如图5-72左上角所示;店招底图则为店招的主要装饰元素,可以用其突出店铺的特色与形象。对于手机淘宝店铺店标的设计而言,可以直接借鉴电脑端店铺或品牌的徽标,这样能让店铺的品牌形象更具延续感。

(3)分类导航与底部菜单。这部分内容是由淘宝后台提供,具体分类及设计方法与电脑端一致,卖家可以根据店铺经营的实际情况进行增减和名称的更改。需要注意的是把握好显示尺寸与比例,使其能够清晰与完整地展示在消费者眼前,起到快速导航的作用,为消费者浏览带来方便,如图5-73所示屏幕上下的导航和菜单。

(4)轮播海报。轮播海报也称焦点图,它通常被放在店铺的第一屏,能够被进入店铺的消费者立刻看到。轮播海报的主要作用是用来促进消费者形成购买力的版块,如图5-72所示。通常会包含店铺爆款商品、上新活动通知、促销活动展示、店内重要信息告知等内容。结合手机端的特点,内容尽量简洁、文字表现清晰、主次分明且能达到快速传播的目的。在设计时也需要注意控制好轮播图片的数量以及展示的先后顺序,一般来说轮播的展示数量在2~4张图片比较合适,超过4张就显得时间过长,让消费者失去浏览耐心;轮播海报的播放顺序需要特别注意,设计时可以根据店铺活动的重要程度或先后顺序,对轮播图片的位置进行相应调整。

(5)优惠券。优惠券是用于吸引消费者的一种优惠促销手段,店铺为了吸引消费者,会把优惠券放在首页的第一屏,这样可以在第一时间引起消费者的关注并让消费者产生进店购买的欲望。可以选择将其放在店招或轮播海报的下方,并留出足够的空间,使用较为鲜明的色彩,让消费者能够注意到优惠券的设计,只有这样才能真正发挥其引流与促进转化的作用。优惠券设计时可以给优惠券设置使用时间限制,给消费者带来优惠活动马上结束的紧迫感;另外,也可以设计如"立刻领取"之类的视觉元素,这在一定程度上可以左右消费者的点击行为;消费者看到优惠券后,更为看重优惠幅度,因此优惠券中规则和数字应该清晰明了。具体如图5-73所示。

(6)商品分类展示版块。商品分类展示版块与电脑端店铺的首页基本一致,卖家可以对该版块划分多种分类展示区域,但与电脑端有足够的空间去装饰与美化商品分类展示版块不同,手机端为迎合目标群体求快求方便的心理,则应尽量简洁,并在第一时间展示最重要的商品图片。通常情况下,店铺首页商品分类展示的第一区会呈现以爆款或促销为主的商品图片,将全店最受欢迎或是最优惠的商品放在第一区,以促进转化率;上新或应季商品也是非常受消费者欢迎的内容,尽量放在该版块的第二区。具体如图5-73所示。

除了第一区和第二区以外,还有第三区及以后区域可以根据店铺经营需求放置不同商品。需要注意的是分区不宜过多,通常情况下展示4~6张图片即可;否则会使消费者花费较长时间下拉屏幕页面,最终导致失去浏览的耐心。由于手机屏幕较窄,图片在横向组合时,每一行放置两张图片最为合适;图片大小既可以相同,也可以有规则地不一致;排列方式既可以并排放置,也可以错位放置。具体如图5-74至图5-76所示。

图 5-74　首页版块布局(1)

图 5-75　首页版块布局(2)

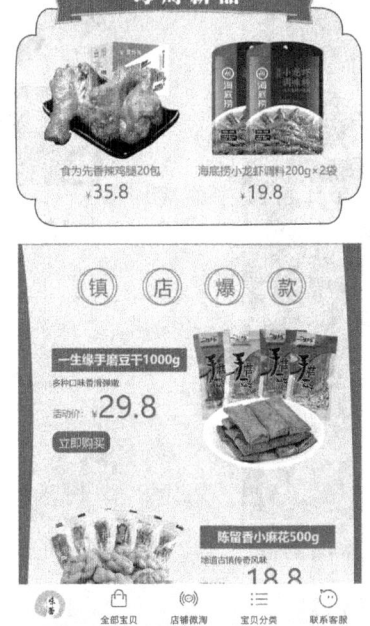
图 5-76　首页版块布局(3)

5.2.4.3 手机淘宝店铺商品详情页面设计

手机淘宝店铺中商品详情页面的设计与电脑端商品详情页面的设计思路基本相同,也是遵循 FAB 的设计原则。卖家在设计手机端页面时也要借鉴电脑端页面的内容,在此基础上要结合手机端的特点,需要调控好描述文字的尺寸与叙述的简洁程度,过小或过密的文字会让手机用户不能很好地获得商品信息,从而造成流量的跳失。店铺美工在设计商品详情页时,除了要符合前面讲到的设计法则、设计思路与设计注意事项外,还要有以下两点需要注意的事项。

(1)更为直接的表达。为确保图片能清晰展示,手机端商品分类展示版块通常最多只能完整显示 4 张图片,而电脑端则不止 4 张,因此手机浏览的连贯性不及电脑,同时由于消费者的页面平均停留时间很短,因此手机端详情页面必须做到简单、明了、直接。

在电脑端商品详情页尺寸大、内容丰富、分层多,如"新品推荐""搭配套餐"等信息,这些内容对于手机端显得有些冗余,手机移动端必须在前 3~4 屏中对商品的卖点和重要信息进行清晰地描述。同样的信息在电脑端只需要一屏或是半屏就能展示完成,而手机端就需要占用好几屏的空间,这就意味着消费者要连续滑动手机才可以看到,这会让消费者的体验感大大降低。图 5-77 至图 5-82 为手机淘宝店铺中一款产品的详情页面设计。

图 5-77 商品详情页面(1)

图 5-78 商品详情页面(2)

图 5-77 通过视频及图片以及简洁的文字引起了消费者对东北酸菜的回忆;图 5-78、5-79 将这款东北酸菜的制作原料、工艺、成分、口感进行了图文并茂的描述,使消费者对商品更加全面地了解。

图 5-79　商品详情页面(3)

图 5-80、5-81、5-82 将东北酸菜的烹饪过程、食材的搭配、商品的细节和包装进行了更进一步地描述,有利于新的消费者产生购买欲望。

(2)跳转提示的说明。卖家要在手机端商品详情页面的某些版块中加入必要的跳转提示说明,告知消费者可以进行切换,获得更为流畅的购物体验。例如,在手机端详情页中加入"电脑详情页"按钮。

为了迎合手机用户快速、精准的需求,淘宝平台所提供的手机版网店装修模板比较简单,当手机端商品详情页面中需要推销与商品密切相关的关联商品时,在商品详情页中详细说明关联商品显然是不太合适的,此时便可以选择在电脑版详情页中对关联商品图片进行链接添加,而在手机端商品详情页面中,可以在关联商品图片中添加跳转说明。这样做不仅不会打乱消费者对商品详情的了解思路,还可以节约商品展示空间,更可以给需要购买关联商品的消费者很明确的引导,让他们可以顺利购买更多的商品。

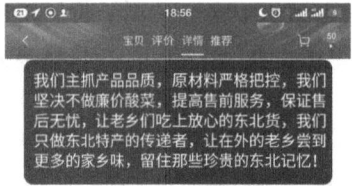

图 5-80　商品详情页面(4)　　　　图 5-81　商品详情页面(5)

图 5-82　商品详情页面(6)

5.2.5 图片美化

当前,网店中绝大多数商品都是通过图片来进行展示给消费者的,因此图片在网店装修中占据重要的地位。

5.2.5.1 图片来源

网店中的图片主要有以下4种来源。

(1)卖家自己拍摄。卖家根据商品通过摄影设备拍摄各种白底图、场景图、模特图、细节图等。这就需要卖家准备相应的设备,并且搭建摄影的场景。

(2)网上搜集。店铺商品如果是常见而通用的商品,可以在网上搜集相关素材,然后加以处理,添加卖家自己的元素。这种方式容易侵权,并且不利于展示商品的特性。

(3)生产厂商提供。如果店铺销售其他厂商生产的产品,则可以由厂商负责商品的拍摄。生产厂商拍摄还有利于展示生产过程和原材料的细节,这是网店美工自己拍摄所做不到的。美工只需要对图片进行后期处理,使所有的商品图片风格与店铺装修风格统一。这种方式也有利于体现商品的特性。

(4)卖家制作图片。有些商品需要网店美工自己绘制,完成商品的手绘图或线描图。这种方式具有鲜明个性,容易吸引卖家的关注,但对网店美工专业技能要求很高。

5.2.5.2 商品构图

在拍摄或处理商品图片时,应该十分关注构图,好的构图可以提升商品的质感;而各种构图方法的灵活运用,能突出店铺要表达的核心内容,激发消费者的购买欲望。在网店商品图片最常用的构图方式有以下3种。

(1)井字构图。井字构图也叫九宫格构图、三分法构图。在井字构图中,网店美工需要将场景用两竖线和两条横线交割,如同"井"字形状,这样就可以得到4个交叉点,然后再将需要表现的重点放置在4个交叉点中的一个即可,如图5-83所示。井字构图是在网店图片中使用场景非常丰富的一种构图方法,因为井字构图时产品总会偏向画面的一侧,因此,在真实场景中会很好地交代出环境的特征,辅助产品营销氛围,并且给图片中的文字预留出了足够的空间。

图 5-83 井字构图

（2）平衡构图。商品在画面中居中放置，给人以饱满的感觉，画面结构完整，安排巧妙，对应而平衡。基本上90%的纯色背景拍摄用的都是平衡构图，此外，这里的平衡不光指的是把产品放在画面的正中间，还有视觉上和重量上的平衡。例如：同样的配饰，如果颜色明度很低，就应该适当减少它在画面中所占的比例；如果颜色明度很高，就可以扩大它在画面中的比例，以达到画面的整体重量平衡。具体如图5-59所示就是典型的平衡构图。

（3）斜线构图。斜线构图，可分为立式斜垂线和平式斜横线两种。斜线构图常表现运动、流动、倾斜、动荡、紧张、危险、一泻千里等场面；也有的画面利用斜线指出特定的物体，起到一个固定导向的作用。斜线构图在产品图片中一般用来表现运动、有动感的场景，也用来表现一些浪漫的、打破常规的感情。如图5-63中，草莓的生长采用的就是平式斜横线构图，展现草莓大棚的空间感；图5-70是立式斜垂线构图，体现了高速运动的感觉。

5.2.5.3　图片处理工具

在商品图片的使用过程中，商品图片不只用于单独展示，往往还可以通过后期的技术合成、特效处理，并制作成海报、宣传页等形式用于商品的推广宣传。由于使用环境的不同，对照片的尺寸、分辨率、特殊效果也有不同的需求，这都需要通过图片的后期美化处理来实现。常用的图片处理工具有Photoshop、光影魔术手、美图秀秀等。

（1）Photoshop。Photoshop简称PS，它的图像功能处理包括图像编辑、图像合成、校色调色、特效制作和输入输出格式转换等，功能非常强大。由于需要大量的专业操作技巧，因此上手比较困难，需要长时间的学习和经验积累。

（2）光影魔术手。这是一款免费的图片处理软件，是专门对照片的画质进行改善及效果处理的工具软件。光影魔术手简单易用，不需要任何专业图像处理技术就可制作出专业胶片摄影的色彩效果；且其具有强大的批处理能力，可以快速对大量商品图片进行后期处理、快速美容，能够满足大多数情况下对图片后期处理的需求。

（3）美图秀秀。这是由美图网研发推出的一款免费图像处理软件，在电脑端和手机端都十分流行。与前两款专业的图片处理软件相比，美图秀秀界面直观，操作简单，基本上都是"一键操作"，效果明显；同时，它具有图片特效、人像美容、自由拼图、魔术场景、智能边框、可爱饰品等功能，可以让卖家在短时间内即可处理出效果较好的图片。

5.2.5.4　图片格式与容量大小

网店中图片一般采用JPG和GIF两种存储格式，JPG格式是有损压缩图片，GIF格式则可以做成动画。

在保存图片时，图片像素太高，则存储容量就会加大，影响网页打开速度，如果图片像素太低，则清晰度较差，影响了用户的体验，因此，分辨率以符合淘宝要求为限度，过高过低都不可取。一般来说图片的存储容量与分辨率成正比，采用JPG的存储格式可以最大限度地压缩图片存储容量，所有的图片的存储容量尽量在1M以内为宜。如果想要保存为动态GIF格式文件，则需要在Photoshop中选择【文件】→【导出】→【存储为Web所用格式】，在存储设置页面，选择GIF格式，颜色通常选择128或256。

习题5

1. 根据现有实际条件,学员以个人或小组的方式在淘宝网开设一个网店,并对网店进行定位和选品。

2. 确定网店名称,并设计店标;同时,说明网店名称所要传达给客户的信息,说明店标设计的图案所表达的含义。

3. 对开设的网店进行装修,包括店招设计,设置顶部导航,设计各类海报,设置自定义区,设计侧边栏导航及自定义分类导航,设置店铺公告,添加搜索框、客服中心及友情链接等内容。

4. 根据本单元所讲解的方法,为网店首页海报加入不同的促销元素。

5. 对网店商品页面进行设计,包括页面版式设置,按照商品关键词设置原则撰写商品标题,设计焦点区主图和头图视频,确定商品图中文案内容和表现形式。

6. 根据本单元关于网店商品详情页制作要点的讲解,提炼网店商品卖点,从营造营销氛围、消除消费者顾虑、增强购买信心、最终形成购买等几个方面思考,完成商品详情页的制作。

7. 根据本单元讲解的相关内容,完成本网店手机移动端的装修和商品详情页的设计。

6 淘宝店铺管理

教学内容：
- 淘宝店铺中商品的发布管理；
- 淘宝店铺的客户服务基本技能与管理；
- 淘宝店铺的物流工作基本流程与管理。

能力目标：
- 通过本章学习，学生可以熟练掌握店铺商品的发布知识，能够学会按照淘宝 SEO 的规则发布商品，了解店铺商品上下架的一般规律；熟悉淘宝客服的一般流程，了解售前、售中、售后客服的基本技能，学会初步的客服沟通技巧；掌握淘宝店铺物流管理的基础知识，熟悉网店商品从入库，到包装、发货、物流选择及物流设置的全过程。

6.1 网店商品发布管理

商品标题、上下架时间、橱窗推荐等都是商品发布过程中的关键项，而且这些也是影响商品搜索排名的重要因素。通过合理设置商品发布中的这些关键点，可以使网店商品排名更靠前，为店铺引入更多的免费搜索流量。

6.1.1 淘宝 SEO 介绍

在本书的单元 2 中已经详细地介绍过 SEO(搜索引擎优化)，该部分主要介绍的是针对整个互联网中的 SEO。在淘宝网中也采用 SEO 技术，淘宝 SEO 主要是针对淘宝网内商品的搜索优化技术。通过了解淘宝 SEO 可以让店铺的卖家更了解淘宝搜索排名规则，熟悉商品标题关键词组合的原则，了解商品上下架原理等网店商品发布的管理规则；帮助网店卖家从影响搜索权重的商品指标和网店指标两方面入手，掌握一些比较重要的指标及对应的优化方法。

6.1.1.1 淘宝 SEO 认知

淘宝 SEO 指的是利用相关技术手段对淘宝店铺进行调整，从而提高店铺及商品的自然搜索流量。从店铺商品的上架开始，商品能不能被买家搜索到就属于 SEO 的范畴。淘宝上销售的商品数以亿计，卖家都在争夺排名靠前的位置，都想让消费者看到自己店铺的商品，而且由搜索引来的流量不仅是免费的，转化率也相对较高。卖家想要做好淘宝 SEO，首先需要了解淘宝网的搜索排名规则。

(1)淘宝搜索排序的目的是帮助消费者找到最满意的商品。网店经营情况、商品价格与信息等都可能会对搜索结果产生影响。

(2)淘宝反对通过各种不正当手段对搜索结果进行影响的行为，并会对这种行为给予严厉打击。淘宝网有权对卖家的违规行为和作假情况进行统计，并根据卖家的相关记录调整其商品在搜索结果中的排名。

（3）淘宝网有权根据多变的业务情况,采取灵活的解决方案,对商品排序与搜索结果进行持续的调整与改善。

（4）针对卖家的一些有意或无意的不合规行为,淘宝网将给予排名下调的处罚。例如,重复铺货、虚构交易(炒作店铺信誉和商品销量)、标题关键词不符,放错类目和属性、发布虚假广告、商品邮费严重与价格不符,标题、图片、描述不一致,等等。如图6-1标注的部分就是淘宝网给予处罚的商品错误信息。

卖家需结合淘宝平台公布的规则,对影响权重的商品指标和网店指标进行优化。

图6-1　淘宝网给予处罚的商品错误信息

6.1.1.2　影响搜索权重的商品指标

影响搜索权重的商品指标主要有相关性、主图点击率、商品收藏量和商品转化率,如表6-1所示。

表6-1　影响搜索权重的商品指标

指标分类	指标内容
相关性	关键词相关性
	类目相关性
	属性相关性

续表

指标分类	指标内容
主图点击率	满足淘宝网图片规则
	以创意的方式突出商品卖点
	添加一些吸引用户点击的"诱惑因子"
商品收藏量	优化商品
	收藏有礼
	收藏送淘金币
	客服引导
商品转化率	商品详情页
	商品评价
	客服服务

(1)相关性。商品的标题关键词、类目、属性这些相关性与商品的搜索排名密切相关,消费者在淘宝中进行搜索时,搜索引擎会根据不同店铺为商品设置的标题关键词、类目、属性进行商品匹配,从而决定把哪些商品推送给消费者。

店铺卖家分析商品标题关键词时,可以从商品的自身特点出发,将这些特点分为商品名称、行业、功能、品牌、型号等相关信息,寻找这些相关信息的代表关键词;然后再根据消费者对这些关键词的搜索热度选择最相关的。消费者通过搜索某一关键词进行商品浏览时,该关键词在淘宝后台都有一个与之对应的最佳类目,淘宝网优先展示的商品都是最佳类目下的商品。卖家在发布商品时,应熟知商品所属的类目,也可以参考同行 Top 商品的类目选择。

随着淘宝个性化搜索机制的推广,商品属性的相关性也成了影响商品搜索排名的一大因素。因此卖家在发布商品时,属性要尽量填写完整、准确,这样更有利于搜索展现,同时也能进一步配合搜索引擎将关键词精确匹配到店铺商品。

(2)主图点击。如果店铺的商品在搜索结果页占据了较好的排名,但因为主图不够吸引买家,导致主图点击率很低,那么,这个 SEO 也是不成功的。主图点击率同样是影响搜索排名的因素之一。卖家在设计主图时,在确保满足淘宝网基本要求的基础上,以创意的方式突出商品卖点,同时也可以添加一些吸引用户点击的"诱惑因子",使自己的商品比同类商品更具有诱惑力。"诱惑因子"可以传达商品的价格优惠信息,也可以传达商品的质量保证信息,总之就是要吸引用户,使其产生点击的欲望。

(3)商品收藏量。商品收藏量是指统计周期内收藏该店铺商品人数。收藏量是一个店铺热度的标准,收藏量可以影响消费者的购买意向;在同类网店中收藏量高的店铺往往曝光量高于其他同行;在同类商品中收藏量高的商品往往比收藏量低的商品更畅销,因此收藏量是影响店铺或者商品排行的一个重要因素。店铺卖家提高收藏量可以通过收藏有礼、收藏店铺或商品送淘金币、客服引导等方式实现。

(4)商品转化率。商品转化率是指所有到达店铺并产生购买行为的人数和所有到达店

铺总人数的比率,即:

转化率=(产生购买行为的用户人数/所有到达店铺的访客人数)×100%

商品转化率是影响商品权重的重要因素,高的转化率直接影响着商品的搜索排名。影响商品转化率的重要因素有详情页、评价、客服等。卖家通过优化详情页、引导顾客好评等,刺激买家的购买欲望,进而提高转化率。

6.1.1.3 影响搜索权重的网店指标

(1)动态评分。店铺动态评分是自然搜索权重的影响因素之一,也是淘宝网活动要求的基本指标之一。它不仅代表着店铺的形象和综合实力,更是一种诚信度和信赖度的依据。高于行业的评分可以更快地获取顾客的信任和选择,反之则容易引起顾客的质疑和流失。

店铺动态评分是指在淘宝网交易成功后,买家可以对本次交易卖家的"描述相符""服务态度""物流服务"等三项进行评分,如图6-2所示。卖家可以通过优化这三方面评分点来提高自然搜索的权重。每项店铺评分取连续六个月内所有消费者给予评分的算术平均值。

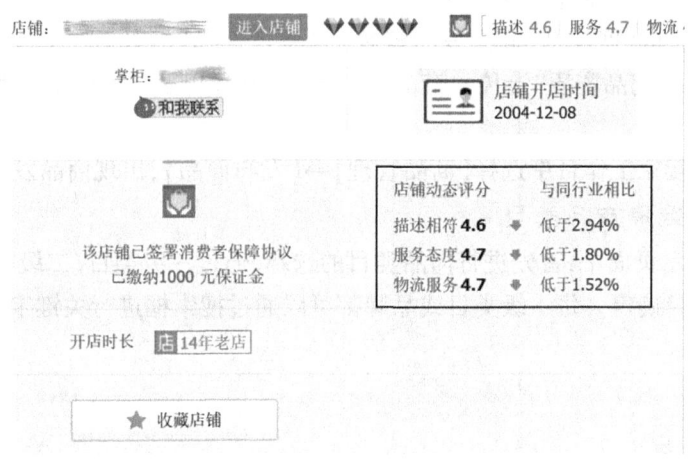

图6-2 店铺动态评分

(2)消费者服务保障。消费者服务保障分为消费者保障服务、七天退货、交易约定类服务。其中,"消费者保障服务"为基础消保服务;"7天无理由退货"为特色消保服务,卖家可以根据店铺情况自愿参加;交易约定是指卖家在加入消费者保障服务的基础上,就其经营的商品或其服务自愿为消费者提供的承诺服务。

卖家进入淘宝网千牛卖家中心,点击【淘宝服务】→【加入服务】,选择对应的服务即可申请加入,如图6-3所示。加入消费者服务保障不仅能让商品的搜索排名靠前,还能有效地提高店铺转化率。

除了商品相关性、转化率、收藏量、店铺动态评分等指标,影响权重的指标还有旺旺在线时间、店铺估誉度、商品销量、退款率,等等,卖家需要多方面优化这些影响权重的指标,才能提高商品的综合排名,为店铺带来更多的免费流量。

图 6-3 加入消费者服务保障

6.1.2 店铺商品发布流程

店铺中的商品需要经过发布才能让消费者看到,优秀的商品信息质量能够给店铺带来更多的曝光、点击和数据反馈,商品发布流程从"类目选择"开始到"商品属性信息"编辑、"商品标题"撰写、"商品资质"上传、"商品付款模式"选择以及"上下架管理"等形成商品发布的整个流程。

在淘宝千牛卖家工作台中选择【商品管理】→【发布商品】,出现商品发布页面。

6.1.2.1 选择商品类目

在图 6-4 所示页面中,首先进行商品类目的选择,通过一级类目、二级类目、三级类目及品牌选择进行类目确定。每一级类目或品牌都可以通过搜索框进行关键字搜索。

图 6-4 商品发布类目选择

如图6-5所示,在搜索栏输入"拖把"关键词,点击【搜索】,就会出现多个推荐类目,详细地罗列出产品的属性信息,提供给卖家进行选择。这足以说明这个类目是淘宝推荐的与"拖把"相关性最大的类目。

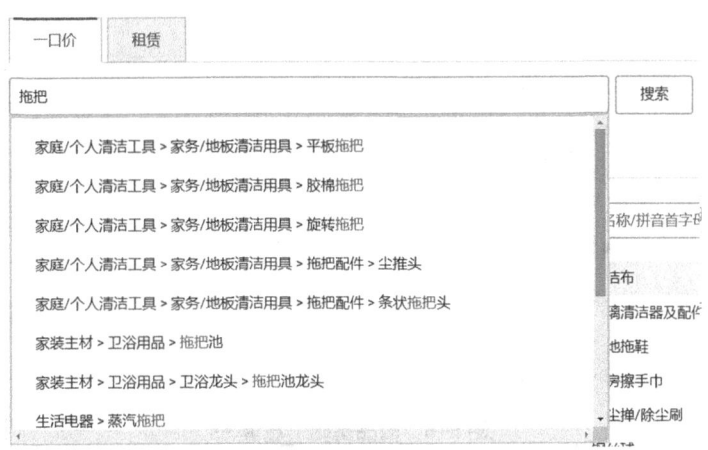

图6-5 类目快速搜索

6.1.2.2 填写商品基础信息

选择类目后,点击【下一步,发布商品】,出现如图6-6所示页面。注意图6-6至图6-9等页面都是在一个网页上的,本书为了讲解方便,将其分为多张图片。

在图6-6中设置商品各种基础信息,尤其是宝贝标题需要重点填写,具体技巧已经在上一单元进行了详细讲解。在基础信息中,不同商品类目属性有着不同的基础信息,如图6-7所示为水果类商品的类目属性。

(1)商品属性。商品属性主要是指商品本身所固有的性质,如衣服的尺寸号、颜色、面料、品牌、款式、风格等一系列内容。商品属性在买家的搜索购买中起到至关重要的作用。在基础信息页面中,商品属性的项目与上一步选择的商品类目有关,选择不同的商品类目会显示出不同的属性。商品属性具有以下特点。

①商品属性的展示为商品的展示及筛选提供了多个维度,其在丰富商品内涵的同时,使商品信息的标准化成为可能,为买家提供了更好的购物体验。

②商品属性是定义商品分类的核心,80%的消费者在淘宝购物时会直接选择其想要了解的商品品类栏目,因此店铺卖家需要让消费者在第一时间以最方便的途径找到其想要看的商品品类,所以对商品进行合理分类是非常关键的。通常,商品也是通过属性区分的,例如:连衣裙按照价格分类,分为50~100元,100~200元,200元以上;按选用布料分类,分为真丝、纯棉、雪纺等;按风格分类,分为复古、小清新、百搭等。

③商品搜索的本质其实是搜索商品的属性。用户购物的目的性越强,使用搜索功能就越频繁;电商平台的商品越多,搜索功能也就越重要;平台搜索功能的核心基础就是商品基本属性的规划部署;如果商品属性设置不全,消费者就很难精确地从众多商品中找到店铺的商品。

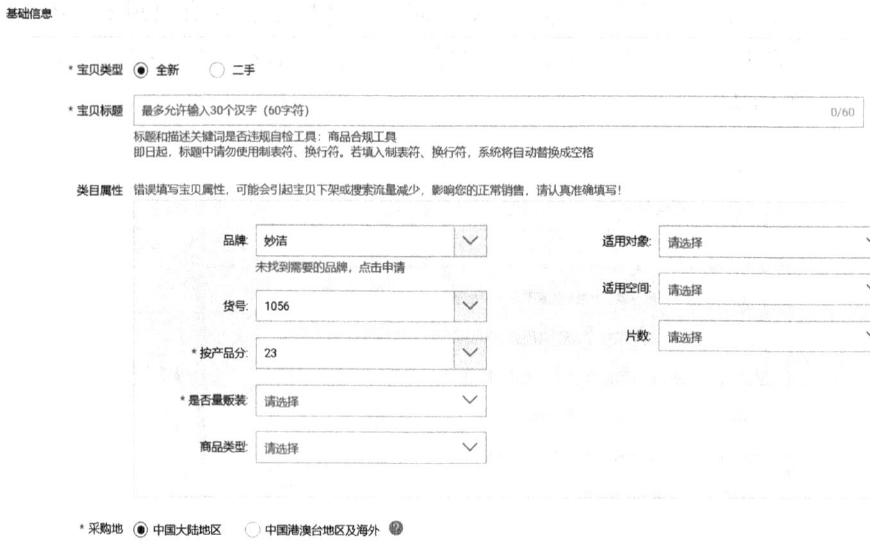

图 6-6　商品基础信息填写

图 6-7　水果类商品的类目属性

（2）商品属性分类。商品属性细分更加有利于消费者购买，多选择一个商品属性，就更接近自己想要的，店铺的商品也能更快地被买家找到。在商品属性页面显示的基本是商品的基础属性和固有属性。

①商品的常见基础属性包括商品名称、商品价格、价格区间、简单描述、SKU（库存量单位）编码、重量、成本、描述信息、关键字、商品图片、类别分类、库存、生产厂家等。

②商品的固有属性主要是指一种商品的相对不变的属性，如商品编码、商品名称、生产厂家、商品条码、商品类别等。固有属性还可以进一步分成经营属性和管理属性。经营属性主要是指在日常商品流转过程中涉及的各种属性，商品编码、商品名称、生产厂家、条码等都属于这

一属性。它们是在正常的经营过程中必不可少的。商品的管理属性是指为满足在经营过程中的进一步要求而设置的属性,如商品保质期、保修期、某些商品的最高最低库存、商品的各种损耗率等。

(3)商品属性设置常见问题。新开店铺的卖家经常在设置商品属性过程中出现问题,导致消费者无法准确搜索到商品,或者出现商品类目属性设置错误,受到淘宝处罚的情况。

①属性错放问题。为了方便管理数以亿计的商品,淘宝网启用了很多管理模型,"属性错放"就是其中一个。"属性错放"是检查卖家标题描述与属性中的描述是否相符,避免因错误而影响买家体验。例如,一款篮球鞋,它的标题关键词有"篮球鞋",而属性却选择为"跑步鞋";消费者在搜索跑步鞋的时候有可能搜索到这个商品,这就会影响消费者的购物体验。同样的,商品属性还有年份、技术、材料、性别,等等。这些相关信息的不准确同样会影响消费者的购物体验,从而对店铺本身和商品产生不信任感。

②商品个别属性定义不明确问题。店铺经营者对商品个别属性定义不明确,例如混淆了"休闲鞋""板鞋"这样的产品。商品个别属性一般从产品应用场景方面选择,与商品自有属性不一样,例如标题含"匡威帆布鞋"关键词,而属性栏选择的是"休闲鞋",如果从产品功能看,帆布鞋确实可作为休闲鞋,但却造成标题与属性不匹配,这种情况需要通过修改属性或标题来解决。

③部分商品具有延续性的问题。例如,一款鞋在2018年上市,随后在2019年以相同材料、外观、货号、价格等属性相同的情况上市,卖家在属性上依旧选择2018年,而在标题描述中含有"2019年新款"的字样,对于这样的新入货的商品不但要改名,还要改属性值,否则就会使消费者产生困惑。

④多个同类属性都出现在标题的问题。多个同类属性关键词出现在标题,例如"李宁跑步鞋休闲鞋",这种情况与品牌堆砌类似,系统会将跑步鞋与休闲鞋同时检查与属性是否一致,一旦有一个不一致,即判错误。店铺卖家在标题中过多地描述同一属性,反而会让买家更混淆,所以对于这种问题只需要将非属性对应的描述去掉即可。

6.1.2.3　设置食品安全信息

对于食品类商品,在基础信息下面会出现一个食品安全信息页面,如图6-8所示。

6.1.2.4　设置商品销售信息

如图6-9所示页面,在淘宝网后台设置中带有"＊"的项目是必填内容,其他的为选填内容,图中商家编码和商品条形码可以根据实际情况填写。颜色分类选项是为了更好地描述商品信息,越详细越容易被搜索,如图6-10所示。

图 6-8　设置食品安全信息

图 6-9　设置商品销售信息

图 6-10　设置商品颜色分类

6.1.2.5 填写图文描述

图文描述是商品详情页的重点内容,商品的主图、各类视频、文字描述、展示图片都是在此填写。淘宝会提供相应的功能,网店美工需按要求进行填写和上传。为了让详情页更加美观、更加引人注意,当前详情页基本上以图片和视频为主,商品的文案也可嵌入图片或视频中。详情页的主图可以放置 5 张,要求每个图片的容量不能超过 3M,形状一般为正方形(否则会拉伸变形),分辨率最好 800×800px,这样可以自动实现图片放大功能。

主图和页面中的视频可以根据需要进行拍摄,页面中都有相应的提示。商品描述部分,淘宝提供了简单的编辑功能,如字体、字号、对齐、段落等,如图 6-11 所示。

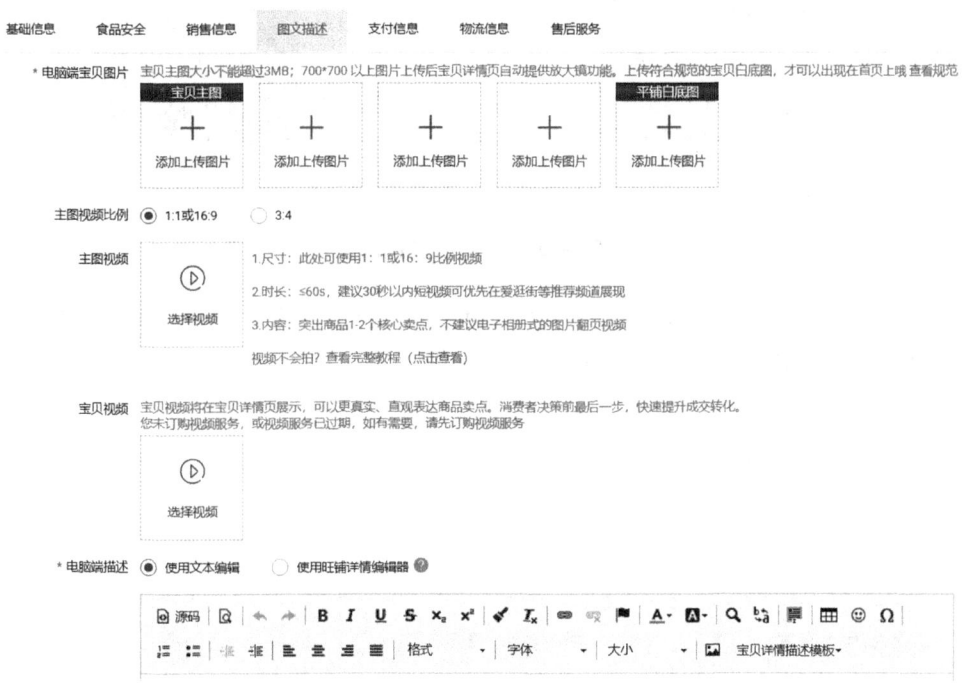

图 6-11 图文描述页面

6.1.2.6 手机端内容导入

网店美工可以根据店铺经营的实际情况,将电脑端输入的内容导入到手机端,这样可以减轻店铺装修的工作,如图 6-12 所示。

6.1.2.7 填写其他信息

在商品发布页面下,还有支付信息、物流信息、售后信息等部分。

(1)支付信息。支付信息需要填写库存计数,包括两个选项:买家拍下减库存和买家付款减库存两个选项。如果采用拍下减库存,会存在恶拍风险;如果采用付款减库存,也存在着超卖风险。

淘宝网的付款模式分为一口价(普通交易模式)和预售两种。一口价模式较为简单,这里重点讲解一下预售付款模式。淘宝预售是一种全新销售模式,为商家提供有条件预先销

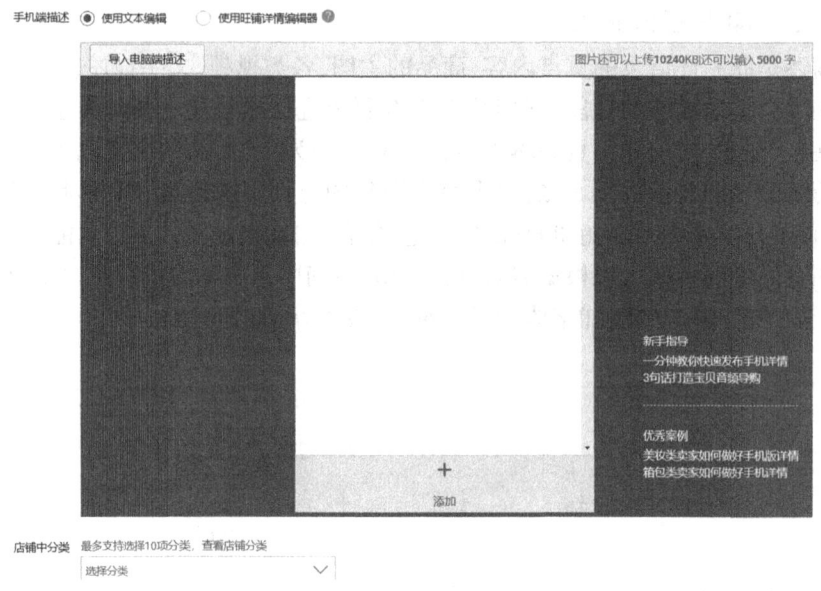

图 6-12　手机端内容导入

售(包括先购买后生产、新品限量特供、人群特供等)。目前预售有三个种类,分别为全款预售、定时预售和高级预售,图 6-13 为高级预售模式。

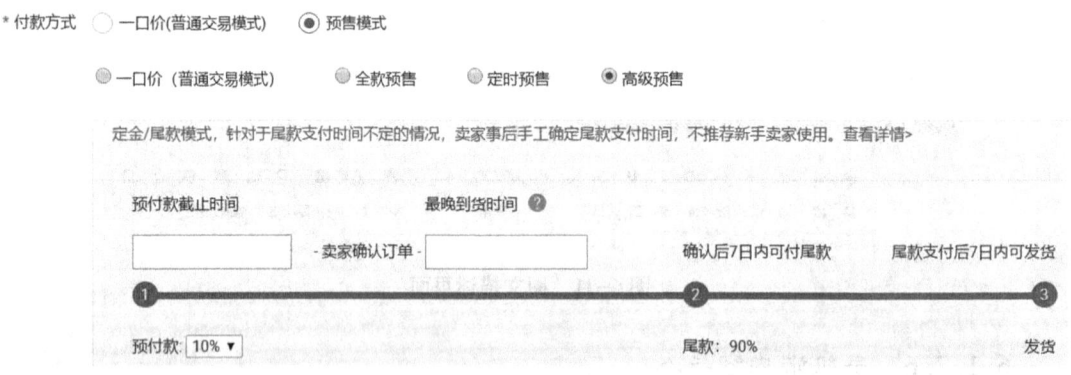

图 6-13　淘宝高级预售模式

①全款预售指消费者在规定的时间支付全款后,卖家在系统显示的时间内完成发货的预售交易。全款预售发货时间最长设置不能超过支付时间的 90 天。消费者拍下订单起 72 小时不付款,系统自动关闭订单。在全款预售中,卖家按照正常的发布商品流程进行设置,在预售设置中点击【全款预售】,并设置【预售结束时间】和【发货时间】。需要注意的是在【发货时间设置】中有支付成功和预售结束发货两种类型。支付成功就是当消费者订单支付成功后固定时间内发货,而预售结束发货是卖家根据预售情况结合发货时间两者计算后的大致发货时间。前者更加适合于定制类商品,商品已经在生产但还需要一段时间才能制造

出来;后者更加适合订单积累到一定程度,再安排工厂生产确定性库存的商品。

②定时预售指消费者在规定的时间支付预付款后,按照系统时间支付尾款,卖家需要在消费者支付尾款后的 72 小时内完成发货的预售交易。定时预售预付款支付时间最长可设置 90 天,尾款支付时间固定为 7 天。定时预售属于分阶段预售(有订金和尾款之分),预售的订金不退,会导致比较多的消费者投诉,因此建议卖家在设置定时预售时做好对应的措施和策略。

③高级预售指消费者在规定的时间支付预付款后,卖家确认订单后,消费者开始支付尾款,卖家需要在消费者支付尾款后的 72 小时内完成发货的预售交易。高级预售更加适用于尾款支付时长不确定的预售模式。

(2)物流信息。对于实体商品需要使用物流配送,卖家要填写物流信息。为了方便设置,可以直接使用已有的运费模板,也可以设置新的运费模板。点击【新建运费模板】或在千牛卖家工作台中选择【物流管理】→【物流工具】→【运费模板设置】,都可进入图 6-14 页面。网店可以根据与物流公司达成的协议,设置物流公司、运费细节、是否包邮等内容。

(3)售后信息。售后信息是卖家提供的各类售后服务支持,包括是否提供发票、是否保修、退换货承诺、服务承诺等内容。还需要设置商品的上架时间:【立刻上架】是指提交后,立刻出现在店铺销售页面;【定时上架】可以预先设置上架时间;【放入仓库】是指暂时不发布商品。

上述内容设置完成后,可以选择点击【保存草稿】,在后台暂存商品详情页;也可以点击【提交商品信息】,将商品发布在店铺中。

图 6-14　物流运费模板设置

6.1.2.8　商品上下架管理

淘宝中商品上下架原理是指官方默认商品的发布周期为 7 天,在第 7 天越临近下架的商品权重越高,展现排名越高,所以在优化上下架时间时,需要考虑最佳时间段。这里值得注意的是根据商品7天发布周期,可以得知上架时间=下架时间,商品最佳上下架时间不一定是上网高峰期。权重高的商品可选择将上下架时间设置在上网高峰期,权重较低的宝贝应适时避开上网高峰期,争取其他时间段优先展现的机会。

上下架时间分布数据可以借助淘宝营销工具"生e经"来进行设置。在电脑端,店铺的流量高峰期分别为7:30—9:00、11:30—13:30、17:30—19:30、20:30—23:00;手机端流量占淘宝总流量的80%以上,且手机端的流量具有碎片化的特点,高峰期时间段没有电脑端流量具有明显的规律性。在统计好特定条件下同行竞争宝贝的上下架时间分布后,还需要结合以下几个方面的工作来确定上下架时间。

(1)研究消费者访问时间。商品一般的最佳上架时间和淘宝网访问量最高峰时间段分别是9:00—11:00、14:00—17:00、19:00—23:00。具体的上架时间段需要卖家分析店铺的访客到达时间来确定。卖家可以查看生意参谋中的"访客分析"选取时间段,查看一天内访客和下单买家数的趋势,参考下单买家数较多的时间段来确定上架时间。

(2)合理安排上架商品。根据店铺商品总数,平均分配每天的上架商品数。卖家也可以根据实际情况对品类分配进一步调整。例如,卖家发现某款商品周末购买率远远大于周一至周五,则可以将这款商品的上架数主要调至周末。

(3)上架时间要准确。计算出每小时上架产品数,按照平均分配法,计算每天每小时需要上架的商品数,以及上架的间隔时间。

(4)分配商品数量。根据上面的计算,可以计算出每个时间段上架的商品数量。商品只有在即将下架的时间才会获得优先展现的机会。如果卖家期望商品在10点有优先展现的机会,产品的实际上架时间需要设定在10点10分左右,即实际上架时间要比期望展现时间点延迟相应的时间。

6.2 网店客服管理

对于一个网店而言,用户看到的商品都是由文字、图片、视频组成,既看不到卖家,也看不到实物商品,无法了解各种实际情况,因此会产生距离感和怀疑感。这个时候,客服就显得尤为重要了。一个有着专业知识和良好沟通技巧的客服,可以给顾客提供更多的购物建议,更完善地解答顾客的疑问,更快速地对买家售后问题给予反馈,从而更好地服务于顾客。顾客服务在树立网店良好形象,提高成交率,提高买家回头率,更好地服务顾客等多方面扮演重要的角色,好的顾客服务质量无疑是网店经营过程中的重要一环。顾客在整个网络交易环境中起到关键一步的作用,网店前期的产品策略、推广策略等一系列工作的效果完全取决于店铺客服。优秀的客服可以帮助犹豫不决的消费者下决心购买,出现问题的客服会使前期所有的工作功亏一篑。

6.2.1 客服工作基本知识

网店的客服是顾客服务人员的简称,是指在开设网店中利用各种即时通信工具如阿里旺旺、QQ、微信等,为顾客提供相关服务的工作人员。淘宝网店的客服主要采用的沟通工具是阿里旺旺。

6.2.1.1 网店客服岗位分类

淘宝网店从事客服工作的员工,包括从事售前工作、售后工作及相关顾客服务工作的人员。淘宝客服按照分类可以分为售前客服、售中客服、售后客服。

(1)售前客服。售前客服负责回答问题、引导顾客、商品推荐、催单、订单备注等工作。

(2)售中客服。售中客服主要负责订单处理工作,包括对商品信息和收货人信息的审单工作,配货单和物流单的打单工作,具体负责催件、查件、电话回访、维护评价工作。

(3)售后客服。售后客服负责退换货、查单、跟单、顾客回访等工作。

根据商家经营规模的不同,有些商家没有售中岗位,把售中、售后工作统一由售后岗位负责,而审单、打单工作交由仓储部门完成。

6.2.1.2 客服的职业要求

对于一个合格的客服来说,有一些基本的职业要求。

(1)打字速度快。客服打字要每分钟达到50字以上,非活动时间回复的间隔在26秒以内,最多不能超过40秒。

(2)善于交流。客服打字要能够像与朋友一样聊天,能够通过与用户交流迅速了解他们的需求和想法,并提出适当的建议。

(3)服务标准。客服要反应迅速,能够快速回答用户提问,服务贴心,细致耐心,熟练使用各种快捷键、快捷语、旺旺表情。

(4)了解商品。商品认知则是客服工作的第一职业素质,客服应该事先对网店出售的商品进行充分了解。众多商品的产地、原材料、型号、特征、用途、安装、操作、维护等方面都应该熟记于心。同时,还需掌握网店的产品相对于其他同类产品的差异性,商品在价格、性能等方面的优势。

(5)熟悉不同岗位。虽然客服分为售前、售中、售后不同岗位,但常常由于特殊情况,需要客服能够胜任不同岗位的工作,因此,需要明确工作内容,掌握不同的工作方法。

(6)心态良好。客服在工作中与大量用户打交道,常常会出现各种问题,既有商品本身的问题,也有用户自身的问题,且用户的心态、行为、素质也千差万别。因此,客服的良好心态在工作中显得十分重要,客服要能够妥善地处理与用户的矛盾,化解用户的不满情绪;同时,客服还需要让自身的心态能够保持平稳。

(7)评价管理。客服要能够及时回复用户评价或疑问,回复的内容具有合理性和针对性。

6.2.1.3 客服在线接待的基本流程与要求

(1)在线接待基本流程。

①问好。客服要主动向用户问好,并介绍自己旺旺名,与买家沟通,了解其需要;当用户发出沟通信号的时候在10秒内必须先有问候的反馈,对其表示欢迎。

②在线销售。客服要了解需求,为用户提供真实可靠的商品信息及服务承诺,了解他们相关信息,寻找主题及共鸣点,扩大沟通范围,淡化迫切交易情绪。

③主动推荐和关联销售,促成交易。客服要善意提醒用户是否还有其他购买需求,尽量关联销售,提升客单价;然后要引导用户回到交易,拍下商品并付款。

④核实。付款后,客服要提醒用户核实收货地址等信息;同时,尽量争取买家收货后的

好评,提醒用户可以选择淘分享;建议用户收藏卖家的网店,以便不错过后期的优惠活动。

⑤告别。客服要感谢买家的信任与支持,祝福并欢迎其再次光临。

(2)在线接待的基本要求。

①反应及时,训练有素。

②热情亲切,用语规范,礼貌问候;让用户感觉热情不生硬,称呼自然亲昵,赞扬真诚不虚伪。

③了解需求,耐心寻找话题,细心发现需求,有问必答,清晰准确。

④表现专业,让用户感觉客服对商品有着专业的了解,对销售的商品自信。

⑤主动推荐,关联销售,挖掘顾客潜在需求,能提出专业化的建议。

⑥建立信任,与用户交朋友,建立好感。

⑦转移话题,促成交易。

⑧体验愉悦,通过专业的回答解决用户疑问,强化商品优势,突出卖点和性价比,服务周到贴心,愉快送别;在对话中发送适当表情,更直接有效地与顾客互动。

6.2.2 客服工作前期准备

在真正开始顾客沟通和服务之前,需要很多的准备工作,包括形成规范化的接待流程,设立子账号,设置自动回复语,提前准备 FAQ(常见问题解答),完善话术等。

6.2.2.1 形成和遵守接待流程的重要性

(1)按流程运行可以提高工作效率。

(2)标准的流程可以尽量减少失误。

(3)使接待服务显得更加规范和专业。

(4)统一规范工作流程,养成严谨的工作作风。

(5)可纳入工作考核内容,有利于新员工上岗培训。

6.2.2.2 设立淘宝子账号

淘宝子账号是淘宝为了方便卖家对商家系统进行管理使用而开辟的子账号系统,即卖家可以根据网店人员分工的不同,在主账号下设置不同的分账号,从而让子账号各有分工地管理淘宝店铺的各个功能,各司其职。当然通过对子账号的设置也可以设置不同的客服人员,从而实现不同客服人员的分工。所以客服的工作应该从子账号设置开始,在千牛卖家工作平台,选择【店铺管理】→【子账号管理】,进入子账号管理页面,如图6-15所示。

(1)子账号数量。根据店铺类型不同、服务不同,淘宝给店铺的子账号数量也有差异。按照店铺的卖家信用等级,可以获赠相应数量的子账号;0~5心获赠3个,1~5钻获赠11个,1~5皇冠获赠21个,1~5红冠获赠61个,非红冠天猫商户获赠31个。赠送的子账号可以一直免费使用,如果子账号不能满足使用,店铺可以付费开辟新的子账号。

(2)设置部门与子账号。选择【员工管理】,进入部门结构设置页面,卖家可以根据店铺的分工设置新建或者删除不同的部门;既可以新建或删除一级部门,也可以新建或删除二级部门。淘宝平台默认的有运营、财务、客服、仓储等部门,也为相应的部门设置了对应的淘宝后台操作权限。卖家可以根据自己的需要添加相应的部门,例如美工设计、推广宣传;也可以细化相应的部门,例如把客服分为售前、售中、售后。具体操作是先设置部门结构,如图

图 6-15 子账号管理页面

6-16 所示;然后对岗位权限进行管理,如图 6-17 所示;再进行子账号的建立,即新建员工,如图 6-18 所示。

(3)子账号分流。子账号分流即为客服员工账号设置是否上线为买家提供咨询服务。在子账号页面进行分流设置,卖家就可以给不同的客服设置分流。可以让系统根据每个客服不同的承载能力接受适当数量的顾客咨询,具体数量的设置还要通过千牛卖家工作台来实现。

(4)子账号监控。子账号设置完毕开始运营后,店铺运营人员还可以通过监控查询栏目查看各个子账号的操作行为、聊天记录等情况,通过对这些情况的了解可以发现员工的工作情况,及时发现工作中值得肯定和需要修改的地方,从而达到监管和引导的目的。

(5)客服账号的前台设置。如果卖家设置了足够的客服子账号,并且想让这些子账号清晰地显示在店铺中,方便地为顾客服务,这时可以通过一些工具为不同的子账号设置代码,

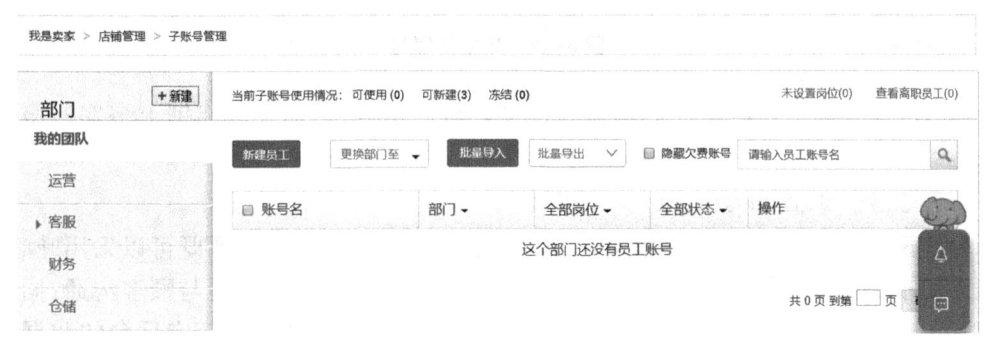

图 6-16 设置部门结构

图 6-17 岗位管理

图 6-18 建立子账号

而后通过店铺装修把代码贴在店铺需要出现客服的地方,从而呈现店铺上多客服服务的景象。

6.2.2.3 设置自动回复

客服子账号设置完成后,客服就要进入沟通环节了。客服的沟通既可以采用旺旺,也可以采用千牛卖家工作台,店铺客服通过这些工具不仅能够很便捷地与顾客沟通;同时千牛卖家工作台也为商家提供了各种进入淘宝后台的入口,包括整个淘宝后台的数据分析展示。

客服可以通过"主账号:子账号"的形式登录千牛卖家工作台模式。进入千牛界面后,左侧是联系人界面,右侧是进入淘宝后台的一些功能入口,而中间展示的则是店铺近日的营销数据情况。

(1)自动回复设置。用户到店后第一时间表示欢迎,可以很大程度降低顾客的首次流失,并且增强用户对店铺的好感度。客服的话术与回复速度是网络环境下让不曾谋面的用户感受到热情的唯一途径。以千牛为例,可以通过自动回复设置,来实现第一时间回复用户。

①点击工作台右上角齿轮状图标可以对一些常用功能进行设置。
②选择【系统设置】→【客服设置】→【自动回复设置】。
③勾选需要设置的回复语境,例如第一次收到买家消息自动回复。
④进行语言内容编辑。以第一次收到买家消息自动回复为例,可以在弹出的对话框中输入欢迎语,设置欢迎语的字体、字号,添加聊天表情。输入完成后单击"确定"按钮即可。欢迎语除了可对用户表示热情欢迎之外,还可以设置一些常见问题的解答,如包邮政策、近期促销、产品型号、售后服务等,既便于以后快速调用,提升效率,满足用户需要,又可以减轻客服的工作负担。

(2)其他设置。
①新建分组。卖家可以把用户按照新老用户、是否成交用户等情况进行分组;通过这样的分组,便于第一时间了解用户信息,方便日后沟通。
②个性签名。卖家定期根据店铺营销情况设置个性签名,例如,国庆大酬宾、店庆满百减20等;通过这些设置,用户在与客服沟通过程中,可以通过对话框左上角的个性签名第一时间了解店铺促销情况。

(3)客服接待量设置和转交顾客。由于客服工作中会涉及客服压力较大,来不及接待用户的情况,因此客服要会通过对话框右上角的挂起功能来设置自己的用户接待量。如果已经超负荷或者要交接班了,可以通过点击右上角【电话图标】挂起不再服务,这样再有新用户来咨询,系统会自动把用户分配到其他在线的客服那里。客服也可以通过转发消息给其他客服成员,从而缓解自己的工作压力或实现工作交接。

6.2.3 客服总体工作流程

完成了客服工作前的基本设置后,客服可以根据用户的咨询情况进行回答疑问、推荐商品、引导消费等售前工作;客服还需要根据双方交易流程情况,查询用户交易进程,购买后付款前修改价格、订单备注、审、打单、发货;并根据发货情况关注物流进程、延长收货时间以及回访用户、维护评价。这就是客服的总体工作流程,在这个过程中客服要按照要求帮助用户解决问题。

6.2.3.1 查看交易订单

客服可以通过千牛后台的【订单】→【已卖出的宝贝】查看各种交易订单情况,也可以通过快速搜索有针对性地查看订单情况,如图6-19所示。

6.2.3.2 修改交易价格

根据顾客售前沟通情况,调整交易价格(这里指的是对于已购买未付款的用户可以修改

图 6-19　千牛订单管理页面

其交易价格,这个交易价格修改后,只有该用户的该笔订单价格发生改变)。需要注意的是,淘宝卖家可以对交易中商品价格,包括商品折扣和快递费用进行修改,而天猫卖家由于涉及佣金问题,卖家只可以修改快递费用。修改后这个用户就可以通过后台按修改后的价格进行付款。

6.2.3.3　订单备注

在用户付款后,客服可以根据用户不同的要求对订单进行备注。买家的特殊要求,如对商品、发货地址及联系方式、快递选择、赠品等的特殊要求,客服需按照不同颜色的旗帜对用户要求进行标注,便于发货人员能够合理地区分,提升工作效率。

6.2.3.4　查单、延长收货时间、电话回访

在用户的订单发出后,为了更好地服务用户,客服要密切关注订单的快递情况,查看物流进程,对于签收的顾客电话回访其收货、使用情况,对于在途中的订单催促快递公司加快进程,对于由于物流公司或用户造成的延迟收货问题,需要修改交易管理中的延迟收货,避免用户蒙受损失。

6.2.3.5　退款流程及处理办法

尽管卖家都不希望出现退款,但这又是网店不可回避的现象,因此作为客服人员应该熟悉退款流程,处理不同的退货情形是客服工作的重要组成部分。

(1)各类退款流程。由于用户提出的退款申请时间各不相同,因此不同情况的退款流程也不尽相同。

①用户已经付款,但卖家还没有发货的退款流程,如图 6-20 所示。

②用户付款、卖家发货都已完成,但用户还未收货的退款流程,如图 6-21 所示。

③用户收货后的退款流程,如图 6-22 所示。

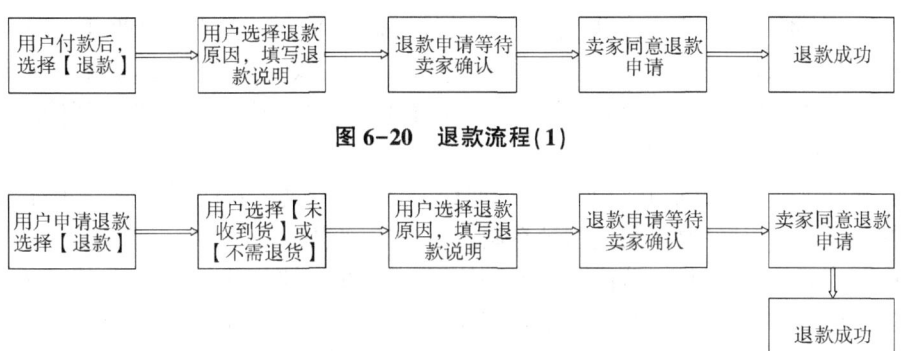

图 6-20　退款流程(1)

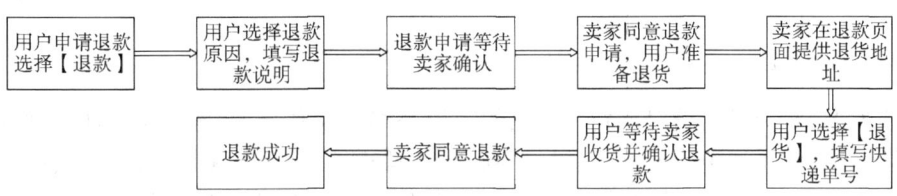

图 6-21　退款流程(2)

图 6-22　退款流程(3)

(2) 各类退款的处理办法。在退款流程中，客服需要充分和用户沟通交流，了解用户退款的真正原因，有针对性地解决问题，提升交易质量。

① 卖家未发货或缺货。客服要及时与买家沟通，看是否能延迟发货，后续补货。尤其是对于天猫店铺需要注意，卖家未按照约定 3 天发货，用户是可以发起投诉赔款，这样不仅会造成店铺销售损失，还可能违反天猫规则造成店铺扣分及后续影响，因此，客服需督促仓管人员做好商品库存盘点。

② 卖家未发货，用户反悔。客服要通过沟通了解买家申请退款原因，引导其消费，如实在不行可协商退款。

③ 卖家已发货，但快递发货失误，导致用户未收到货物。对于快递延迟或者投递错误的情况，及时与快递沟通发现问题，看是否能给用户补发或者退款。

④ 用户已收货，但对货物不满意。客服要与用户沟通发现问题所在，如果是快递问题可与快递协调；如果是货物本身的小瑕疵，可以对顾客进行赔偿或补贴，尽量避免顾客退款造成损失；如果货物问题严重，应该予以退款处理，并向顾客致歉，避免顾客投诉，同时追根溯源查找供应商解决问题。

⑤ 对于刁钻顾客、职业差评顾客。客服应予以有力举证，拒绝退款；必要时可要求淘宝小二介入解决。

6.2.3.6　维护评价

淘宝评价体系是网店信用的重要证明，因此对客服来说，维护店铺评价是其日常工作重要的组成部分。要维护好店铺评价，客服首先要了解整个淘宝体系的评价规则，而后则是在用户收货后对其进行回访，要求其进行评价。

（1）评价体系的适用对象。淘宝评价体系包括信用评价和店铺评分两种。淘宝的订单评价两种都包括，而天猫的订单只有店铺评分。信用评价仅在淘宝使用，在淘宝交易平台使用支付宝服务成功完成每笔交易订单后，双方均有权对交易的情况做出相关评价。

（2）对于不同评价的处理方法。

①正常好评。用户在收货后对其进行回访，了解用户收货和使用情况，反映良好的，鼓励其给好评甚至可以晒图好评；货物稍有瑕疵的，可以给用户以安慰或补贴，鼓励其给好评。

②中评或者差评。对于声称给中、差评的用户，尽量在评价前与其沟通、进行安抚，协商退款、退货；对于给出差评或中评的顾客，尽量予以抚慰、补偿，与其协商修改为好评。一定注意15天的评价期和48小时的协商期，超过期限将无法处理。对于一些过分的中评和差评，客服可以通过客服管理进行适当的解释。

③恶意差评。对于恶意差评进行敲诈的用户，要尽量取证，必要时可以要求淘宝小二介入。

6.2.3.7 发票问题

提供发票，是天猫店铺对消费者承诺的三项基本服务之一，也是天猫区别于淘宝店铺的一个重要特征，为了避免因发票问题影响到商家的经营活动和违规扣分，客服人员应该熟知规则。只要用户创建订单并付款成功，若用户索取发票，卖家应在用户收货并且没有退货的情况下，提供正规的发票，并承担寄送发票的邮费（现在很多店铺都可以开具电子发票，提高速度，节省邮费）。

（1）应避免的情况。

①在用户要求开具发票时，明确告知不提供。

②要求用户额外支付费用才提供发票。

③商品销售商与发票开具人或公章不一致。

④未在规定时间内，向天猫平台开具当季积分发票。

⑤卖家自行设定提供发票的额外条件，包括但不限于拒绝提供商品退换货服务。

在交易成功后，如果消费者向天猫平台反映网店存在上述情况，并发起投诉，天猫将进行处罚；每笔交易扣6分，卖家因一般违规行为，每扣12分即被给予限制参加天猫营销活动7天，向天猫平台支付违约金1万元的处理。

（2）特殊情况处理。用户申请发票时，如果卖家无法及时开具发票，客服应主动告知用户出现的问题，例如"纳税主体变更申请中""发票打印机器维修中""当月限额发票用完还未申领""财务不在，无法开具"等；同时明确说明补寄的期限，并由商家承担邮寄费用。

6.2.4 客服沟通

由于客服的岗位分为售前、售中、售后三种类型，他们的沟通方式、岗位职责与工作流程也不尽相同。但是了解顾客需求、推荐合适商品、应对议价顾客、处理售后问题是所有岗位的客服都应该掌握的重要技巧。

6.2.4.1 了解顾客需求

只有了解顾客需求，才能更有针对性地服务顾客。进店顾客分为两种：一种是目标明确，为了咨询某商品而来；另一种是对自己的需求认识比较模糊，需要通过引导、介绍商品详细信息从而进一步确定自己的爱好倾向和需求。对于第二种顾客咨询时,客服应耐心倾听,准确分析。把握顾客心理,理解顾客心理倾向摇摆因素,从而正确引导顾客达成购买行为。

(1)耐心倾听顾客描述。客服的工作不单纯是灌输式的销售,更应该仔细聆听顾客的想法和需求,这样才可以获取更多的顾客想法和信息,从而更加有针对性地推荐销售商品。倾听顾客对期望商品或服务的描述,要掌握以下三个要点。

①有充分的耐心。很多顾客对自己的需求不是特别清楚,描述语言就会比较零散、混乱、自相矛盾,有的人因为文字输入太慢、内容断断续续,这种情况下,客服需要引导顾客将自己的想法尽可能地表达完备,再将所有的信息集合起来,挑拣重要部分进行领会;客服切忌妄加猜测,断章取义,武断地确定顾客需求。如果顾客在咨询过程中对网店的商品有所怀疑,包括售价、品质、搭配等多方面,有的顾客甚至会使用挑衅、粗俗的话语,此时,切记不可与顾客进行争吵,耐性听顾客把话讲完,并适时做出解释。

②不随意打断顾客。在顾客表达自己需求的过程中,即使客服大体了解了顾客的想法,也不要自以为是地打断顾客的表述,或者片面地概括顾客表达的内容,而是要注意倾听,在顾客表达完之后,再顺势总结,推进对话。

③适时做出反馈,表示支持与理解。每个顾客都喜欢得到认可,客服在与顾客沟通时可以简要说:"是这样""您的理解是对的"等话语表示理解,从而更顺畅地推进沟通。

(2)了解顾客需求技巧。顾客购买商品的前提是对这件商品有需求,客服只有了解了顾客的需求才能有的放矢,促成顾客下单付款,有效提高询单转化率。客服了解顾客需求最好、最直接的方式就是询问,一般包括开放式提问和封闭式提问两种。

①开放式提问所提问题比较笼统,仅给顾客限定一个大的回答范围,并不要求其具体和特定的答复。开放式提问主要针对需求不明确的、只是想了解一下的、有可能购买的顾客。对于这类顾客,客服要从增强他们的购买欲入手,所提的问题尽可能让顾客展示自己的需求,耐心倾听与记录是了解顾客需求的必要途径。

②封闭式提问是通过事先设计好备选答案的提问。封闭式提问主要针对需求明确、了解具体信息的顾客,常用"能不能""对吗""是不是""会不会""可不可以"等提问词汇,顾客的回答选择面略窄,客服通过这些明确回答来对顾客的需求进行提炼。

6.2.4.2 推荐合适商品

有针对性地给顾客推荐商品,不仅体现了热情周到的服务态度,还可以促进成交,提高客单价。在与顾客沟通过程中,捕捉有效信息,得出他们购买的主要需求和边缘需求,从而向顾客推荐适合并容易产生购买欲的商品。

(1)因人而异推荐商品。

①商品的使用对象。商品的使用对象会很大程度影响顾客的要求。例如,选购饰品的顾客,如果使用对象是自己,那么,顾客可能会比较在乎饰品的质量,和自己穿衣搭配的匹配度、性价比等。如果是要送人,那么,商品的外观、质感以及包装、品牌都会变得更加重要。客服可以通过问"是自用还是送人""是家用还是单位用"等等这些问题了解顾客需求。

②顾客自身特点。顾客自身对商品的需求特点也是需要客服用心关注的,特别是在某些较为特殊的类目和顾客身上。例如,推荐服装时要考虑身材、年龄、肤色等。

(2)关联商品推荐。关联商品推荐是指推荐给顾客与已经决定购买商品有联系的,可以搭配在一起销售的其他商品。关联推荐也是网店营销的一种常见手段,关联商品既能搭配主商品配套使用,又能帮助提升主商品的销量和网店客单价,还能更便利地满足顾客在实际使用时的需求。

①必需品搭配。在顾客购买了主商品之后,为了达到使用长远性,可以搭配推荐一些用得着的辅助商品。该类商品通常是耗材或者配套使用的商品。例如,顾客在购买彩色喷墨打印机时,推荐填充墨水和照片打印纸等。

②省邮费/优惠券冲抵搭配。对于部分不包邮的商品,顾客在购买单个商品时,价格接近包邮却不满足包邮条件,或者目标商品金额接近搭配优惠券使用的额度时,客服可以予以适当提醒,推荐合适的商品给顾客。这样,既帮助顾客获取性价比最高的搭配,又可以提高客单价,还可以使顾客感受客服的专业程度和贴心。

③互补型搭配。这是指关联商品与购买商品在功能上形成互补。例如,顾客在购买一双鞋子后,客服可以顺势将搭配的多色鞋带、袜子推荐给顾客,从整体上为顾客增添魅力。

总之,在关联商品推荐时,不能生硬地将关联商品推到顾客面前,而是有谋略、有参考地将不同商品灵活搭配进行推送,做到既让顾客多买,又能让顾客感到客服的贴心热情,从而增加顾客的复购。

6.2.4.3 应对议价顾客

客服常常会面对议价顾客。如果拒绝议价,可能会永远丢失这位顾客;而同意顾客的议价,商品的利润又会得不到保证。

(1)常见议价心理。顾客在提出议价的时候,说明已经有很大的成单概率了,是否能成功转化成订单,就要看客服如何把握顾客心理,成功应对顾客了。将顾客的议价心理进行分类,可以帮助客服更好地对症下药。通常情况下,顾客的议价心理有4种。

①诚心购买的议价。这类顾客是建立在诚心购买基础上的议价,由于他们不能确定卖家是否已经真实出到最低价,所以会抱着试试看的心理和客服人员进行议价。对于该种情况,如果议价成功,他们会顺利下单;如果客服表达得当,拒绝降价,仍然有购买的可能性。

②比价型议价。这类顾客区别于诚心购买的顾客,他们并没有充足的购买诚意,或者说网店的该件商品对他们来说并非是非买不可的。他们议价通常是一种走走看、多家对比的心理,碰到愿意降价并且降价程度达到心理预期,则会购买;当然也有在客服给出更低价格后,用该价格去别的店铺比对,获得更低的报价。

③爱占便宜的习惯性议价。该类议价顾客的购买前议价行为是一种本能的、习惯性行为,无论购买什么商品都希望获得最低价格,这类顾客更喜欢参与促销、秒杀、清仓等优惠活动,即使这样,他们还希望客服能再赠送小礼品。

④寻求平衡的议价。这类顾客的心理并不是真正意义上的议价,只是想要获得比其他顾客更多一点的优惠,达到特殊照顾的感觉,去获得一种心理上的满足感。

(2)议价的应对方法。很多网店利润不高,没有太多的议价空间,所以直接在店铺首页或商品详情页清楚标注"商品为最低价,议价者绕行",这就给前面提到的诚心购买顾客和寻求平衡顾客一个价格合理、买卖公平的暗示,促进他们下单;而且这样给客服减轻了很多工作量。对于其他议价的顾客,客服应该通过与他们的交流了解是属于哪种议价心理,并采用相应的策略,一般可以采用以下几种方式。

①折中型。不降价但给其他的优惠方式,例如,包邮、赠优惠券或积分。

②对比型。告诉顾客,商品已经是最低价格,与其他店铺相比有何种优势,让顾客自己进行对比。

③博取同情型。客服自己示弱,让顾客产生同情感,最终达成购买。

在与顾客议价过程中,客服应该注意:在维护与顾客的关系的同时,要兼顾网店的利益,必要情况以网店利益为先;议价让步要循序渐进,讲究节奏,切忌一步到位;在拒绝议价的情况下,尽可能给顾客台阶下,如使用优惠券、礼品、收藏好评返现等方法来代替议价需求;服务态度要热情、积极,不可以冷淡或者长时间不回复。

6.2.4.4 处理售后问题

售后问题是每一个淘宝卖家都会遇到的问题,面对顾客的抱怨、指责、刁难和差评投诉,客服往往压力巨大。客服只有学会妥善解决售后问题,才是称职的客服。售后处理分为普通售后处理和升级投诉处理两种类型。

(1)普通投诉的原因。顾客遭遇不愉快的购物体验时,最直接最便捷的做法就是向网店客服进行投诉,针对商品质量、物流、售后等方面的问题与客服进行沟通交流。在这一阶段,顾客通过向购买网店进行售后投诉来维护自己的权益,客服作为直接处理投诉的人员,一定要及时、有效地处理投诉事件,避免矛盾、纠纷升级,对网店造成不良影响。普通投诉一般是由商品质量因素、物流因素、货源因素造成的。

①质量因素包括商品外观、颜色、材质、制造工艺和使用体验等。

②物流因素包括发货延迟、物流速度过慢、商品破损、快递员态度等几个方面。

③货源因素是指商品库存出现问题,主要包括缺货和断货两方面。例如,顾客购买衣服付款后,客服发现这款衣服顾客需要的颜色或尺码已经没有库存了。

(2)普通投诉处理方法和技巧。

①确认问题。联系顾客,通过对话了解顾客具体要投诉的问题,为下一步处理问题做好前提工作;尽量了解投诉问题发生的全过程,要用委婉的语气进行详细询问,并做好记录;然后,把所了解的问题向顾客复述一次,让顾客予以确认;了解完问题之后征求顾客的处理意见,让顾客提出如何处理才合适,有什么要求等。

②分析问题。根据顾客投诉的问题做详细的分析,在自己没有把握的情况下,不要直接下结论、判断或者是承诺。最好将问题与其他客服人员或上级领导协商,共同分析问题。

③互相协商。在与其他客服人员或者与上级协商之后,得到明确意见之后,与顾客交涉协商。进行协商之前要考虑问题解决后,顾客有无今后再度购买的希望;争执的结果,是否会造成网店口碑的影响;如何在保障公司利益的前提下,尽量使顾客满意。在与顾客协商时要表达清楚明确,尽可能听取顾客的意见,并观察反应,抓住要点,妥善解决。

④提出解决方案。顾客投诉是因为自己的利益受到侵害,客服可以通过更换商品、退货或赠送商品等方式安抚顾客,使问题顺利解决。一般在初期投诉阶段,大多数顾客也只是希望自己的问题能够得到合理解决,只要客服处理妥当,不会存在问题的进一步升级。

⑤落实处理方案。解决方案达成一致后,要尽可能快地通知顾客,并且在后续的工作中跟踪落实结果;解决方案中如有需要其他部门配合的,要将相关信息及时传达到有关部门,

并跟踪落实。

(3)升级投诉的原因。

升级的严重投诉和维权具体是指商品存在的争议较大,双方的争议点依然集中在发货、到货、换货、退款、退差价、转账到账等问题上。这些问题大多苦于无证据,再加上客服与顾客的沟通不顺畅,顾客会有诸多不满,更愿意让淘宝介入问题,甚至让媒体介入调查。一旦投诉、维权成立,网店将面临严重的处罚。投诉一般分为5类。

①恶意骚扰。这是指卖家采取恶劣手段骚扰顾客,妨害顾客合法权益的行为,包括但不限于卖家通过电话、短信、阿里旺旺、邮件等方式频繁联系顾客,影响顾客正常生活的行为。淘宝平台采取每次扣12分的处理办法;情节严重的,视为严重违规行为,每次扣48分。

②可疑交易。如果店铺商品在短时间内被大量拍下,且买家以此来要挟、敲诈等影响交易的非正常出价行为,此类情况可能为可疑交易。可能会有买家要求卖家通过QQ进行交谈,建议卖家通过阿里旺旺进行交易信息交流。

③未按约定时间发货。店铺违背发货时间承诺,卖家在顾客付款后未按约定时间发货的(除特殊情形外),卖家需向顾客支付该商品实际成交金额的百分之五作为违约金,且金额最低不少于1元,最高不超过30元。这里的店铺发货时间是以快递公司系统内揽件记录的时间为准。

④泄露顾客信息。这是指未经允许发布、传递他人隐私信息,涉嫌侵犯他人隐私权的行为。

⑤违背承诺。如果卖家拒绝向顾客提供其承诺的各项服务,顾客可在投诉卖家时选择对应的投诉原因。投诉原因包括交易违反支付宝交易流程,拒绝使用信用卡付款,承诺的服务没提供,未按成交价格进行交易等。

(4)升级投诉处理方法和技巧。

①顾客发起未按约定时间发货的投诉。卖家首先确认是否在商品描述中或与顾客的聊天内容中承诺过关于规定的发货时间;再核实是否已在承诺的时间内发出货物;如果顾客投诉的情况属实,需要在淘宝小二介入前主动处理赔付,投诉将不做扣分;如果淘宝小二已经介入,并且判断投诉成立,则扣分并进行赔付。

②顾客发起交易违反支付宝交易流程,拒绝使用信用卡付款,承诺的服务没提供,未按成交价格进行交易这些方面的投诉。卖家首先应该确认在商品描述中或与顾客的聊天内容中是否对交易流程有违规的描述,检查商品描述或阿里旺旺是否要求买家支付手续费,确认商品页面或阿里旺旺是否对于运费、赠品、发票、发货物流、换货等环节已经做过约定,是否按约定处理了承诺的相关工作;然后确认商品库存是否充足,设置的运费是否可以完成发货,核实顾客是否主动提出关闭交易,核实顾客的地址是否可以按推荐物流进行发货;最后核实资料的准确性,确认聊天过程中是否就价格已达成一致,核实最后的价格与协商的是否一致等。针对不同的核实结果,采取必要的应对策略。如果是卖家的问题,应该在淘宝小二介入前为顾客解决问题;如果是顾客的问题,则应该出示证据,并安抚顾客。

③顾客发起恶意骚扰的投诉。卖家首先应该跟顾客沟通,了解顾客投诉的原因,根据不

同的原因给顾客以相应的解决方式;进一步确认是否是店铺的客服联系了买家;如果顾客已表示不想进行沟通,就不要再重复联系,打扰顾客。

6.2.4.5 售前客服沟通技巧

售前客服的主要工作流程是接单咨询、迎接顾客、有效沟通、订单备注、礼貌告别、收集信息等几个部分。

(1)售前客服的工作要求。

①反应及时。顾客首次到访打招呼时间不能超过40秒;打字速度至少50字/分钟,且不能有错别字;每次回答顾客问题,让顾客等待时间不能超过30秒,如回答过长,宜分次回答。

②热情有礼。客服要用语规范,礼貌问候,让顾客感觉热情,而不是生硬的话语。

③准确了解需求。客服要对顾客的咨询和需求给予准确的回应,并快速提供满意的答复,需求不明确时做到引导顾客产生需求。

④专业销售。客服要以专业的言语、专业的知识、专业的技能回答顾客的询问,客服表现得越专业,就越能博得顾客信任。

(2)售前客服的话术技巧。售前客服的话术有一定的技巧性,这里分别从不同的沟通阶段列举出一些技巧示例,如表6-2、表6-3、表6-4、表6-5所示。

表6-2 欢迎和送别阶段

问题	提问背景	参考回答	技巧
顾客刚刚询问		您好!欢迎光临×××旗舰店,做消费者最信赖的智能家居品牌是我们的服务宗旨!我是您的导购×××,请问有什么可以帮助您的吗	热情周到
		您好,欢迎光临×××旗舰店!我是客服×××,请问有什么可以为您服务的吗	
繁忙时不能及时回复		亲,很抱歉没及时回复,您需要了解哪个型号呢	表达歉意
		亲,让您久等了,小店今天促销订单很多,亲看中哪款型号呢?今天是×××产品做活动,现在优惠政策是……(发送商品链接)	
解决顾客问题后		亲亲,我一直都在为您服务,有需要请随时联系我(发送活动快捷语)	随时关注
送别	交易成功	感谢您对小店的支持和关注,亲收到产品满意的话请给5星好评,好评有惊喜!亲要留意哦	强调好评
		亲收到宝贝后,满意的话请给5星好评,好评有大礼。记得对客服×××的服务态度点名表扬一下哦!祝您生活愉快,工作顺心!期待下次光临	
	顾客还需考虑	亲,还有哪方面顾虑呢?让我为您解决解决	引导下单
		感谢对我工作的支持,欢迎再次光临小店(发送活动快捷语)	

表 6-3 发货阶段

问题	提问背景	参考回答	技巧
款式问题	担心商品过时	这款是我们店的明星产品,功能上能满足家庭日常需要,质量上顾客都是认可的,性价比超高	强调顾客评价和商品性价比
商品会不会是样品	担心外观和磨损	宝贝出厂之前均严格检查,保证每一台机器性能完好、配件完整、包装良好,保证宝贝全新,包装完整未拆封,亲可百分百放心	解决顾客担心问题,语气坚决
是不是返修商品	顾客担心商家信誉及商品质量		
包装是什么样的	担心途中会破损	亲的担心我们都了解,我们发货之前会重新检查,包装内配有海绵泡沫用于保护和避震,建议亲收货签收前,当快递员面开箱检查,如有破损请拒签,再联系我们	温馨提示收货流程
商品是从哪里发货	通过货源出处,推算快递时间	我们产品均由杭州发货,发顺丰快递,由于宝贝中有电池,按规定只能陆路运输,地级市大约2~3天,偏远地区5天左右,请耐心等候	温馨提示,让顾客清楚了解
有没有发票	报销和质量	本店可开具正规机打普通发票,如需开票请在订单备注处写发票抬头、税号和邮寄地址,默认寄出时间为收货后15个工作日内通过快递免费邮寄	

表 6-4 询问退货政策

问题	提问背景	参考回答	技巧
宝贝收到后不喜欢可以退货吗	担心图片与实物有差异	我们的服务政策是7天无理由退货,15天无理由换货;但需要宝贝配件齐全,不影响二次销售	清楚表明退货政策
收货如果超出15天如何处理	担心售后	如果产品已经超出无理由退换货时间,非质量问题是不支持退换货的,我们产品均保修一年,亲可以放心使用	
退换货流程是怎样的	顾客担心商家信誉及商品质量	商品详情页上退换货须知,亲如果有特殊情况请及时联系我们,我们会按实际情况合理地为您处理;如果是质量问题,请拍照并描述情况,我们负责解决	提醒阅读相关政策
配件丢了,还可不可以退货		亲,原则上是不允许的;如果顾客再次咨询,我们会跟进实际情况人性化处理;以前有出现过类似的情况,顾客需要承担配件费用	提醒顾客使用和保证配件齐全
退货用什么快递	顾客全面考虑各种情况	请尽量用圆通、申通、韵达等经济快递,寄件时请勿选择到付,仓库会拒收的	
退换货邮费谁付		除质量问题的退换货,由本店支付;其他退货原因,都是由顾客承担寄回运费	清楚表明退货政策
退款怎么办,什么时候到账		待仓库收到退货后检查无误,我们会通过您申请的退款订单确认,退回原支付宝账号;质量问题退回先垫付运费的,我们会和货款一起办理,运费会退回亲的支付宝账户	

表 6-5 顾客议价

问题	提问背景	参考回答	技巧
还可以打折吗	顾客习惯性用语	亲亲,现在的价格真心是很低的了,现在生意难做呀,小店赚点钱也不容易,亲谅解一下吧	话语随和,缓和气氛
		售价是公司统一规定的,我们客服没权限议价哦,现在也是活动促销,价格非常优惠,希望亲多谅解哈	
你家卖的货比别人家贵	顾客试探	亲,您是知道的,宝贝不能都用价格衡量哦,我们品质、服务大家是信任的,可以看其他人的评价呀,亲也希望买到性价比最高的产品吧	
还赠送什么吗	习惯性询问	直接方式:不好意思亲,公司只有促销时才有礼物赠送的	提醒顾客
		提醒方式:现在我们在做促销活动,凡下单均送礼品一份,亲下单我会备注好的	
别家都送礼物了你们家怎么这么死板	其他店铺做活动	亲,一分钱一分货,像咱家这样低利润的也是没有的呢。但是咱家宝贝质量是绝对有保证的哈。有问题您可以直接找我们,会为您提供最好的售后服务,处理好您的一切问题	强调服务和评价
		亲,真的非常抱歉不同的店铺宝贝的品质都是不一样的哦,咱家把低利润做到最低。其他家给的礼物也都是羊毛出在羊身上。再说宝贝的质量好就是最好的礼品啦,亲说是吧	
你不优惠我就走	威胁但希望在我们店里下单	通过和亲聊天,您还是很识货的,我们的产品从制造、质量、服务等方面都是非常有口碑的	赞美顾客优点,强调产品价值,促成交易行动
		您来到我们店铺也是种缘分呐,您放心,买过我们宝贝就会体会到我们的服务。对了,您这件宝贝这几天好多人买呢,我先帮您看下库存,亲觉得满意可要赶紧拍下哦,再逛其他家挺累的	

6.2.4.6 售中客服沟通技巧

售中客服与顾客沟通的机会较少,主要工作集中在物流订单的处理上,贯穿于从顾客付款到订单签收的整个过程。主要工作流程是订单确认及核实、装配商品并打包、发货并跟踪物流、提醒顾客即时收货。很多网店这部分工作拆分给售前客服、售后客服或仓储物流人员,这里就不进一步讲解了。

6.2.4.7 售后客服沟通技巧

售后服务的质量是衡量网店服务质量一个很重要的方面,好的售后服务不仅可以提高店铺形象,还能留住更多的老顾客,这就需要售后客服的积极工作。

顾客收到货物后,在使用过程中可能会出现某些问题,此时顾客一般会与店铺客服进行反馈,或是在评论中进行描述。如果直接找到客服进行反馈,客服一定要认真对待,先安抚顾客的情绪,再根据实际情况进行处理,解决顾客疑问;若出现了问题,客服要第一时间了解问题所在,尽最大能力给顾客一个满意的答复和解决方案,否则很容易产生中评、差评。投诉处理示例如表 6-6 所示。

表 6-6 投诉处理

问题	提问背景	参考回答	技巧
你们服务真差,我要投诉	受到不公正的待遇或某个客服态度差	亲,是我们工作失误,为您服务的客服是新员工,有些冒失,诚恳地向您道歉,您看我这边申请优惠券作为补偿吧	从顾客的角度表示理解
我要投诉你们,给差评	气话或要挟	亲,我们店铺以诚信经营为宗旨,如果我们有问题,一定会给亲一个满意的解决方法,您放心	安抚顾客情绪
你们的产品(服务)有问题	不满的一种发泄形式	亲,给您带来这么多的麻烦实在是非常抱歉,如果我是您的话,我也会很生气的,请您先消消气,给我几分钟时间给您说一下这个原因,可以吗? 亲,很抱歉之前的服务让您有不好的感受,我们店铺对于顾客的意见一直非常重视,非常感谢您这么好的建议,我们会向上级反映,正因为有了您的建议,我们才会不断进步	认同顾客说法,细致解释
你们的产品怎么涨价了	商品价格引起的不满	亲,感谢您对我们店铺活动的关注!此次促销活动已经结束,生产厂家也不提供优惠价格了,还请您留意以后的优惠活动	说明涨价的理由
你们是不是发了残次品	产品损坏引起的不满	亲,非常抱歉,给您造成不便,出现此情况肯定是某个环节出现了问题。请放心,如果是我们店铺的问题,我们一定会负责到底,给您个说法的	承认问题
产品质量太差,完全没办法和某牌相比	产品对比有很大差异	亲,我们的宝贝都是性价比最高的产品,这个宝贝正常使用绝对没有问题。某牌的价格比我们高很多,但用起来是一样的,而且我们也是质保一年的,您放心使用吧	突出自身的优势
你们产品太差了,我要退货	个人原因或者产品原因	好的,亲!我马上给您安排退货!您能告诉下我是什么原因需要退货吗?我们这里还有一款其他的宝贝	细致分析问题
你这个产品和网上描述不一样啊,颜色有差距	商品和顾客心理预期相差大	您好,我们的产品都是实物拍摄,没有经过任何修图,亲觉得有色差,那是光照的不同,属于正常现象哦	合理解释

大多数的售后问题都是顾客的抱怨和发泄,售后客服除具有良好的心态、耐心的解释和沟通技巧外,还应该避免无实际意义的道歉,针对顾客提出的问题,要更好地解决或解释,才能够得到更好的效果。尤其是一些顾客自身的问题,如果客服能够解决好,顾客由于愧疚,容易追加好评,这抵得上十条好评。对顾客为商品做出的评价也需要及时回复,回复要有针对性,并表示感谢。

6.2.4.8 其他注意事项

①尽量不出现。例如,"不""不行""不可以""不能""不知道""不少"之类的带"不"的字眼。一个聊天过程出现了3次这样的字眼,交易就很难成功。

②禁止使用。例如,"哦""嗯""啊""哭""汗""晕"这类消极回复。因为这给顾客一种不耐烦、不负责、不用心、不重视的感觉。

③回复字数不能总比顾客问题字数少。客服回复的字数或行数应该与顾客的提问字数或行数相匹配,这样更能表现出尊重和诚意。

④客服与顾客的交流过程结束时,最后的一句话是客服说的,或是客服发的表情。

⑤多用表情包表达心情。尽量用可爱愉快的表情,如图 6-23 所示;不要用悲伤难过的表情,如图 6-24 所示。

图 6-23　可爱愉快的表情

图 6-24　悲伤难过的表情

6.3　网店物流管理

从店铺申请、商品发布、店铺装修到店铺推广、店铺客服,整个淘宝交易流程应该进入了最后的快递发货环节,可以说快递发货是所有流程的最后一环,快递的效率和质量影响着顾客最终的体验。对于淘宝卖家而言,要真正服务好用户,所需要的不仅仅是快递发货这一个环节,而是网店淘系物流一个大的范畴,即从初期商品入仓到商品买家确认收货涉及的种种流程。

网店物流工作是卖家整个淘宝交易流程顺利开展的有效保障。从流程上来说,物流活动包括商品入库前的商品检验、货号编写、入库登记,商品出库前的分类包装、快递选择、快递发货及顾客收货。

6.3.1　商品入库

网店的商品采购后,供货商将商品批量发送至网店仓库,就进入商品入库环节了。

6.3.1.1　商品检验

当供货商将商品运抵仓库时,网店物流负责收货工作的人员必须严格认真地检查,看商品外包装是否完好,如果出现破损或临近失效期等情况,要拒收此类货物,并及时上报主管或采购人员。在确定商品外包装完好后,再依照订货单和送货单核对商品的品名、等级、规格、数量、单价、合价、有效期等内容,仔细检查商品的外观有无破损和明显的污渍,做到数量、规格、品种都准确无误,质量完好、配套齐全后,方可入库保管。

6.3.1.2 编写货号

每一款商品、每个SKU(库存进出计量的基本单位)都应该有一个商品编号,编写商品编号的目的是方便卖家进行内部管理,在店铺或仓库里找货、盘货都更便捷。最简单的编号方法是"商品属性+序列数"。前面介绍的甲午先生旗舰店,根据店铺的商品区分类别,包括草莓、蓝莓、板栗、南果梨、毛桃罐头等商品,各类别的名称对应写出其汉语拼音,确定商品属性的首字母,草莓缩写为CM,南果梨缩写为NGL,每一类的数字编号可以是2~4位数,视该类商品的数量而定,例如,CM-001,MTGT-003;但如果未来商品款式可能会越来越多,就要留有扩展的余地。

6.3.1.3 入库登记

商品验收无误并编制商品编号以后,即可登记入库。要详细记录商品的名称、数量、规格、入库时间、凭证号码、送货单位和验收情况,做到账、货、标牌相符。

商品入库以后,按照不同的商品属性、材质、规格、功能、型号和颜色进行分类,然后分别放入货架的相应位置储存。在储存时要根据商品的特性来保存,注意做好防潮处理,以保证仓管货物的安全。

做入库登记时要保证商品的数量准确,价格无误;在商品出库时,为了防止出库货物出现差错,必须严格遵守出库制度,做到凭发货单发货,无单不发货。

6.3.2 商品包装

商品的包装过程也叫打包,是物流阶段中一个重要环节,关系到商品快递过程中的完好性,很多用户在收货后给出中评或差评的理由都是由于货物包装破损导致商品磨损及部分丢失。

6.3.2.1 商品包装选择

将不同的商品进行分类包装不仅可以体现物流工作的合理性,还能够在一定程度上增加物流的安全性。同时,不同的包装材料因为重量不同,也会对物流成本产生影响,继而影响整体的经营成本。一般网店常用的包装有以下几种。

(1)纸箱包装。只要尺寸合适,纸箱几乎可以作为所有商品的外包装,购买成本是包装材料里较高的,但是防护作用也比较好。

(2)一次性快递袋。较轻的、不怕挤压的纺织品适合用此类包装。

(3)木箱。对于一些重量较沉,而且对防震要求很高的商品,最好采用木板条装订的箱子来包装,如陶瓷花瓶、电视机等。

(4)泡沫保温箱。一些生鲜食品,需要用泡沫保温箱来保持温度,保证商品的新鲜,防止商品化冻或冻坏,还可起到很好的保护作用。例如,草莓在冬季成熟,此时正是东北最寒冷的季节,草莓在包装时就需要在最内层放置保护套,防止草莓之间的挤压,中层使用泡沫保温箱以此保鲜,外层使用纸箱防止货物之间的挤压。因此,一箱草莓包装成本就需要8~10元。

6.3.2.2 隔离防震工作

为了增加商品运输的安全性,通常商家会在货物和纸箱之间添加一些填充物来做好隔离防震工作。合理的包装除了能保证货物的安全以外,还会因为运输重量的不同使快递费用产生变化,而快递费用也是经营成本的一个重要组成部分。所以,对纸箱和填充物的选择也要遵循一定的原则。

(1)纸箱的尺寸应该比货物的外形尺寸略大,留有足够的缓冲空间来放置填充物,才能达到良好的隔离和防震效果。

(2)填充物的选择标准是体积大、重量轻,例如,旧报纸、海绵、白色硬泡沫、气泡膜、珍珠棉等物品都是很好的填充材料。

6.3.2.3 打包工作

(1)产品确认。

①打包员在打包前要检查打包台面是否整洁,除了在打包过程中需要用到的工具外,其他物品不得放置在打包台面。

②打包员从储物框内取出商品与销售单据,先检查销售单据与商品是否一致,如果不同返回给销售部门;对于商品破损、条形码不清楚的必须退回质检部门处理。

③打包人员需扫描销售单和商品标签,等到系统确认完成再进行正式打包。

(2)包装选择。打包员要根据产品的大小、种类等特性选用合适的包装物进行初步放置。如果散装产品表面不规则或顾客订购多包时,打包就需要较大的纸箱。封箱前检查桌面商品是否有遗漏,商品清单有无放入包装物内。

(3)胶带缠绕货物。用塑料袋包装的物品,胶带在塑料袋外缠绕呈"十"字形,防止商品从中散落;用拼袋(或拼箱)包装的商品,除用胶带呈"十"字包装外,还要用胶带弥合接口;液体类加贴"易泄易漏""此面向上"等标识;易碎品加贴"易碎"标识。标识加贴与包裹单同面,纸箱包装的物品箱体上下对缝必须密合,胶带缠绕不少于 2 周,左右侧缝用胶带缠绕密合。

(4)其他注意事项。打包员可以在纸箱封口处贴上 1 张至 2 张防盗封条,可以起到一定的警示和震慑作用,有效地防止内件丢失。防盗封条可以自己制作,也可以在淘宝上购买。

如果是到邮局柜台去寄平邮的话,纸箱不要提前封口,要等邮局的工作人员做过安全检查以后才能封口并邮寄

包装完成后加贴标签打印机打印的面贴,地址面贴应保持与商品的外包装平整,以便于下个流程进行扫描,至此打包完成。

6.3.3 物流选择

目前淘宝网与申通快递、顺丰速运、EMS、宅急送、圆通速递、天天快递、韵达快递、中通快递等公司都有合作。国内物流行业比较知名的是"三通一达",分别是指申通、中通、圆通和韵达;顺丰速运服务好、费用高,一些冷链物流或贵重商品都选择它;EMS 覆盖的范围更广,一些寄往偏远地区商品常使用它;还有天天、汇通、全峰等一些物流公司也都有地区特点或自身优势。对于大件商品,一般商家都会选择货运公司,货运公司相对价格比较低廉,但运输时间较长,有的不负责送货上门。

在选择快递公司时，还要注意地区划分，如果发货所在地是上海，那么，货物寄到南京和寄到内蒙古价格间就会有很大的差距，网店物流配送应划分区域区别确定快递费用，避免不必要的损失；如果包邮商品，可能需要特殊说明哪些地区不包邮。表6-7是快递区域的划分，表6-8是某快递公司不同区域对应的快递价格。

表6-7 快递地区分布表

区域	地区
一区	江苏省、浙江省、上海市
二区	广东省、福建省、安徽省、北京市、天津市、湖北省、湖南省、江西省、河北省、河南省、山东省
三区	四川省、贵州省、海南省、陕西省、云南省、山西省、重庆市、黑龙江省、甘肃省、辽宁省、吉林省、广西壮族自治区、宁夏回族自治区
四区	内蒙古自治区、西藏自治区、青海省、新疆维吾尔自治区

表6-8 某快递公司运费

区域	到货时间	首重运费(元/公斤)	续重费用(元/公斤)
一区	1~2天	8	4
二区	2~3天	10	5
三区	3~4天	12	8
四区	4~5天	15	10

网店快递费的定价范围可以与快递公司进行协商后确定，很多快递公司都有议价空间，根据网店每天的快递量，取得该快递公司在本地区的不同内部报价。一般来说，考虑到成本的问题，网店可选择部分快递公司作为指定快递公司，如果顾客要求发其他快递，在可以协商的情况下，尽量满足顾客需求。

6.3.4 物流设置

6.3.4.1 物流模板设置

在确定快递公司后，就需要在千牛卖家工作台中选择左侧的【物流管理】→【物流工具】，可以进行服务商、运费模板、物流跟踪信息、地址库、运单模板等各种物流相关模板的设置，具体如图6-25所示。

运费模板设置是网店卖家要主要设置的内容，运费模板设置完成后，网店里的每一个商品都可以套用这个模板，提高了商品详情页制作的效率。具体设置分为以下几个部分。

(1)默认模板设置。在运费模板设置如图6-14所示，选择【新增运费模板】进入编辑界面，填写模板名称、宝贝地址、发货时间、是否包邮、计价方式与运送方式等内容，如图6-26所示。

选择【运送方式】→【快递】，进入默认运费页面，这时可选取中间价位，初始价格选择10块是最保险的，然后根据不同的地区和顾客的需要，对价格进行微量的调整。一般设置为10元/公斤，每增加1公斤增加运费5元。

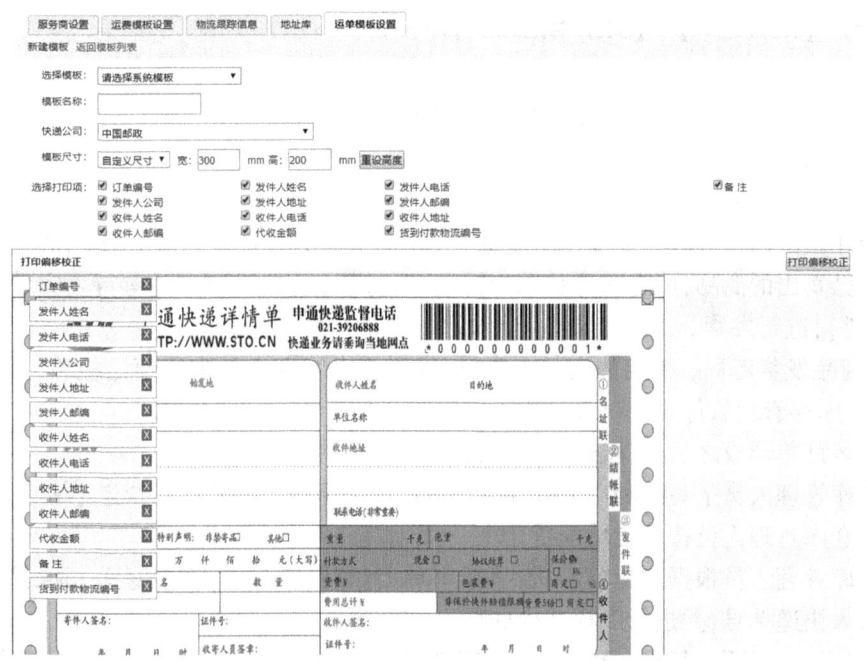

图 6-25 物流模板设置

图 6-26 运费模板设置

（2）促销模板。这是基于店铺的促销活动而设置的,其中在配合卖家促销活动进行的同时,运费模板可以采用一些付费软件来实现自动购物运费叠加的形式,这样在很大程度上减少了促销中对于运费设置的错综复杂问题,而且有利于消费者的自助购物。

（3）包邮模板设置。卖家可以设置宝贝地址、发货时间、寄件方式等,与默认模板设置是相同的,选择【是否包邮】→【卖家承担运费】即可。

6.3.4.2 订单配送

在设置完运费模块后,就可以进行订单配送了。

(1)订单发货操作。

网店物流人员需要查看顾客拍下并已经付款的订单,如果顾客拍下但没有支付,拍下的商品将会在三天内自动取消。在千牛卖家工作台左侧【交易管理】→【已卖出的宝贝】中,会看到所有已卖出的商品,所有交易状态为【买家已付款】、物流状态为【等待卖家发货】,可以点击【发货】,进行发货。

(2)商品发货流程。网店的商品入库时,需要仓库管理人员进行商品检验,入库分类放置,并录入库存管理软件系统(ERP)中。

①顾客订单形成之后,客服进行订单备注。

②仓库管理人员手写或利用 ERP 机打,也可以使用淘宝助手机打快递单和配货单。

③由仓库管理人员按配货单配货。

④仓库管理人员根据配货单配货,再次审单无误后,打包,联系快递公司取件,发货,通过千牛录入快递单号,并进行库存减少处理。

上述的每一步骤,对于规模较大的网店都有专人负责;对于新开的店铺可以由 1~2 人分别完成。

习题 6

1. 根据本单元所讲解的方法,将网店中的商品进行发布,包括选择商品类目,填写商品基础信息,对于食品类商品设置食品安全信息,设置商品销售信息,填写图文描述,设置支付方式,进行合理的上下架管理。

2. 对于网店的售前客服、售中客服、售后客服分别撰写相应的客服话术。

3. 学员小组成员之间分别扮演买家和客服,进行不同购买阶段的提问、投诉和解答。

4. 针对网店中不同商品设置对应的运费模板,并掌握基本的物流管理技巧。

7 网店运营与数据分析

教学内容：
- 淘宝网店各种推广方式的详细讲解；
- 淘宝平台的各种日常活动介绍与参加活动流程；
- 淘宝网店的数据分析概述。

能力目标：
- 本章主要讲解淘宝网店的日常运营工作内容。具体包括网店的各种推广方式比较与使用方法，淘宝平台为各个网店提供各种日常促销活动，淘宝网店参与活动的流程与条件，淘宝网店日常运营数据统计分析的基本方法、要求与过程。

7.1 网店推广

在淘宝中，开设店铺和进行店铺的日常管理只是网店经营成功的前半部分；对于数以百万计的淘宝卖家来说，如何能够让消费者进入自己的店铺，是网店经营者面临的最为重要的问题。由于卖家和商品众多，用户几乎不太可能自动地进入店铺；如果想让店铺的客源不断，必须要对店铺和商品采取一定的推广手段，引导用户进入店铺，这就是所谓的引流；与普通的网站推广不同的是，淘宝店铺推广应更加注重的是进入店铺的客户人数与商品成交比例。

7.1.1 网店推广的方式

网店推广是运用一定方法，借助一定的媒体或途径，有计划进行的网店传播广告活动，目的就是要让消费者了解网店和产品，并最终促成商品的购买行为。网店的推广方式根据商品、平台和所处阶段的不同可以分为很多种。从推广的大类来说，包括站内免费、站内付费、站外免费、站外付费等几种形式，每一个大类还包括小类和具体方法，具体如表 7-1 所示。

表 7-1 影响搜索权重的商品指标

推广类别	推广方式	具体方法
站内免费	淘宝 SEO	店铺优化、商品优化、商品上下架管理
	微淘	微淘消息、粉丝活动、优惠活动
	淘宝直播	精选、村播
	店内活动	打折、秒杀、团购、满送、抽奖、限时特价、淘金币
站内付费	淘宝客	加入淘宝客、招募淘宝客
	直通车	新建计划、选择宝贝、添加创意、添加关键词、设置出价
	钻石展位	选择资源位、制作创意、新建计划、确认投放人群、出价

续表

推广类别	推广方式	具体方法
站外免费	论坛	内容策划、信息发布、效果评价
	微博、博客	微博橱窗、软文
	微信	微信内容运营
	电子邮件	一对一个性化营销
	视频	网络直播、短视频平台
站外付费	搜索引擎	百度、360、搜狗
	网络广告	网页广告、广点通
	阿里妈妈	超级推荐、分享赚、品销宝、达摩盘
	第三方应用	花生日记、折800、蘑菇街、猫小贱

7.1.2 站内免费的推广方式

7.1.2.1 淘宝 SEO

淘宝 SEO 指的是利用相关技术手段对淘宝店铺进行调整,从而提高店铺及商品的自然搜索流量,使店铺和店铺的商品排在搜索结果靠前的位置,进而获得更多的流量。淘宝 SEO 一般包括店铺优化、商品优化、商品上下架管理等几个方面。商品优化主要就是商品标题优化和主图优化,这些在第 5 单元已经进行讲解;商品上下架管理主要是上下架的时间安排,该部分在第 6 单元已经讲解。这里就不一一赘述了。

店铺优化主要就是维护店铺权重,其主要由以下几类因素影响。

(1)消费者保障类。例如,消费者保障、7 天无理由退换、运费险、破损补寄、商品质量保证险等关于消费者保障的承诺。

(2)商品设置类。例如,VIP 折扣价、公益宝贝、宝贝资质等关于商品设置的项目。

(3)店铺设置类。例如,店铺简介、店铺域名、店铺名称、旺铺、卖家联盟等关于店铺本身优化的项目。

(4)店铺营销类。例如,直通车、店铺红包、购物车营销、码上淘、会员营销等营销手段。

(5)店铺引流类。例如,淘金币营销、店铺宝箱、加购送流量等通过福利可以吸引消费者进店的活动。

(6)店铺经营类。例如,商品销售量、流量转化率、老客户占比、店铺动态评分、店铺收藏量、店铺动销率、访问深度、DSR 动态评分、是否作弊、好评率等店铺经营评价标准。

(7)售后服务类。例如,店铺信誉、退款率、评价退款时长、服务质量反馈、旺旺响应时间等内容。

(8)其他类。例如,买家喜好、金牌卖家、店铺个性化等指标。

对这些因素如能很好地进行维护管理,将会使店铺权重大大增加,进而提高搜索结果的排名。上面许多内容在第 6 单元已经讲解,这里介绍几个重要的概念。

第一,店铺动销率是指店铺一定时间内有销量的商品品种数与店铺所有商品品种数的比值,即店铺动销率=(动销品种数/店铺商品总品种数)×100%。店铺动销率越高,那么,店铺权重就越高;淘宝网默认以 80%的动销率为标准,90%的动销率为优秀,100%的动销率为最好。由此可以看出,店铺中的商品并不是越多越好,没有销量的商品尽量下架或加大推广力度。

第二,DSR 动态评分即卖家服务评级,淘宝店铺 DSR 动态评分标准包括描述相符、服务态度、物流服务三项,当店铺的 DSR 评分小于 4.4 分时,所有商品都会搜索降权。店铺的用户每月最多只计算 3 次评分,同一单号只计算 1 次动态评分,动态评分任何人都无法修改。因此,提高 DSR 动态评分的方法只能是商品一定要与详情页的描述一致;客服态度和售后服务让用户满意;发货的速度要快。

第三,店铺访问深度就是进到店铺后,访问的页面数量。访问越多说明店铺越吸引消费者。

7.1.2.2 微淘

微淘是因手机淘宝而生的一种介于微博与微信之间的无线营销工具,为淘宝达人和卖家提供内容平台服务,是以关注关系为核心的生活消费类内容社区,为消费者提供最新的消费资讯。微淘现在是店铺非常重要的移动流量来源。在手机淘宝首页下部的菜单有【微淘】按钮,进入后有关注、上新、精选、福利、买家秀等不同的频道模块来进行内容分类,在店铺首页下部的菜单有【店铺微淘】按钮,如图 7-1 至 7-3 所示。

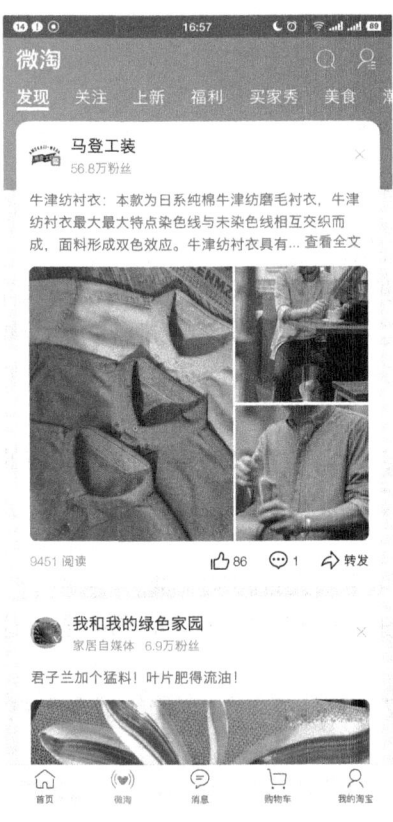

图 7-1 微淘发现

图 7-2 微淘买家秀

图 7-3 店铺微淘

(1) 微淘的作用。微淘针对不同人群有着不同的作用。

①对于消费者来说,这是优质消费内容的聚集地,消费者可以用过微淘,观看卖家、达人的种草内容,从而发现想购买的商品,通过更为真实的内容分享体验来进行购买决策。

②对于店铺来说,这是卖家面向消费者进行自营销的内容电商平台,卖家通过它可以进行粉丝关系管理、品牌传递、精准互动、内容导购等。

③对于淘宝达人来说,这是他们通过个人真实推荐,向消费者宣传生活好物的内容平台,可以生产深度垂直的内容,帮助消费者做出购买的决策。

(2) 微淘的价值。

①流量价值。微淘在手机淘宝占据重要位置,可带来大量移动流量。

②营销价值。店铺可通过微淘这个渠道吸引粉丝了解店铺和产品,同时通过这个渠道触达用户,引导转化。

③客户关系价值。通过资讯、活动等内容,不仅能吸引新客户,更能维护老客户,增加客户黏性。

微淘号一般有卖家、达人、官微三种账号,登录阿里创作者平台即可入驻微淘进行内容创作。卖家号即在淘宝开通店铺的卖家,包含淘宝红人店主、特色卖家、天猫品牌等;达人号即在阿里创作者平台开通过账号的达人,包含明星、红人、自媒体、媒体、淘宝主播、普通达人等;官微号即阿里巴巴内部官方账号,例如聚划算、天天特价、汇吃等。

(3)微淘营销。

①微淘消息。通过微淘广播内容进行互动,包括产品推荐、广告速效、活动发起、讲故事、晒照片等。

②粉丝活动。通过微淘二维码推送、微淘帖子推广、定向邮件等方式增加粉丝量,定期举办粉丝活动强化互动。

③优惠活动。优惠活动包括图片类(看图找碴、放鸽子等),文字类(IQ 题、分享 PK 赛),楼层类(盖楼、整点抢)等活动提高客户黏性及活跃度。

(4)微淘核心发展策略。

①重塑微淘内容。从微淘现有的内容类型来看,包括上新、种草、视频、卖家秀、直播等,覆盖了多场景运营需求,其中上新和种草内容的点击率均远超过了平均点击。

②打造微淘粉丝价值。作为淘宝内唯一基于粉丝关系的内容营销版块,微淘致力于帮助卖家和达人有效提高粉丝触达,帮助达人和卖家能够很好地提升非粉转粉、老粉留存率,打通淘内外分发流转链路。

③构建微淘营销矩阵。淘宝网将构建基于微淘的营销矩阵,平台型的活动包括超级偶像周、超级上新日以及超级粉丝节等。

(5)微淘营销注意事项。

①重视名字。微淘名决定是卖内容,还是卖商品。相对来说,卖内容的受众更广、更受欢迎。

②定位准确。首先应该确认店铺的商品品类是否适合做微淘,同时要明确店铺的用户群体是谁,关心什么,对什么感兴趣。盲目推广只会让粉丝反感。

③店铺装修有特色。开通微淘后,手机店铺和微淘都应该进行具有个性的装修,使之符合粉丝的喜好。

④有计划地发送。微淘用户的访问高峰为 0:00—1:00,8:00—10:00,13:00—14:00,16:00—17:00,22:00—23:00,这几个时间段发布广播流量较高、转化率较高,因此应该事先做好微淘营销计划。

⑤适当植入广告。当粉丝对微淘账号产生一定黏性后,可定时发送促销资讯和活动信息,但应注意广告的方式方法,不要让粉丝产生反感。

7.1.2.3 淘宝直播

淘宝直播是阿里巴巴推出的直播平台,定位于"消费类直播",消费者进入手机淘宝通过淘宝直播实现"边看边买";同时,淘宝直播独立 App 在 2019 年已经正式上线。

作为定位于"消费类直播"的手淘平台,女性消费者占据主导地位,每天 20:00—22:00 不仅是收看直播最活跃的时段,也是消费者最愿意下单的时间。正是由于消费类直播的定位,店铺直播已经成为淘宝直播的主流。

(1)店铺卖家开通淘宝直播流程。

①登录淘宝达人管理中心入驻成为淘宝达人。

②发布 5 条以上原创内容,吸引粉丝。

③申请大 V 认证。

④通过大 V 认证后,申请开通淘宝直播,发布一条视频,等待官方审核直播权限。

⑤通过审核,完成开通淘宝直播,即可开始淘宝直播。

登录淘宝网后,从淘宝达人管理中心或阿里创作平台都可以进入淘宝直播申请入口。进入淘宝直播页面后,点击右上角的权限可以看到当前卖家的直播权限,如图7-4所示。

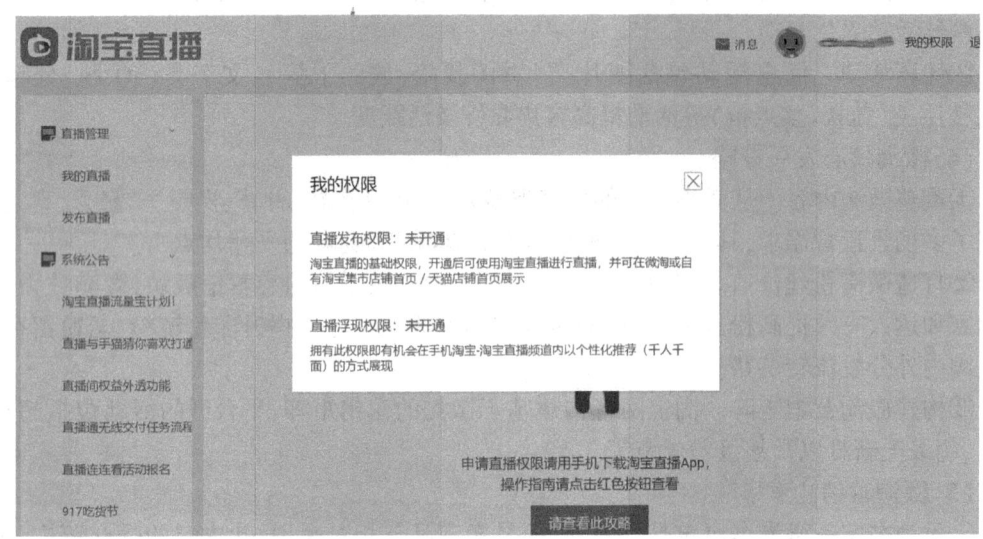

图7-4　开通淘宝直播

淘宝直播的权限有发布权限和浮现权限两种。

基础权限开通后可使用淘宝直播进行直播,并可在微淘或自有淘宝店铺首页或天猫店铺首页展示。

拥有浮现权限后即有机会在手机淘宝的淘宝直播频道内以个性化推荐的方式展现直播内容。店铺做淘宝直播一定要争取开通浮现权限,这样能够给直播带来良好的效果。

当前申请淘宝直播需要通过淘宝直播App进行。

(2)淘宝直播特点。

①淘宝直播和图文推广最大的区别就是真实。店铺的模特通过直播以最真实的方式让粉丝了解所出售的商品,互动性强;而图文推广容易出现修图过度美化的问题,并且互动性不强。

②淘宝直播的表达方式更直观,能让粉丝产生代入感,并感同身受。例如,美食直播,可以从原材料选购、准备到烹饪都让粉丝们全程参与。

③有淘宝直播能力,店铺综合排名指数较高的卖家可以自行开通;卖家如果不会直播,也可以通过阿里V任务和主播达人进行合作。

④直播中的"边看边买"操作。打开手机淘宝的淘宝直播,选择喜爱的主播进入直播间,点击底部的宝贝按键,就可以看到主播所分享的商品链接,点击购物车就可以在不退出直播间的情况下将该产品加入购物车。

(3)淘宝直播的规则。淘宝直播的进入门槛不高,符合要求的店铺卖家都可以开通,但是它也有主播需要注意的直播规则。

①换人。淘宝直播的基本要求就是,谁的账号就必须是由谁来直播(店铺账号除外),如果原先的主播离开了,这个账号就不能继续开播了。

②空播。空播就是直播开着但是没有主播在直播的情况。此类卖家基本上都是准备一块写字板或者产品放在镜头正中央做这种无声的宣传。

③营销。在直播间里面,不管是画面还是语音或者别的形式,都不允许出现QQ号、手机号、包含淘系在内的二维码等联系方式。

④环境。直播现场不适合在灯光昏暗、物品摆放脏乱、嘈杂声太大的环境中,如果这种环境长期出现容易被降权。

⑤行为。淘宝直播中的主播应该符合穿着得体、行为规范、语言文明、传递正能量等要求。如果在直播中谈论敏感政治话题、穿着暴露、语言露骨、抽烟酗酒、播放宣传片等诸如此类的行为都将被封号。

⑥时长。主播进行直播时,如果不与粉丝互动交流或离开镜头超过10分钟,以及直播时长太短、上架宝贝太少等情况,都会被平台降权。

7.1.2.4 店内活动

淘宝卖家可以根据季节、传统、事件等情况开展各种店内活动,以此达到吸引消费者,提高转化率的效果;同时店内活动也可以提高店铺的权重,提高自然搜索排名。常见的店内的营销活动包括打折、秒杀、团购、满送、抽奖、限时特价等。

店内的促销活动的目的包括沉淀用户、提升店铺销售额、减少库存、提高在行业或同行中的影响力,树立品牌等。一般店铺进行店内促销活动的流程如图7-5所示。

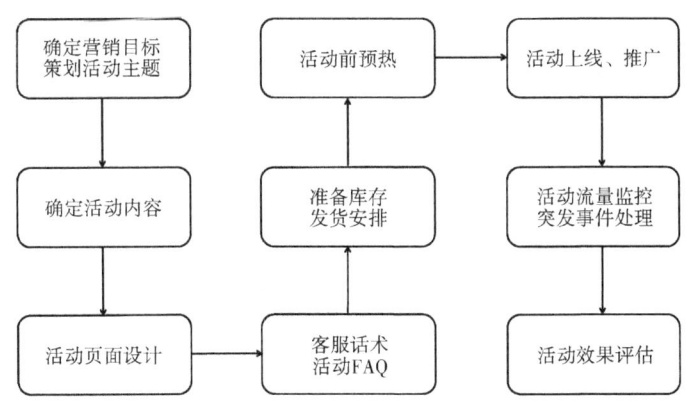

图7-5 店铺营销活动流程

7.1.3 站内付费的推广方式

在淘宝站内的付费推广方式最常用的是淘宝客、直通车和钻石展位这几种方式。

7.1.3.1 淘宝客

淘宝客是指通过帮助淘宝店铺推广商品获取佣金的人。淘宝客用自己的方式为店铺从淘宝网以外进行引流,引导消费者进入店铺并达成购买行为。

淘宝客只要获取店铺商品的推广链接,让消费者通过淘宝客的推广链接进入店铺购买商品并确认付款,就能赚取由店铺支付的佣金。佣金由店铺卖家自由设置,卖家也可以参加淘宝组织的淘宝客活动。

(1)淘宝客操作。卖家在淘宝后台选择页面右上角【卖家地图】,可以找到淘宝网提供的所有服务,如图7-6所示。

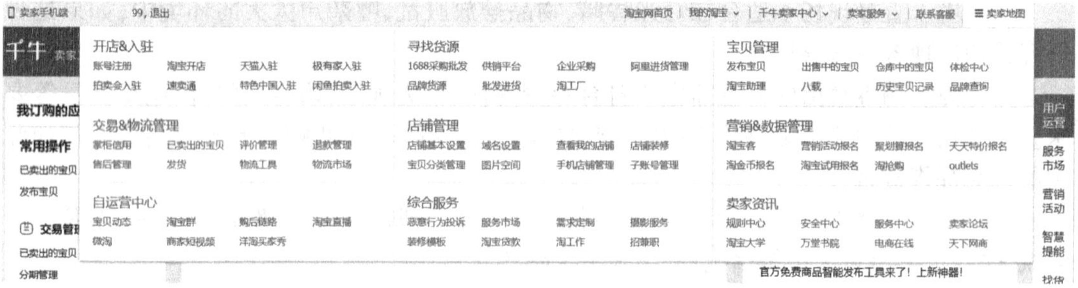

图 7-6 淘宝卖家地图

淘宝客服务也可以在【卖家地图】中的【营销 & 数据管理】中找到,点击【淘宝客】进入联盟商家中心页面,如图7-7所示。

图 7-7 淘宝联盟商家中心

目前淘宝客每日推广成交额超过 3 000 万元,全年成交金额达到百亿以上;淘宝客是按

CPS,即按成交计费的推广模式进行的。它具有如下优点。

①有效促进商品销售,消费者点击商品链接后可直接进入商品页面进行购买操作。

②用户可见度高,覆盖多个网站、多个页面,显示充分,增加了商品的曝光度。

③推广费用低,按成交付费,性价比高。

④商品通过淘宝客能够与消费者的喜好精准匹配。

(2)淘宝客佣金设置。淘宝客的佣金设置比例有两种。

①个性化佣金比率。卖家加入淘宝客推广后,可以在自己的店铺中最多挑选20件商品作为推广展示商品,并按照各自的情况设定不同的佣金比率,这些商品的佣金比率称为个性化佣金比率。

②店铺佣金比率。卖家加入淘客推广后,除了设定个性化佣金比率外,还需要为店铺中其他商品另外设定一个统一的佣金比率,用来支付由推广展示商品带来店铺其他商品成交的佣金。

这里的佣金指的是该商品的单价×佣金比率,即卖家愿意为推广商品而付出的推广费。当淘宝客通过推广,使消费者达成交易后,还需要扣除阿里妈妈的服务费,剩余的就是淘宝客的收入。消费者通过支付宝交易并确认收货后,淘宝会自动将应付的佣金从卖家店铺收入中扣除,并在次日将服务费扣除后记入淘宝客的预期收入账户。每个月的15号都会进行结算,存入淘宝客的收入账户。

店铺卖家参与淘宝客的活动时,既可以使用官方给定的计划,也可以结合店铺自身的活动、营销目标、产品结构、推广资源位等新建定向计划,方便管理和后续的数据监测与分析,如图7-8所示。

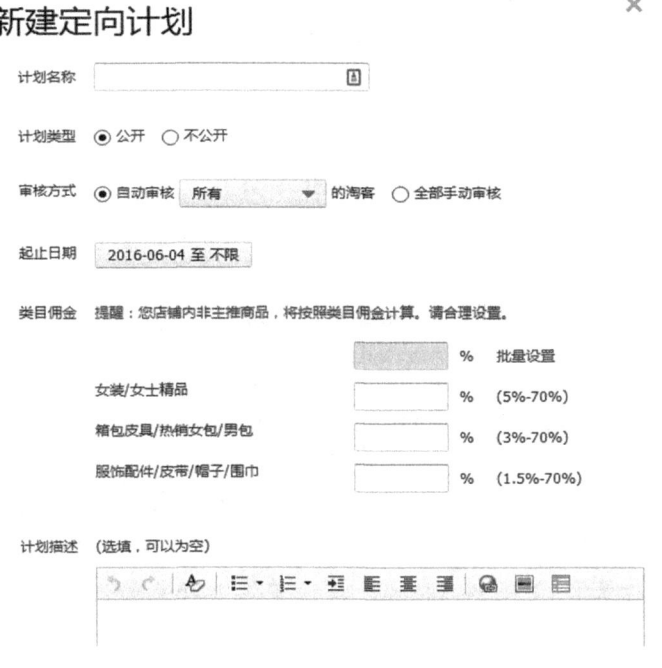

图7-8 新建淘宝客定向计划

（3）招募淘宝客。淘宝客一般通过门户网站、搜索引擎、导航网站、站长联盟、社交网站、客户端、个人站长、个人博客、个人微博等平台或工具进行商品的推广。店铺卖家可以通过以下3种方式来招募淘宝客。

①主动在淘宝客的后台发布招募或者活动相关的公告，吸引潜在的淘宝客申请加入，如图7-9所示。

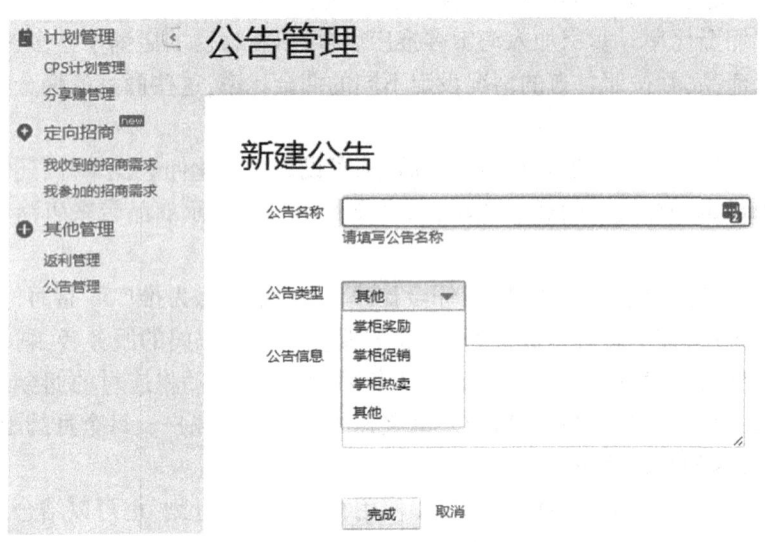

图7-9　淘宝客后台招募

②在淘宝联盟官方论坛帖子中进行淘宝客招募。

③在各大站长类网站发招募帖，如图7-10所示。

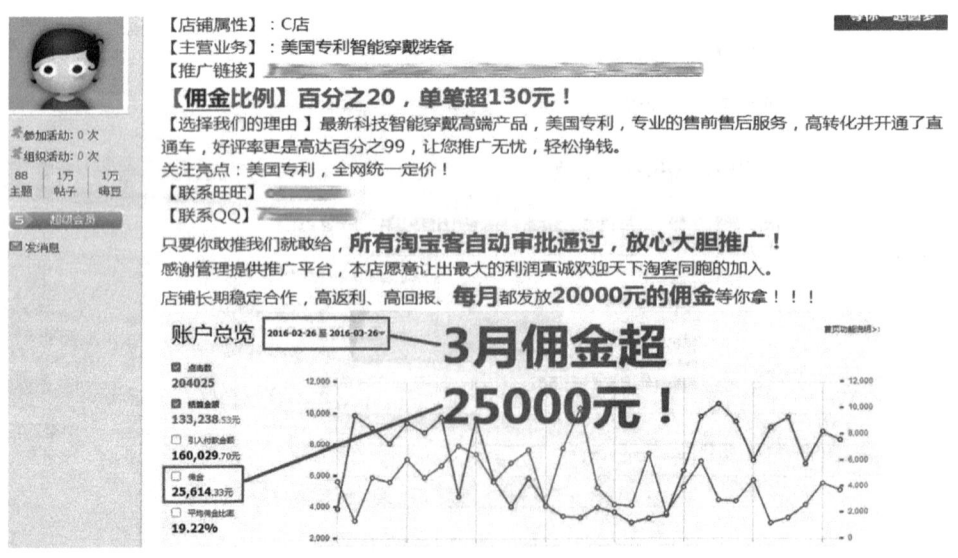

图7-10　各大站长网站的招募帖

（4）淘宝客的维护。为了能够招募更多更优秀的淘宝客,店铺卖家还需要为淘宝客提供必要的服务与支持,维护好淘宝客。

①了解淘宝客的需求。在店铺淘宝客群中多与淘客交流,了解他们需求;及时在店铺淘客群中更新店铺的优惠信息和佣金变动情况,主动提供店铺推广所需图片、软文、视频等素材,让淘宝客更方便地推广卖家店铺。

②建立店铺专门的淘宝客客户群。通过建立淘宝客客户群,对淘宝客的推广渠道、联系方式、佣金比率、推广效果等数据进行分析统计,筛选出性价比更高的淘宝客。

③鼓励淘宝客主动推广店铺。定期举办淘宝客奖励计划或淘宝客大赛,增加淘客的积极性,这样既可以维护老淘宝客还可以吸引新的淘宝客,促进店铺长远发展。

7.1.3.2 直通车

直通车是为淘宝和天猫卖家量身定制的,按点击付费的、采用搜索竞价模式的营销工具,为卖家实现商品的精准推广。使用直通车推广一个产品,可以让消费者进入卖家店铺,并且还可以产生多次的店铺内跳转流量,这种以点带面的关联效应可以降低整体推广的成本和提高整店的关联营销效果。同时,直通车还给卖家提供了淘宝首页热卖单品活动和各个频道的热卖单品活动,以及不定期的淘宝各类资源整合的直通车卖家专享活动。

（1）直通车推广展示的位置。在电脑端淘宝页面中,直通车推广位展现搜索结果页中带有【掌柜热卖】标记的位置;在手机端淘宝 App 中搜索结果页中带有【HOT】标记。如图 7-11、7-12、7-13 所示,被标记的部分都是直通车展示位。电脑端展现在搜索页面左侧 1~3 个,右侧 16 个,底部 5 个。

电脑端直通车展示位,在搜索结果页面第一页左上角有 1 个直通车展示位,第二页开始左上角有 3 个直通车展示位。手机端展现在搜索结果页面每隔 5 个或 10 个产品有 1 个带有【HOT】标识的展示位。

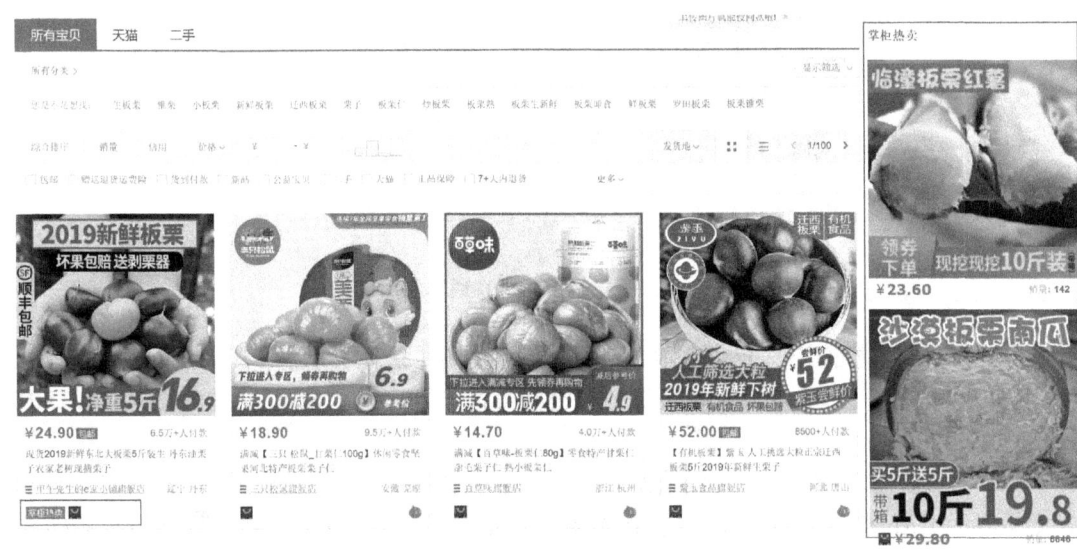

图 7-11　电脑端搜索页直通车展示位(左上、右侧)

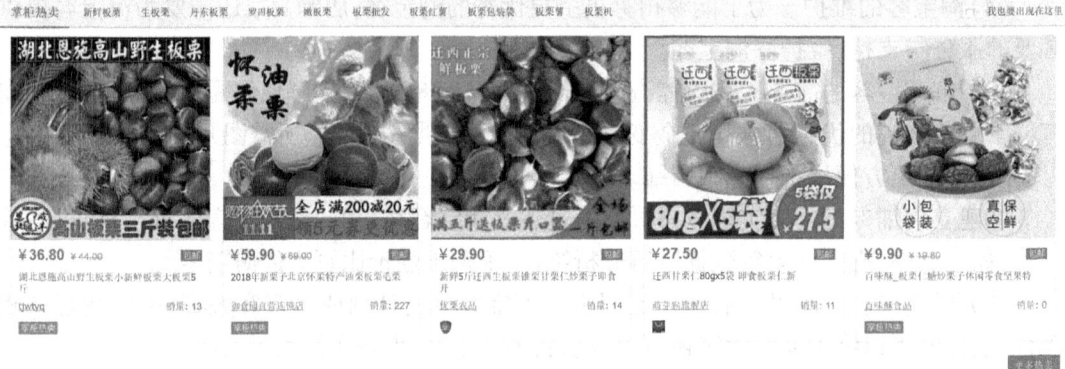

图 7-12 电脑端搜索页直通车展示位(下部)

图 7-13 手机端搜索页直通车展示位

除此之外,购物车底部、已买到商品底部、淘宝首页【猜你喜欢】第四列、我的淘宝首页【猜我喜欢】第三行以后、宝贝出错页等位置也有直通车推广展示位置,具体如图 7-14、7-15 所示。

(2)"一跳"与"二跳"。直通车推广展示分为一跳或二跳形式进行展现,即消费者在卖家商品展示页面,点击商品图片,会跳转到宝贝详情页或集合页;跳转到宝贝详情页则按一跳收费;跳转到集合页上,则点击商品展示在集合页的第一位,在此时点击后,才会扣费。图 7-11 至图 7-14 都是"一跳"。

图 7-14 购物车底部直通车展示位

图 7-15 猜你喜欢直通车展示位

商品展现在二跳页的第一位,并有宝贝更详信息展现,此时点击,才会扣费。如图 7-15、16 所示,在点击了淘宝首页【猜你喜欢】第四列的商品会出现二跳页面。二跳页面由主区、同价宝贝、相似宝贝、搭配宝贝、猜你喜欢、最近浏览等几个版块组成。二跳页面上最重要的版块是主区和相似宝贝;主区是一跳的商品带过来的,相似宝贝是与主区相似度高的商品按照综合得分的排序结果。一般旺旺焦点图及站外资源位也为二跳。

图 7-16　直通车二跳展示位

（3）直通车展现逻辑与费用。直通车是根据关键词质量分和出价获取的综合得分,并根据综合得分确定商品的展现排名。综合得分=出价×质量分。直通车采用定向推广,淘宝会根据消费者浏览购买习惯和对应网页内容,由系统自动匹配出相关度较高的宝贝,并结合出价以及宝贝推广带来的买家反馈信息进行展现;出价高,买家反馈信息好,定向推广展现概率大。同时,系统会根据宝贝所在类目下的属性特征及标题去匹配宝贝,宝贝属性填写越详细,被匹配概率越大。

直通车是按点击付费,单次点击费用不高于卖家的出价,具体公式为:

单次点击费用=排名下一名出价×排名下一名质量分/当前卖家的质量分+0.01元

通过这个可以看出直通车广告同通用搜索引擎广告的排名与计价原理是一致的。

质量分是衡量商品关键词、推广商品、淘宝用户搜索意向三者之间相关性的综合指标,得分为1~10。影响质量分的因素包括创意质量、相关性和消费者体验三个方面。

（4）影响质量分的因素。对于开直通车卖家来说,关键词的质量得分是很重要的。质量分越高,出价就可以相应地降低,提高质量分就是做直通车首要的工作。影响质量分的因素包括以下几个方面。

①关键词。添加关键词时,请选择和商品所属类目、属性和标题相关的关键词,这样质量得分会较高。

②商品信息。商品本身的类目/属性/标题/图片/详情页等信息和消费者搜索意向要相符合,商品上架时所选的类目属性一定要正确、完整。把商品放在最相关的类目进行推广,遵守淘宝商品发布规则;当商品属性和消费者的搜索需求越吻合,质量得分越高,所以属性填的越全,宝贝总体质量得分越高。例如,一款雪纺长裙的属性有假两件、雪纺、印花、无袖、纽扣、拼接、背心裙等信息,在勾选的时候一定要全部选择,这不仅是提高质量得分的基础工作,也有利于提高商品的自然搜索排名。

③商品标题与图片优化。标题应该和类目属性具有较大的关联性,同时也要综合考虑

流量大的关键词或者是热门搜索词;提高图片、详情页面质量也可以提高商品本身的吸引力,进而提高质量分。

④设置商品的推广标题。参加直通车的商品可以有两个标题,每个标题20个字,因此,一定要利用好这20个字。这20个字的内容尽量把宝贝的关联性最大的词语放进去。

⑤连续推广。如果只是从8点到24点推广,周一到周五的话,质量分必然是会受到影响的,因此,在0点到8点这个时间段,可以设置按照比例来进行投放,这样就不会影响质量分了。

⑥点击率和商品成交转化率。点击率越高,质量分也就越高,因此,能够提高点击率的、有促销文字和创意的图片也是提高直通车质量得分的有力工具。商品成交转化率高也会明显提高质量分。

(5)质量分的更新。店铺卖家新增或修改了当前推广信息,质量得分更新时间为半个小时;对账户中所有关键词的质量得分更新时间为每日的24时;如某些直通车推广信息暂停一段时间后重新推广,质量得分将重新开始计算。

(6)直通车的开通与投放。

①直通车的操作流程是:满足准入条件→签订协议→预存500元→开通直通车→新建商品推广→添加创意→设置关键词→投放。

②开通直通车前应注意的问题有:是否对工具有足够的了解,产品是否有竞争优势,图片是否有吸引力,产品是否有基础销量。如果网店各方面条件均已具备,接下来需要了解开通直通车的条件和申请入口。

③卖家开通直通车需要满足的主要条件包括网店状态正常,用户状态正常,网店的开通时间不低于1小时,近30天内成交金额大于0,店铺信用达到"一钻"及以上。只有满足这些具体条件,卖家才可以申请开通直通车。

④直通车发布需要在直通车首页新建或是选择已有的计划进入。在淘宝网千牛卖家工作台中,选择【营销】,就可以选择相应的推广工具,具体如图7-17所示。

图7-17 直通车入口

通过【我的推广计划】→【新建推广计划】→【新建宝贝推广】操作,选择需要推广的商品,进入下一步推广设置。创意设置完成之后进入关键词和出价的设置,即可完成新建宝贝推广;系统根据商品匹配相关的关键词,卖家可以选择这些系统推荐的或是通过其他方式筛选的关键词。出价一般参照默认的类目行业词均价,后期可以根据效果调整出价。

⑤直通车投放。卖家可以自主设置投放时间,只在想投放的时间段进行投放,也可以针对各个时段设置不同的折扣出价,投放时段分为网络视图和列表视图两种形式;卖家可以根据网店经营的类目,选择行业模板进行参考;卖家也可以根据网店的营销效果、促销活动等选择设置其他投放时间;卖家通过新建计划或是在已有的计划中设置投放时间,更好地把控直通车的流量和花费。

卖家结合网店商品特性和推广策略,通过设置地域投放,将商品投放在特定的地区。卖家根据生意参谋中的访客地域分析,选取最近 7 天或是 30 天数据的 Top 地域进行投放;通过数据分析可以找到主要购买的城市和省份,在设置直通车时根据数据设置投放区域,达到最优的投放效果。

卖家可以设置投放平台的淘宝站内、站外和电脑、手机的具体投放情况。由于站外不具备站内的购物环境,推广效果比较差,一般在大型活动需要引流时,可以选择站外投放(见图7-18)。卖家还可以通过设置某一计划或是某个商品的电脑端和移动端的比例,平衡两者的推广效果,减少竞争度,用更低的成本引流。

淘宝站外电脑端主要流量位置包括网易、新浪、搜狐等多个大型资讯门户网站的优质位置,搜狐视频、爱奇艺、乐视网等多个视频网站的优质位置等。

淘宝站外手机端主要流量位置包括使用较多的 App 或 WAP 页面资源位,例如陌陌 App 瀑布流、墨迹天气 App 购物图标、今日头条 App 瀑布流等。

图 7-18 直通车站外流量来源

⑥直通车点击率是衡量一个直通车账户等级水平高低的重要指标之一。卖家通过优化直通车点击率满足流量的需求。卖家可以通过以下几种方法提升直通车的点击率。

第一,通过一段时间的推广,可以发现商品的主图、款式、图片场景、清晰度等都会直接影响推广数据效果。卖家需要优化相关信息,通过测试,选择各方面效果都好的商品进行推广。

第二,标题吸引人会有更好的点击效果。一般直通车标题中含有促销元素有利于提升点击率,促销元素包括秒杀、包邮、折扣、特价等。

第三,关键词选择的好坏直接影响直通车推广的效果,优化主要依据关键词的点击率、转化率、ROI指标进行调整。而质量得分主要用于衡量关键词同宝贝推广信息和淘宝网用户搜索意向之间的相关性,其计算依据涉及了多种因素,其中关键词的点击率、转化率、收藏率等会影响质量得分。关键词的排名和扣费都与质量得分有关,通过优化关键词的点击率、转化率等指标,可以提高质量得分,进而优化直通车推广效果。

站外推广一般点击率低于站内推广,可以通过出价或者选择不同的站外渠道测试。如果站内推广和站外推广的点击率相近说明站外推广有一定的效果,可以继续推广。卖家也可以通过直通车提供的多纬度数据报表优化直通车的其他数据效果。

7.1.3.3 钻石展位

淘宝钻石展位简称钻展,是以图片展示为基础,精准定向为核心,面向全网精准流量实时竞价的展示推广平台,适合于店铺和品牌的推广。钻石展位支持CPM和CPC两种形式,为店铺卖家提供精准定向、创意策略、效果监测、数据分析、诊断优化等一站式全网推广投放解决方案,帮助客户实现更高效、更精准的全网数字营销,如图7-19所示。

图7-19 钻石展位

(1)钻石展位基础知识。

①钻石展位的展示位置包含淘宝网、天猫、新浪微博、网易、优酷土豆等几十家站内站外优质网站的上百个大流量优质展位;支持图片、flash等动态创意,支持使用钻石展位提供的创意模板制作;选择资源位,设定定向人群,竞价投放,价高者得。

②钻石展位的产品优势是超大流量,覆盖全国80%以上的网购人群,站内站外达到几十亿的海量流量;提供多种精准定向方式,锁定目标人群;流量更精准,成本更可控;可以实现一键推广,适用于日常销售、活动营销等不同场景定制个性化营销策略,提升营销效果;淘宝提供上千套模板,轻松实现优质创意,同时系统智能择优投放,测图测款全程托管;精准优

化,数据更加清晰明了,粒度诊断,量身打造优化方案。

③钻石展位具有适用于品牌宣传、短期流量大的特点。淘宝店铺除了销售产品之外,最大的目的是创建自己的品牌,随着众多淘品牌的成长,越来越多的卖家十分注重品牌的培育,也出现了韩都衣舍、茵曼、小狗电器等电商品牌,钻石展位可以通过对消费人群的定位,强化宣传,潜移默化地在消费者脑海中树立品牌形象。据官方数据统计,仅淘宝首页轮播海报这个位置,日均展示量3 000万次以上,日均点击量超过50万次,因此钻石展位可以为店铺带来海量流量。

(2)钻石展位常用术语。

①CPM:钻石展位可以按1 000次展现收费,即广告展现1 000次的费用。

②CPC:平均点击费用。

③CTR:点击率。

④底价:通投的价格(没有任何定向的出价)。

⑤溢价:针对某个细分群体,愿意额外多出的价格。

⑥出价:实际出价=底价+溢价。

⑦预算:预计的花费,会提前冻结。

⑧消耗:广告的实际扣费。

(3)钻石展位展现原理。淘宝平台按照流量比例将预算分配到各个时间段,各个时间段按照价高者优先展现;出价最高的预算消耗完才到下一位,直到该消失流量全部消耗完毕,排名靠后的卖家推广信息也有可能不被展示;出价相同,则优先展示创建更早的计划图片。

最大展现量=预算/CPM×1 000。例如一个卖家的预算100元,每个CPM10元,则可以获得的最大展现是10 000。

钻石展位能够帮助卖家实现精准展现广告,但并不代表所有卖家都具备开通钻石展位的能力。由于钻石展位是以图片展示为基础获取流量,无论用户有没有点击该图片,只要展现了均会收费,所以花费较多,且需要专业的技术人才,这里需要注意的是在开通前需要明确使用该推广工具的目的,预期要达到怎样的效果。例如,一些开店不久在行业排名500之外的卖家,使用钻石展位工具是为了在合理预算内,将流量集中在某个单品上,培养网店的主力产品;也有一些卖家为了能够树立品牌形象而通过钻石展位来进行宣传和展示。

(4)钻石展位投放。店铺卖家在明确了使用钻石展位的目的后,需要进一步了解开通的资质要求和开通入口,钻石展位操作流程如图7-20所示。

①店铺开通钻石展位需满足的主要条件是淘宝和天猫网店DSR每项必须在4.4及以上;淘宝网店信用等级一钻以上;网店无任何违反淘宝或天猫严重违规行为、无出售假冒商品、无虚假交易相关规定的处罚记录等;网店主营类目在支持投放的主营类目范围内。

②钻石展位有多个入口,最常用的就是在淘宝后台的千牛买家工作台中选择【营销】,点击【钻石展位】,如图7-17所示。进入到钻石展位申请入口后,签署一份《钻石展位广告服务协议》,并为账户充值500元,即可开通钻石展位。

③卖家为账户充值后,首先需要根据资源位制作相应尺寸的创意材料,由于每个资源位

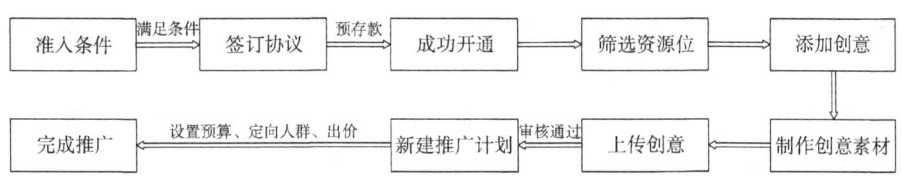

图 7-20　钻石展位操作流程

的尺寸要求、流量、效果等不同，所以需要结合店铺实际情况选择资源位。卖家点击钻石展位后台导航栏"资源位"进入"资源位列表"，在这里可以按照网站行业、日均访问量、创意尺寸、创意类型、设备平台查看资源位。网站行业分为影视、综合门户、地方门户、网上购物、军事等多个类型，其中网上购物为淘宝站内的资源位，其他为全网资源位，如图 7-21 所示。

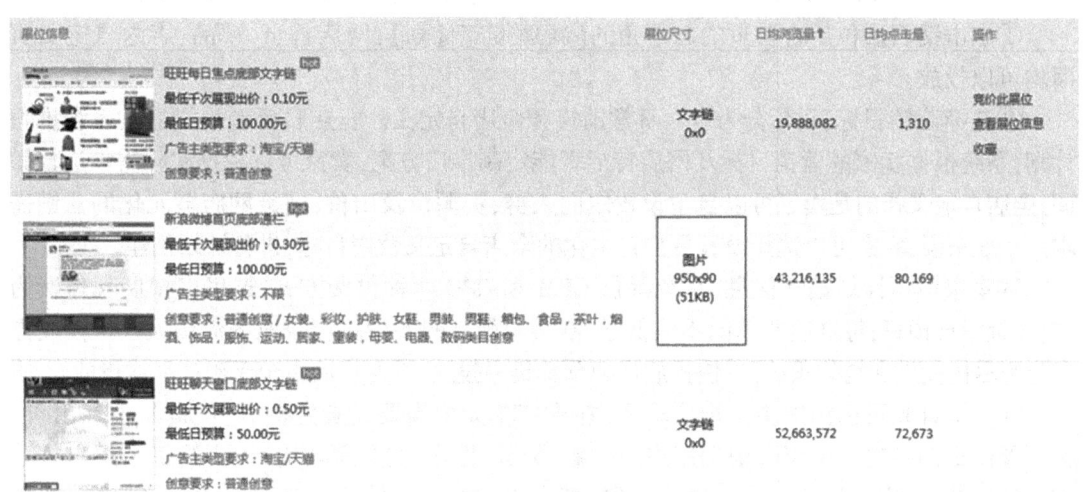

图 7-21　选择资源位

④由于站外不具备站内的购物条件，在前期投放时，卖家可以主要选择网上购物者这一站内资源位进行投放；卖家还需要选择具体的资源，资源信息包括可投放类目、创意要求、日均可竞流量、点击率等；这里需要重点依据日均流量和点击率选择资源位，优先选择流量大、点击率高的位置。由于卖家初期尝试投放钻石展位，需要一段时间的测试投放，预算资金不多，可以选择该行业数据中综合推荐指数高的 5 个左右的资源位进行投放，后期根据测试的资源位数据筛选一部分优质的资源位追加预算投放。

（5）钻石展位制作的注意事项。钻石展位依靠图片创意吸引用户点击来获取巨大流量，因此需要展现具有创意的内容。卖家根据选择好的资源位要求，需要制作 640×200px、520×280px 等多种尺寸的创意图片。在制作钻石展位的创意时，需要注意以下几点。

①因地制宜。和直通车不同，钻石展位的位置众多且尺寸各异。在钻石展位位置方面，仅投放大类就包括天猫首页、淘宝首页、淘宝旺旺、站外门户、站外社区、无线淘宝等，对应的钻石展位尺寸更是高达数十种，不同的钻石展位位置针对人群不同，其消费特征和兴趣点也各不同，不同尺寸的钻石展位位置可以让工作人员有不同的设计发挥。因此在制作钻石展

位图片时,要根据位置、尺寸等信息调整广告诉求,并采取合适的表达方式,这就是钻石展位图片的个性化、定制化和差异化特征。

②主图突出。钻石展位的图片可以是产品图片、创意方案、用户诉求的呈现。无论如何,钻石展位图片的可操作性要比直通车主图更强,这是因为一般钻石展位的尺寸要相对大一些,且有多种规格可选。在这种情况下,要求主图一定要突出,才能够吸引更多用户的点击。

③目标明确。相对于直通车主图更多针对单品引流,核心实现单品转化的目的而言,钻石展位投放的目的会有很多种。例如,通过钻石展位引流到聚划算商品、通过钻石展位预热大型活动、通过钻石展位进行品牌形象宣传、通过钻石展位上新等。所以在钻石展位图片的设计制作中,卖家首先需要明确营销目标,再进行针对性的素材选择和设计,这样点击率才更有保障。

(6)新建钻石展位计划。当卖家上传创意并通过审核后,就要进行创建计划的工作。

①点击钻石展位后台首页的右下角的【新建推广计划】,网店首页、单品、店内自定义页面均可以投放。

②选择营销目标,目标分为全店日常销售和全店自定义。全店日常销售指的是系统推荐计划,系统根据卖家的营销目标及网店特征智能定制推广方案,卖家可以根据实际需求进行微调;全店自定义指的是卖家可以自主设置定向人群、资源位及出价,满足网店多元化的营销需求。一般来说,卖家可以选择设置更加自主化的全店自定义营销目标,进行计划创建。

③卖家填写计划基本信息,系统提供 CPM 和 CPC 两种付费方式,这里以按展现付费为主,设置每日预算,每日预算最低不能低于 300 元,预算的多少决定获取的流量大小。投放方式分为尽快投放和均匀投放,尽快投放指把预算集中投放,均匀投放指全天预算平均投放。

④一个计划可以添加多个推广单元,在推广单元中需要设置定向人群、资源位和出价。钻石展位定向指的是系统会根据用户的收藏、浏览、搜索、购买等历史行为,给每个用户打上相应的标签,卖家通过定向圈定这些人群,把广告定向展现给卖家想要的用户,实现精准投放。定向人群分为按访客定向、达摩盘定向、相似宝贝定向、智能定向等。卖家在初期尝试钻石展位推广时,建议使用访客定向和智能定向,使用这两种定向时,系统会利用多种算法帮助卖家形成专有的优质人群;卖家设置好定向人群后,添加之前筛选并收藏的资源位。

⑤卖家设置出价,由于选择的是按展现的付费方式,这里的出价即为展现 1 000 次的费用,初次设置时可以采用系统建议的出价,还可以设置建议出价的百分比,一键应用出价。出价是实时生效的,也会实时反映数据,卖家可以根据实时投放的效果调整出价。卖家设置完出价后,添加好审核通过的创意,即可完成创建计划。

⑥卖家投放钻石展位的计划后,后期需要对投放效果进行监控和分析。可以选择通过钻石展位后台查看今日投放效果报表,包括展现、点击、点击率、千次展现成本、点击单价、已消耗数据,并可以对单日数据进行对比;也可以通过钻石展位的报表界面,查看历史投放数据,分为账户整体报表、展示网络报表、视频网络和明星网店报表,其中展示网络报表分为计划列表、推广单元、创意、定向、资源位的相关数据。

7.1.4 站外免费的推广方式

站外推广是指网店卖家独立利用淘宝体系以外的互联网工具对淘宝网店或商品进行推

广的一种方式,分为免费推广和收费推广两种。

站外免费推广目前一般包括论坛推广、微博(博客)推广、微信推广、电子邮件推广、视频推广。

7.1.4.1 论坛推广

通过众多的网站论坛,以软文或问答的形式,推广网店或商品。通过论坛进行推广,最重要的是论坛内容策划,论坛帖子的质量直接决定网友的关注度。衡量一篇热帖是好帖的基本标准,就是这篇帖子能够为店铺带来流量,能为网店找到潜在的用户,并最终将流量转化为一定的销量,具体如图7-22所示。

图7-22 论坛推广

(1)撰写论坛帖子。构思出一篇论坛热帖有助于吸引潜在用户,包括多种构思方式。

①隐私曝光。选择恰当的角度来适当曝光网店卖家的某方面隐私,会吸引很多用户去关注卖家的ID和店铺。

②分享经验。通过分享卖家的创业、从业以及某些特殊技能,能够感动用户并吸引用户的注意力,以个人的特长、经历来为网店引流。

③真人秀。在淘宝社区,很多卖家喜欢花很大的精力拍照、晒美图,以此博得网友的青睐,吸引潜在用户。

④蹭热点或搜集整理热点话题。利用热点事件,将热点同网店、商品或卖家联系在一起吸引眼球;也可以通过热点帖子转载,把当前网上最新鲜、最火爆的话题资料整理一下,放在一个主帖里,扩充帖子的容量。

(2)论坛推广效果评估。利用论坛的帖子、问答进行网店推广后,可以通过以下几方面进行效果评估。

①帖子本身的浏览量、参与人数、用户回复量、是否加精/置顶。

②帖子内容与推广目标的契合程度。

③帖子为网店带来的流量。

④通过销售数据与投入成本的匹配度衡量营销成果。

7.1.4.2 微博(博客)推广

博客产生于互联网,微博是伴随着移动互联网的发展而发展起来的,由于当前淘宝店铺的流量主要来自手机端,因此微博在网店推广中起到的作用更大。

微博作为一种社交工具,具有互动性、即时性和开放性等优点,截至2019年底,微博有超过4亿的庞大用户,对卖家来说,微博也发挥着重要的营销作用。微博营销作为新媒体营销方式之一,它能够使卖家便捷、高效、低成本地达到增加自身知名度、推广产品或者服务的目的。微博互动、基于网店的微博内容编辑、微博淘宝与微博橱窗等内容都是微博营销的常见内容,这些内容大部分在单元3已经介绍过。

7.1.4.3 微信推广

作为当前国内用户量最大的移动社交应用,微信对淘宝网店有着不可替代的营销作用。淘宝店铺的微信推广最常采用公众号和朋友圈两种方式。公众号是采用最多的推广引流方式之一,同时也是最重要的用户沉淀平台;而朋友圈可以更灵活、更真实地与用户进行分享和沟通。

淘宝卖家应该具有进行微信公众号、微博、论坛等的日常内容编辑、发布、维护、管理、互动,为粉丝策划优质、有高度传播性的软文文案,提高网店影响力和关注度的能力。具体内容参见单元3中的内容。

7.1.4.4 电子邮件推广

淘宝卖家可以向用户发送电子邮件,向新客户和老客户提供新产品或服务,这是商家和用户之间进行对话方式的延伸(如图7-23所示)。电子邮件推广具有帮助网店准确地找到目标消费者群,吸引用户主动进入店铺,实现一对一营销,与老客户建立起长期、高质量的良好关系等优点。同时电子邮件推广还可以进行市场探测,找到新的市场机会并挖掘潜在销售增长点。

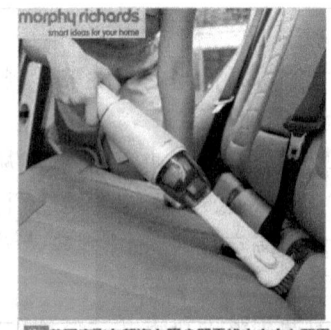

图 7-23 电子邮件推广

7.1.4.5 视频推广

视频推广是指店铺和商品的推广内容形式是视频,但载体可以是多种,微信、微博、QQ空间、视频平台、直播平台等,当然还有以抖音、快手为代表的短视频社交媒体平台。

淘宝店铺卖家可以自己或联系网红进行视频营销,策划好视频营销方案,确定营销主题、推荐产品、活动内容等。视频推广内容一般是产品相关的介绍、试穿、搭配、试吃试用、加工制作等。淘宝卖家如果采用直播的视频形式,在直播时一定要注重与粉丝的互动,及时答复粉丝问题,利用优惠券、免单等刺激粉丝直接购买。

7.1.5 站外付费的推广方式

站外推广活动一般包括第三方应用、阿里妈妈推广平台、网络广告和搜索引擎等方式。

7.1.5.1 第三方应用

当前出现了为电商平台引流的第三方应用,如蘑菇街、花生日记、折800、猫小贱等。淘宝卖家可以与这些网站采取多种形式的合作来为网店引流,这些网站也通过流量获得利润分成或广告费。

(1)蘑菇街是一个专注于时尚女性消费者的网站,通过形式多样的时尚商品展示,让人们在分享和发现流行趋势的同时,享受购物体验。

(2)花生日记是一款电商平台商品智能导购App,截至2019年7月,已拥有6 000万注册用户,平台总交易额达到420亿元。

花生日记具有新手指引、订单常见问题答疑、优化搜索功能性能、商务模块,分享文案等功能,并且具有淘宝网、淘票票、饿了么、口碑餐饮、多件折扣等多个电商平台服务入口。图7-24至图7-27是淘宝店铺通过花生日记进行引流推广的过程。图7-28、图7-29是利用花生日记引流购物和直接进入淘宝店铺购物之间的价格对比。通过对比可以看出,与花生日记合作的淘宝店铺需要提供更多的优惠,以此来吸引消费者。当然,花生日记并没有覆盖淘宝全网,淘宝上的所有商品并不是都可以在花生日记上搜索到;而且,即使搜索到也不是都有优惠活动。

7.1.5.2 阿里妈妈推广平台

阿里妈妈网站(Alimama,如图7-30所示)隶属阿里巴巴集团,是国内一个重要的大数据营销平台,拥有阿里巴巴集团的核心商业数据;每天实现50亿次以上的推广流量,对3亿件以上的商品进行推广展现,覆盖了高达98%的国内网民。

目前,阿里妈妈整体客户数突破100万;合作媒体超4 000家,与10万家App达成合作,媒体矩阵日均PV达到200亿次以上,从最开始的单一淘宝内部电商营销平台转型为以阿里大数据为核心,覆盖营销核心媒体矩阵,实现全链路营销诉求的营销平台。前面介绍的直通车(商品搜索)、钻石展位(精准定位)、淘宝客(内容营销)都是阿里妈妈平台中的产品和服务。除此之外,还有将品牌专区、流量、消费人群聚集在一起的,专门为品牌客户量身定制的"品销宝";用户互动分享的营销产品"分享赚";基于商业化场景打造的数据管理合作平台达摩盘等。

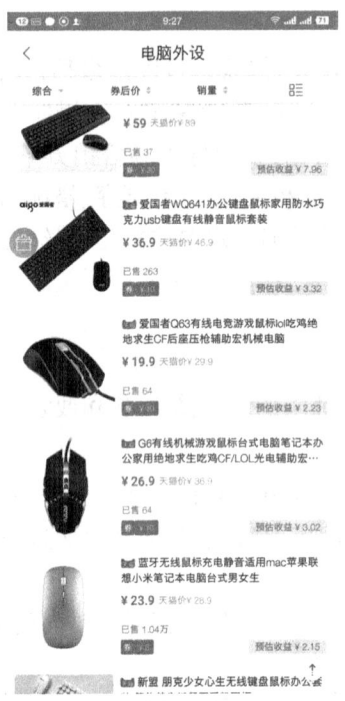

图 7-24 花生日记搜索结果

图 7-25 选择推广产品

图 7-26 进入淘宝店铺

图 7-27 淘宝商品详情页

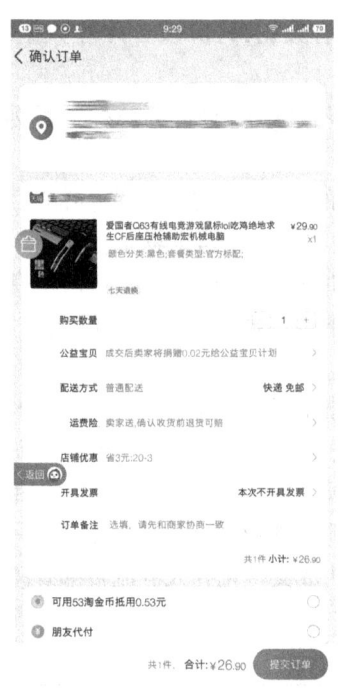
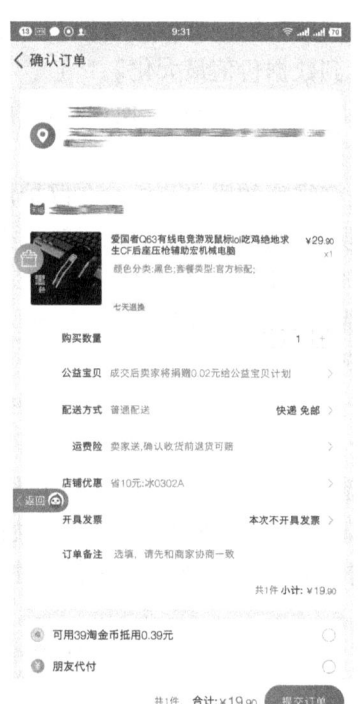

图 7-28　淘宝店铺直接订单　　　　图 7-29　花生日记引流订单

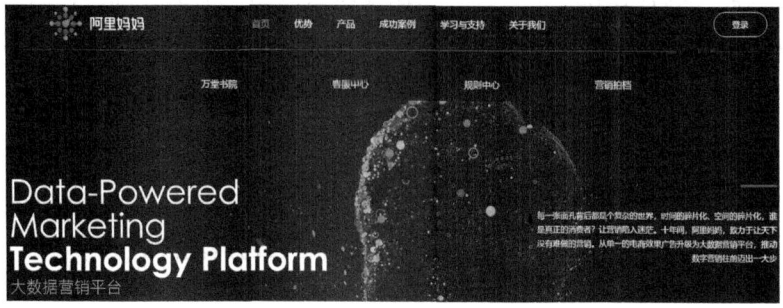

图 7-30　阿里妈妈首页

(1) 品销宝。这是阿里妈妈推出的提高网店品牌影响力的产品,通过优质的展现位置和淘宝官方认证保证品牌的质量。采用品销宝的店铺的展示位置一般都出现在搜索结果的首屏;通过淘宝官方的认证和规范,能够有效地避免同行和山寨产品的恶性竞争。因此,品销宝的推广效果要好于其他的推广产品。

(2) 达摩盘。这是阿里妈妈基于商业化场景打造的数据管理合作平台,拥有消费行为、兴趣偏好、地理位置等众多数据标签。网店卖家通过达摩盘可以实现各类人群的洞察与分析,潜力客户的挖掘;通过标签市场快速圈定目标人群,建立个性化的用户细分和精准营销;通过第三方服务应用市场,解决个性化的营销需求。它具有以下的功能价值。

①灵活,高定制化的标签市场。通过覆盖上亿消费人群、自定义组合标签市场,根据店铺自己的特点,在上亿消费人群中找到自己的用户群体。

②方便,快捷的第一方数据管理。一键上传自有数据,跨屏整合碎片数据,实现数据综合再应用,达到数据价值最大化。

③Lookalike 粉丝爆炸器。使用智能算法模型寻找潜在用户,实现种子目标人群定向扩展,兼顾人群效果与规模。

④全面,多维度的用户分析。在保护用户隐私的前提下,分析消费群体类型,并通过可视化图表展现,帮网店卖家更好地了解行业及店铺,清晰定位营销场景。

⑤及时的效果跟踪。全方位评估推广效果,及时了解投资回报率、点击率变化。

⑥不断完善的第三方服务应用市场。找到适合网店卖家的个性化解决方案,让专业的人为卖家服务。

(3)超级推荐。这是阿里妈妈推出的一种营销推广形式。覆盖站内外消费者,通过猜你喜欢、有好货、今日头条等优质站内外信息流媒体资源,获得海量用户流量;投放形式支持商品、图文、直播等多种形式;采用基于阿里大数据的算法,精准圈选定位人群;借助于阿里巴巴生态链中丰富的数据,实现个性化广告触达;采用智能投放形式,以拉新、引爆、平销场景,满足商家核心需求;针对不同投放卖家提供个性化报表,从成交转化到人群流转都有清晰的报表。

7.2 促销活动

网店的促销一般都是以各种活动进行的,店铺卖家可以根据具体的时间、热点、活动、节日等方式组织独有的店内活动,也可以参与淘宝组织的站内活动。现在在国内互联网最有影响力的活动包括淘宝的"双十一""双十二",京东"618",苏宁"818",等等。淘宝店铺参加各种站内活动需要向淘宝网进行申报,也就是所谓的"报活动"。

7.2.1 淘宝日常活动

淘宝常见的日常活动包括聚划算、天天特卖、淘抢购、试用等。这些活动都会出现在淘宝网和手机淘宝的首页,如图 7-31、7-32 所示,具有很大的引流价值。

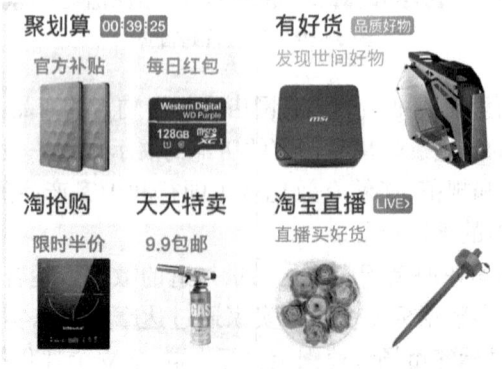

图 7-31 手机淘宝首页的活动内容

7.2.1.1 聚划算

淘宝聚划算是阿里巴巴集团旗下的团购网站,淘宝聚划算是淘宝网的二级平台,于 2010

年9月启用,如图7-32所示。

图7-32 聚划算首页

(1)聚划算特点。淘宝卖家参加聚划算的主要目的是提高店铺曝光率、品牌推广、获取新客户;其次才是提升店铺销售量。图7-33是针对参加过和未参加过聚划算的淘宝店铺卖家进行的调研结果,通过这个结果可以看出淘宝卖家更注重聚划算的长期效果,而不是短期冲销量。

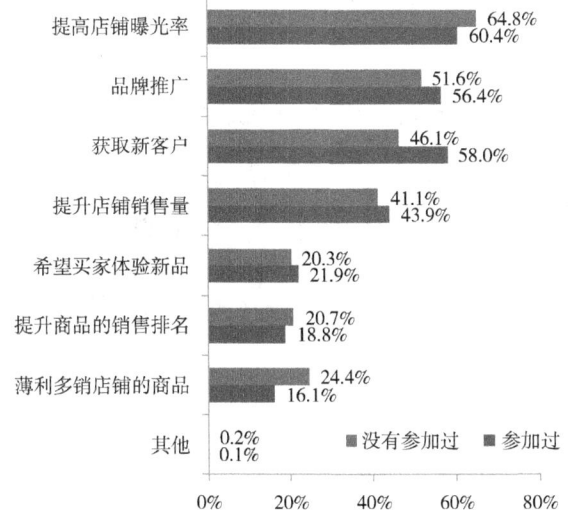

图7-33 淘宝卖家对聚划算的认知

（2）聚划算类型。现在聚划算包括商品团、品牌团、主题团聚名品、全球精选、量贩团等几个版块。

①商品团是以单品销售为主，每天会在10:00和20:00上架特价商品，一般上架持续时间为3天，如图7-34所示。

图7-34　聚划算商品团

②品牌团是以店铺或品牌为主开展的特价活动。

③主题团可以通过活动标题或活动说明区分几家拼团，可以打造某个活动主题，如父亲节主题、母婴主题等。

④聚名品中主要是以销售世界名牌商品为主的店铺。

⑤全球精选中以经营海外商品的店铺为主。

⑥量贩团主要针对的是囤货的消费者，采用多件打折的团购方式。

（3）聚划算活动报名。参与聚划算活动，需要在聚划算主页中点击【商户中心】，根据卖家需求参与聚划算中的某个活动，如图7-35所示。

图7-35　聚划算报名页面

①聚划算活动报名步骤是首先进入找到对应需要报名的品牌团活动,点击【去报名】,进入对应的活动报名流程。可以查看活动详情,了解活动基本信息;然后填写基本信息,选择需要报名类目,勾选"服务协议"最后提交商品,选择需要报名的商品进行报名;若不符合报名条件,则会显示不符合,可以点击"查看原因",查看具体不符合原因。

②淘宝对参加聚划算活动有报名资质的要求,店铺信用达到五钻及以上,并且近半年的有效店铺评分数量达 300 次及以上,非虚拟交易占比达 80% 及以上的卖家才符合活动资质。除此之外,对商家的好评率、DSR、品牌授权等内容也有具体要求。

(4)参加聚划算活动的费用。卖家通过聚划算主页的【商户中心】→【资金管理】→【收费管理】,可以查看具体的商品费用、活动费用、参团保险费用等各类费用。

①聚划算日常收费主要包括保证金、基础费用、实时划扣技术服务费(即聚划算佣金);在大促或特别玩法期间,收费会有变化,例如,聚划算"双十一"期间收费模式为保证金+固定费用,参与活动的商家除保证金外,只需要缴纳固定的参团费用,无须再缴纳基础费用和实时划扣技术服务费(即聚划算佣金);有时也会提示免佣金。

②参加聚划算大促(例如,"618""99"等)主题团收费标准按拼团商家数均分 6 万保底,拼团商家数超过 4 家按 4 家均分,单商家 10 万封顶;活动止付费用先按统一止付 6 万,开团后按照实际参团商家数进行结算。

7.2.1.2 天天特卖

天天特卖是扶持淘宝网卖家成长的营销平台。通过淘宝网提供平台,优质卖家提供应季折扣单品、清仓商品、买家限时抢购的互动模式实现三方受惠。卖家获得高流量展示机会,推广店铺,尾货清仓,增强其店铺营销能力,如图 7-36 所示。

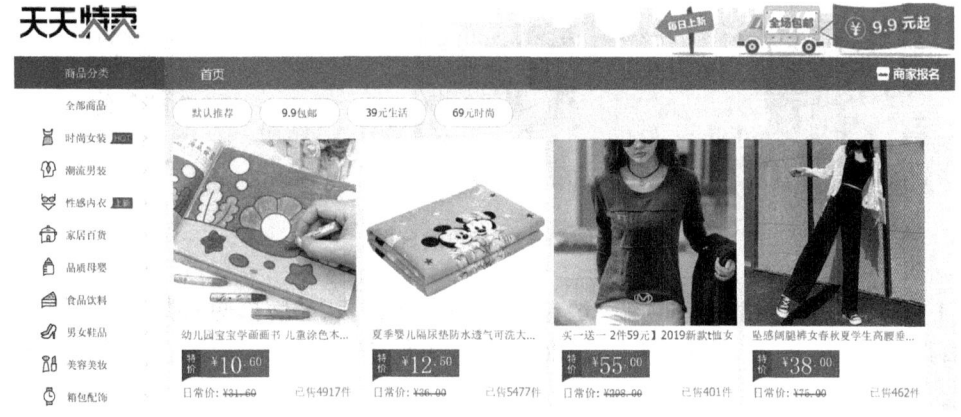

图 7-36 天天特卖首页

(1)活动形式。天天特卖包括 9.9 元包邮、清仓特卖、日常活动和主题活动等不同内容。日常活动为固定活动时间,长期招商的活动;主题活动是淘宝根据节日等不定期发起的活动,活动规则和时间每次都有可能不同。

(2)活动规则。

①参加天天特卖活动的店铺,淘宝会采用实时划扣软件服务费(不包含保底费用和封顶

费用)的收费模式。活动开始后,天天特卖交易订单在消费者确认收货时,将会扣除一定比例的款项至天天特卖专用收费支付宝账户,实时进行划扣。实时划扣软件服务费=消费者确认收货的金额×软件服务费率;不同商品类目费率不同,一般为6%~8%。

②参与天天特卖活动的店铺报名要求是店铺信用达到1钻;在一定时间内没有达到淘宝处罚上限;活动商品最低价为店铺商品近15天内最低价要求;品牌商品必须有品牌方提供的售卖证明,或者有商品以报名库存为要求的购买发票,或者有品牌渠道商的资质证明,自有品牌商品提供自有品牌的相关证明。

7.2.1.3 淘抢购

淘抢购是一个免费的淘宝活动,淘宝、天猫店铺都可以免费报名参加,展示的位置在手机淘宝首页的第二行,由于位置显著,可以为参加该活动的卖家带来成千上万的流量,如图7-37所示。

图7-37 淘抢购首页

(1)淘抢购活动类型。淘抢购一般包括淘抢购、抢洋货、品牌抢购三类;报名时间一般为上线日期提前16天;报名商品需达到30天销量不低于10件,价格为近30天最低价9折以内。

目前的淘抢购的活动形式是以时间为维度,每天11个场次进行商品展示,所有商品限时限量售卖。

(2)淘抢购活动商品要求。

①普通商品。品牌商品必须有品牌方提供的售卖证明,或者有商品以报名库存为要求的购买发票,或者有品牌渠道商的资质证明;自有品牌商品提供自有品牌的相关证明。报名商品必须为一口价,报名商品审核通过后不得修改商品原价。

②秒杀商品。品牌商品必须有品牌方提供的售卖证明,或者有商品以报名库存为要求

的购买发票,或者有品牌渠道商的资质证明;自有品牌商品提供自有品牌的相关证明。秒杀商品需为近30天内最低成交价在100元以上的商品;必须以1元的价格报名抢购的秒杀;报名的库存数量=5 000元/近30天内最低成交价;报名参加淘抢购的商品,必须全场包邮。

7.2.1.4 试用

淘宝中的试用也是一个常见的活动形式,消费者可以免费获得淘宝店铺提供的试用商品,在使用后无须退回,但需要完成试用报告,如图7-38所示。

图7-38 阿里试用首页

淘宝店铺报名参加试用活动有以下几个主要的原因。

(1)打造爆款。因为该活动采用免费领取商品的模式,对消费者具有很大的诱惑力,可以将一款新品成功地打造成爆款。

(2)关联营销。参与试用活动,最关键的就是设置相关的连带销售,带动其他产品的销量,从而完成从单品销量暴涨到店铺销量暴涨的飞跃。

(3)客户资源。从"申请理由"页面中可以看到对该产品感兴趣的客户ID。从这里可以得到宝贵的客户资源,从而可以规划活动结束后的二次营销。

(4)口碑营销。参与免费试用活动后,试用过的买家都会提交试用报告,让商家不用再担心该产品的口碑。使用后的试用报告比任何的推广都更具有说服力。

(5)二次营销。淘宝网试用中心活动完成后,针对申请试用的落选者,可以策划二次营销方案,从而抓住这部分优质客户,并最终把他们培养成店铺的忠实粉丝。

具体的报名条件及流程与前面讲到的其他活动基本类似。

7.2.1.5 有好货

"有好货"并不是淘宝的日常活动,店铺卖家也不是采用报活动的形式参与。但由于它的流量入口位置在手机淘宝和淘宝网的首页第一屏,因此也是一个重要的引流手段。"有好货"上有"品质好物"的标签,还有一个短标题:"发现世间好物",潜台词就是如果不是好的宝贝是不会给你推荐的,如图7-31、7-39所示。

在淘宝搜索展示靠前的主要是大量爆款,高端好货的展示机会较少。而"有好货"正是基于这一需求,让买家不仅通过搜索的方式购物,还可以通过利用碎片时间浏览淘宝发现好货购物。"有好货"是千人千面,以买家的浏览习惯、爱好、兴趣等引导购物,为买家提供精准化的个性推荐;"有好货"定位为品质生活指南,主要针对中高端消费人群,导购作用愈加明显。

图 7-39　淘宝网有好货首页

(1)"有好货"的内容。"有好货"主要是不同领域购物达人提供的优质内容,包括各大社交平台在不同领域内有一定影响的 KOL(关键意见领袖)。这样的定位,说明有好货并不是大促性的产品,而是以买家为主,希望吸引中高端买家。在这样的情况之下,有好货偏向于以下几种类别的商品和内容。

①从品牌角度来看,它们大都聚焦于奢侈、轻奢品牌、知名高端品牌、小众品牌、设计师品牌和潮牌等。

②从商品层面来看,有好货更青睐于新品,往往上市时间为 3 个月内;经典款,例如,明星产品和具有代表性的产品;潜爆款,引领当下流行趋势;通过限量、联名和定制的特殊款。

(2)"有好货"对店铺及商品的基本要求。

①"有好货"适用于淘宝店铺信誉为钻级及以上的卖家;店铺 DSR 评分高于 4.7 分;同等条件下,优先选择有官方认定资质的店铺,如金牌卖家、全球购、企业标、汇吃等;同等条件下,优先选择开店时间较长,评价较好的店铺。

②商品。30 天销量<2 000 件;评价个数≥10 个;商品差评数不得高于 3 个;同等条件下,优先选择有官方认证的承诺标识的商品。

(3)入选"有好货"中的商品特点。

①商品的质量一定要有保证,商品质量等方面比较优质的商品;商品图片要清晰、有质感,突出商品的卖点。推荐的理由也需要注意,除对商品有详细准确的介绍外,最好把使用方法或者附加值都展示出来。

②小众品牌,品质好、有格调,有稳定的高端小众的受众群体。
③设计风格强,有特色、原创设计。
④创意感强,在外观、功能等方面有创新性和创意感。
⑤大品牌、奢侈品的限量款,具有一定稀缺性或收藏价值。
⑥国外口碑好,有品质、有品位、有格调的品牌或商品,不包括已经在国内泛滥的商品。
⑦各大促销平台常见品牌及商品、高仿、假货商品、普通红人款商品不在准入范围。

(4)被"有好货"收录的方法。可以采用以下方式争取提高店铺商品进入"有好货"商品池的概率。

①运营好店铺的粉丝及微淘,微淘多发布优质内容,注重粉丝反馈,多与粉丝互动。

②提高商品和店铺对于高端消费者的吸引力,例如,店铺的整体装修美观有情调,排版清爽;商品主图无"牛皮癣"、无拼接;商品详情有故事性或可读性;一定要避免给买家带来商品廉价低质的感觉。

③注重店铺的买家评价和信誉。"有好货"是根据访问商品和店铺的高端买家中的浏览、黏性等数据偏好确定,综合评定商品的品质;如果商品不符合有好货要求,店铺需要增加一些知名高端品牌、小众、奢侈/轻奢、功能创新、设计师商品等。

④在"有好货"商品池中搜索关键词,查看店铺的商品是否被搜索到。如果能被搜出来,说明符合有好货投放资格,可以马上联系社交达人合作;不符合条件的、已被写过、发布1年以上的旧宝贝则不会被搜索到;想要上架就要有流量,最好全店能入有好货池的商品,全部找社交达人合作;未入池的商品,要先进行优化点击、收藏加购、转化等工作。

7.2.2 网店日常促销活动

淘宝的网店在日常经营中既需要店铺独自开展促销活动,又需要参加淘宝组织的促销活动。无论哪种促销,都应该有完整的策划、实施、监控和评价总结的过程。

7.2.2.1 制订计划

促销活动的策划就是一个完整制订活动计划的过程,活动计划中一般包括活动的维度、活动的目的、活动的主题、活动的时间、活动的类型、活动内容的核心点、消费者的利益点等几个方面。

(1)活动的维度。这是指促销活动所应该考虑到的各方面的因素,一般具体包括9个维度:货源、活动时间周期、活动预期、目标消费人群、活动预算、活动方式、活动规则、活动主题、客户服务。这些都是在制订活动计划时应该考虑到的活动维度,这些内容将决定着促销活动的成败。

(2)活动的目的。淘宝店铺开展促销活动的目的除了增加利润之外,还包括提高销售额、提升知名度、打造爆款商品或者其他目的。

①提高销售额一般采用通过活动获取流量,通过优惠活动提升转化率,通过捆绑销售或满减等形式提高客单价等。

②提高知名度包括提高商品品牌的知名度、提高店铺的知名度。

③打造爆款商品一般通过活动积累基础销量,通过好评有礼等方式积累好评,不断积累提高商品的DSR分数。

④其他目的一般包括商品清仓、换季去库存、锻炼销售队伍和运营队伍等几个方面。

（3）活动的主题。通过确定活动主题可以给网店的经营者指明活动的方向，进而确定活动中心内容；通过活动主题也可以清楚地传递给用户卖家要做什么，同时也给消费者一个促销的理由；此外还可以提升用户的参与感。如图7-40所示，虽然淘宝平台在此期间没有相应的活动，但此店铺给出了消费者一个促销的理由；同时利用"满***就***""收藏送***"的方式提高店铺的销售额和知名度。

图7-40　淘宝店铺独立活动

（4）活动的时间。开展促销活动都应该有明确的时间周期，在活动开始前有预热期，在活动中的活动期限也容易给用户造成紧迫感，进而提高转化率。常见的活动时间包括节假日、会员日、上新日、换季时期、其他主题日、周年庆等纪念日、热门话题期、淘宝官方活动或大促销日等。

设置活动时间时的注意事项如下。

①活动时间不宜太短，也不能太长，一般3~7天。

②活动时间需要和官方同步甚至提前，否则容易错过大盘流量。

③每场活动尽量有所间隔，否则会引起用户的混乱，影响对店铺的信任度。

（5）活动的类型。活动分为店铺独立活动和淘宝平台活动两种，淘宝平台的活动在本单元的任务2中已经介绍，这里就不赘述了。店铺独立活动有店庆类、时令节气类、节假日类、清仓处理类、会员专项类，等等，如图7-41所示。卖家需要协调各类活动之间的产品价格、优惠设置以及页面设置等内容，避免出现重复和冲突，同时也应该把握活动的节奏和间隔。

图7-41　淘宝店铺独立活动类型

（6）活动内容的核心点。活动内容的核心点主要指活动采用什么样的促销优惠方式来吸引消费者。例如，满就送、满＊件优惠、限时打折、搭配套餐、优惠券、抽奖、免单、返现，等等，如图7-42所示。

图7-42　活动内容的核心点

（7）消费者的利益点。消费者的利益点的内容、形式要能够符合消费者的心理诉求和利益要求，也就是活动如何能够打动消费者，促使消费者参与活动。消费者的利益点不外乎就是消费者感觉到便宜，活动内容形式有创意，容易引起传播，活动本身简单明了，活动过程透明公开，等等。

7.2.2.2　活动的实施

活动的实施需要经历活动目标分解、人员分工、活动选品、页面设计、推广宣传、活动预算、活动报名、货物准备、物流准备、活动的执行和推进、活动预案等几个步骤。

（1）目标分解。目标分解就是将一个确定的大目标分解成若干小目标，对于销量、销售额、每天达成的成果、效果、人员工作都应该进行分解。

（2）人员分工。一个具有一定规模的淘宝店铺应该有运营店长、美工设计、推广专员、客服专员、仓储物流人员几类岗位。在活动实施过程中，每一个岗位都应该具有明确的工作职责。

①运营店长需要负责分解活动目标并监督活动各环节的执行；确定活动主推产品、关联产品，并确定活动价格；活动前培训，活动后总结分析。

②美工设计主要进行首页设计、活动页设计、商品详情页设计、推广宣传用图设计等工作。

③推广专员主要是负责直通车、钻石展位、淘宝客等付费推广工作，微淘、微信、论坛等免费推广工作，随时关注淘宝平台举行的各种活动，并参与报名。

④客服专员在活动开始前就应该对相关的话术进行分类整理、快捷短语设置，在活动中进行客户接待推荐及解决售后服务问题。

⑤仓储物流人员主要是联系供应商备货、准备辅料，在活动实施中根据订单配发货，并

与物流公司对接。

(3) 活动选品。选品就是选择活动中销售的商品。在选品方面应遵循一定的原则,店铺的商品是活动的主角,选择参加活动的商品,主要可以从热卖、折扣高、价格优、应季性几个方面进行考虑;对于参加活动的商品应有主推品和关联品之分;还应考虑是否符合店铺的发展计划,选品对本次活动的盈亏平衡点的影响;等等。

(4) 页面设计。页面设计应该切合本次活动的主题,将活动主题设计得鲜明突出,规则清晰,营造良好的活动氛围;详情页突出商品的卖点和亮点;注重突出品牌理念,提升形象;做好关联销售,增加客户购买欲;在活动过程中,提前完成活动后的页面,活动结束后立刻更换页面。

(5) 推广宣传。推广宣传主要由推广专员来完成,同时需要设计人员按照推广需求进行美工设计。这里既包括前面所讲的付费推广和免费推广等工作,还包括与其他商家进行联合营销等工作;另外,有时活动还需要线上线下的配合,需要制作宣传单、展架、展板等。在很多的促销活动中,消费者收到的货物包装上也有带二维码和优惠活动的宣传单。

(6) 活动预算。开展促销活动都需要一定的预算,有的活动甚至需要的资金十分巨大。这里包括淘宝活动的报名费、技术费、服务费、管理费、销售提成等,还包括推广费用、商品采购费用、辅料采购费用、临时兼职人员工资以及其他不可预见的费用。所有这些都需要在活动执行前进行细致的预算,设置好盈亏平衡点。

(7) 活动的执行和推进。活动一旦开始,活动的执行和推进就显得十分重要。活动执行的要素包括动员、分工、要求、执行、时间节点、监督、检查、会议、总结等。

活动的执行通过建立活动推进表,将活动中所涉及的事项按照活动进程列明,并明确责任人以及具体的执行时间。在活动开始后可参照表格对活动的开展进行监控,表 7-2 是淘宝店铺某次活动的策划工作推进表。

因为每年节日是固定的,因此对于淘宝店铺来说,一般需要提前对未来的活动进行规划,表 7-3 就是一个店铺的 2019 年节日促销活动安排表。

表 7-4 是一个店铺活动执行过程的工作推进表。

(8) 活动预案。一个活动在实施过程中,经常会出现一些意想不到的情况,如货源不足、物流不畅、突发事件、极端天气等。因此,在活动策划中应该提前制订活动预案,一旦出现特殊情况,有替代方案。

7.2.2.3 活动效果评估

当一个活动结束后,应对本次活动进行效果评估,为下一次活动提出改进方案。一个好的活动可以从商品销量、网店利润、是否打造出爆款、店铺信誉提升等几个方面衡量。除此之外,好的活动还应该具有目标明确、主题鲜明、时间恰当、类型多样、富有新意、易于传播、买家参与积极等特点。

(1) 活动效果的评估方法。评估一个促销活动可以从多个可量化的指标进行因素评估和比较,进而评估出本次活动的效果,具体如表 7-5 所示。

表7-2 活动策划推进表

营销策划	工作内容	内容阐述	责任人	8	9	10	11	12	13	14	15	16	17	18
营销规划	推广主题	确定营销主题												
	确定产品、文案、创意、促销方式、推广资源	产品：定价策略和产品策略												
		文案：文字打动消费者												
		促销方式：消费驱动强												
		EDM邮件策划												
		主题活动策划案												
		本次活动页面调整方案												
		品牌故事策划案												
		重点产品详情页文案												
		活动后调整页面												
		推广资源：软性、硬性												
	效果预估	对流量、转化率、全天销售高低峰、团队筹备等各方面进行指导												
设计实现	设计创意	构思设计：吸引眼球并可实现												
	活动相关素材设计	1. 根据资源设计好素材												
		2. 设计活动专题页												
		3. EDM邮件通知												
		4. 本次主题活动												
		5. 本次主题活动页面调整												
		6. 帮派活动												
		7. 品牌故事												
		8. 重点产品详情页												
		9. 活动后调整页面												
	辅助营销	EDM发送												
		短信提醒												
		旺旺群发、签名修改												
	确定资源	确定推广资源												

表 7-3 2019 年节日促销活动安排表

序号	日期	节日	启动时间	参与人员
1	1月1日	元旦(年货节)	12月20日	店长、美工组、运营组、客服组、物流组
2	1月13日	腊八节	1月6日	店长、美工组、运营组、客服组、物流组
3	1月28日	小年	1月25日	店长、美工组、运营组、客服组、物流组
4	2月14日	情人节	2月10日	店长、美工组、运营组、客服组、物流组
5	2月19日	元宵节	2月16日	店长、美工组、运营组、客服组、物流组
6	3月8日	女王节	3月1日	店长、美工组、运营组、客服组、物流组
7	4月5日	清明节	4月1日	店长、美工组、运营组、客服组、物流组
8	5月1日	劳动节	4月27日	店长、美工组、运营组、客服组、物流组
9	5月4日	青年节	5月2日	店长、美工组、运营组、客服组、物流组
10	5月12日	母亲节	5月8日	店长、美工组、运营组、客服组、物流组
11	6月1日	儿童节	5月25日	店长、美工组、运营组、客服组、物流组
12	6月7日	端午节	6月1日	店长、美工组、运营组、客服组、物流组
13	6月16日	父亲节	6月12日	店长、美工组、运营组、客服组、物流组
14	6月21日	夏至	6月18日	店长、美工组、运营组、客服组、物流组
15	7月10日	暑假	7月1日	店长、美工组、运营组、客服组、物流组
16	8月1日	建军节	7月27日	店长、美工组、运营组、客服组、物流组
17	8月7日	七夕	8月1日	店长、美工组、运营组、客服组、物流组
18	8月8日	立秋	8月5日	店长、美工组、运营组、客服组、物流组
19	9月1日	开学季	8月25日	店长、美工组、运营组、客服组、物流组
20	9月10日	教师节	9月6日	店长、美工组、运营组、客服组、物流组
21	9月13日	中秋节	9月8日	店长、美工组、运营组、客服组、物流组
22	10月1日	国庆节	9月25日	店长、美工组、运营组、客服组、物流组
23	10月7日	重阳节	10月1日	店长、美工组、运营组、客服组、物流组
24	11月11日	双十一	10月15日	店长、美工组、运营组、客服组、物流组
25	11月28日	感恩节	11月25日	店长、美工组、运营组、客服组、物流组
26	12月12日	双十二	11月20日	店长、美工组、运营组、客服组、物流组
27	12月22日	冬至	12月17日	店长、美工组、运营组、客服组、物流组
28	12月25日	圣诞节	12月17日	店长、美工组、运营组、客服组、物流组

表 7-4　店铺活动执行推进表

类别	数量	备注	分工	手机	PC	开始时间	定稿时间	上线时间	责任人	审核人	完成
店招	1	春茶节店招作图	文案			3月30日	3月31日	4月1日			√
			作图	—	1920×120	3月30日	3月31日	4月1日			√
专题页	2	活动专题页面	文案	—		3月30日	3月31日	4月1日			√
			作图		1920×600	3月30日	3月31日	4月1日			√
主图	≥4	产品主图	文案	结合结果作图		3月30日	3月31日	—			√
			作图	640×200		3月30日	3月31日	—			√
首页大海报	1	PC	文案			3月30日	3月31日	4月1日			√
			作图	—	1920×600	3月30日	3月31日	4月1日			√
活动关联图片	1	PC	文案			3月30日	3月31日	4月1日			√
			作图	—	790×400	3月30日	3月31日	4月1日			√
优惠券图片	1	可与详情页入口图一起排版	文案			3月30日	3月31日	4月1日			√
			作图	—	1920×400	3月30日	3月31日	4月1日			√
客服		9月15日	活动内容告知	见活动内容详情		3月30日	3月31日	4月1日			√
			快捷回复设置	参考活动内容详请		3月30日	3月31日	4月1日			√
			值班安排	周末值班支排		3月30日	3月31日	4月1日			√
						3月30日	3月31日	4月1日			√
产品		备货		与产品部核对剩余库存等相关信息,确保供应		3月30日	3月31日	4月1日			√
											√
仓储			ERP对接	提前准备好ERP关联		3月30日	3月31日	4月1日			√
						3月30日	3月31日	4月1日			√
推广		直通车	直通车车轮战	在销售高峰期做好计划,在销售高蜂期低价卡首位		3月30日	3月31日	—			√
											√
运营		活动前	图片上线	无线首页、详情页图片	PC首页、专题页、详情页	3月30日	3月31日	—			√
						3月30日	3月31日	4月1日			√
		活动中	监控状态	监控活动状态,及时调整		4月1日—4月4日					√
		活动后	图片下线	下线相关图片		3月30日	4月3日	4月5日			√
			促销下线	下线促销设置		3月30日	4月3日	4月5日			√

表 7-5 活动评估指标表

评估类型	评估指标	预期评估效果	评估说明
业绩比较	与同期对比	同比增长	同期活动力度、方式不同,常常出现翻倍增长
	与前期对比	环比增长	销售的大环境基本一致,对比效果较好
	与目标对比	目标达成度	取决于目标值的设定,主观影响大
	与前次活动对比	优劣势对比	类似活动间对比,可提出改进措施
消费者参与度	客流量分析	吸引力	平常销售期和活动期客流量变化
	客单价分析	迎合度	折扣、单价是否和用户群体消费能力相符
	广告吸引力	回收率	优惠券、短信、宣传单、邀请函等的回收率
活动成本	活动效果		预估业绩/活动费用,该数值越大,说明活动效果越显著,为店铺带来足够的业绩
	净活动费用		预估业绩×同期费用/活动费用,该数值越小,说明与同期相比,多花1元能多收回多少元
活动影响力	是否拉动其他品类的销售增长		
	活动后是否促进了日常销售		
	活动是否对竞争对手和品牌造成了影响		

（2）活动效果的统计方法。活动结束后,应该对不同岗位店铺员工的工作进行统计、评价和总结,并提出解决方案。表7-6是一个店铺活动后的统计总结。

表 7-6 店铺活动后的统计总结

目标	实际完成情况	得	失	复盘优化动作
250W	268W	完成目标	有很多细节还没做到位(MT09上库存)	1. 紧盯群里通知 2. 店铺活动修改(免单一半) 3. 报名双11产品(有秒杀产品) 4. 免单的客单价在300左右,太高。要在聚划算/活动产品页面公布免单名单 5. 双11产品报名(跟进替换产品时间和替补产品。聚划算产品多备用几个SKU! 前期价格采用不进入双11的最低方式) 6. 搭配宝,在10月1日前和外店搭配设置完成,增加更多曝光率 7. 7月、8月做冬季产品的预热,确定主打品 8. 双11当天放入春夏产品,开始预测 9. 11月1日和别家互联,放入淘券 10. 单品有顺丰包邮的,在页面公布
活动30W	31.59W (138订单)	完成目标	LT136居然没上,没检查到位	1. 报名时,列出产品,反复检查 2. 提交报名后,再次检查产品 3. 提前公告手机预下单活动,告知老客户,PC端转化为手机端

续表

目标	实际完成情况	得	失	复盘优化动作
页面优化	7日全部重新优化整改	11月5日新收藏:1652 11月6日新收藏:3178 11月7日新收藏:6339 11月8日新收藏:7059 11月9日号新收藏:6615 11月10日新收藏:6897 11月11日新收藏:3513	之前的页面氛围不够,没有促销的感觉	1. 活动的时候,页面要做得比较有氛围,不适合品牌型 2. 11月1日前修改页面 3. 在11月8日前做好11当天的加入购物车页面,并弄好代码 4. 11月9日做好12"疯狂持续一天"的活动页面 5. 11月10日完成"发顺丰,发货状况"恢复价格的页面 6. 广告页(放入双11优惠券+手机购物指南),双11前发,代替小礼物

在活动进行的过程中,还需要随时进行检查与维护,防止出现时间周期错误,页面内容与活动不符、优惠券时效性、优惠是否叠加等问题。

7.2.3 网店爆款商品打造

网店的爆款就是大家都喜欢的商品,人气爆、销量爆的商品就叫爆款。它可以给网店带来最大的效益,通过这个明星产品为网店带来足够多的流量,是网店的支撑点。打造爆款商品是所有开网店的人都想做的事情,爆款商品具有极为重要的作用及意义。

7.2.3.1 爆款商品的作用

(1)爆款商品可以增加网店的直接收益。

(2)爆款商品可以对其他商品产生拉动效应,巨大的流量与销量为网店的其他商品产生了强大的关联销售能力。

(3)打造爆款能带动网店中其他商品在搜索排序中的排名,因为热卖的商品,权重高会被推荐到前面。

(4)打造爆款能够提升网店整体的转化率、信誉和DSR评分,网店整体评分是搜索排序中主要考量的标准之一,同时也是报活动的先决条件。

(5)质量好、供应链稳定的爆款商品能够给网店带来好的客户体检,能够保持稳定引流、积累客户。对于网店来说,能否成功打造出爆款,关系网店能否生存并尽快进入稳定期。

7.2.3.2 打造爆款商品的前期工作

打造爆款商品需要进行周密的前期工作,对整个市场进行准确的考察和分析。

(1)消费者分析。卖家要了解顾客需求,为具体工作的执行提供方向依据。

(2)渠道分析。卖家要分析了解各地渠道,对渠道进行全方位的把握。

(3)竞争对手分析。卖家要了解竞争对手的优缺点,对竞争对手的商品特征、商品价格进行分析,找到自己的独特优势。

(4)卖家要错位思考,另辟蹊径,尽量避免竞争。

7.2.3.3 爆款商品的选择

网店的商品很多,如何选择出一款具有潜力的商品,对其进行打造,提供足够的物力、人力、财力支持,使它成为爆款就显得非常重要。

(1)商品选择,把一系列的商品先投放直通车,选择页面到达率最高的商品作为备选商品。

(2)质量筛选,保证商品的性价比最高。

(3)价格策略,爆款商品的价格一般都比较亲民、大众化。

(4)库存保证,有足够的库存数量是爆款可延续性的基础,并且该商品的供应链需要稳定。

(5)利润保证,应该有一定的利润空间,能够覆盖打造爆款的费用。

(6)关联购买度,与其他商品有密切的关联,通过爆款的引流,提高其他利润款的销量,进而提高整个店铺转化率;客服推荐会对关联销售起到重要作用。

(7)起点销售量和起点定价准备。

7.2.3.4 爆款商品的生命周期

任何一个商品都有生命周期,爆款商品也不例外,因此需要对爆款的生命周期制订执行计划。

(1)导入期,挑选爆款,预热爆款,做好店铺准备。

(2)成长期,投入足够财力和人力,执行既定策略。

(3)成熟期,获取效果,控制成本,提高销量,把握利润。

(4)衰退期,尽量延续生命周期,维持热度,挑选新品,替代升级。

7.2.3.5 爆款商品的详情页准备

爆款商品的详情页应该与众不同,能够戳中用户的痛点和痒点,充分满足用户的感情诉求。详情页应该包括如下要素。

(1)购买记录,通过足够多购买记录让用户对商品放心。

(2)评价记录,通过第三方的好评让用户产生好感。

(3)卖点及亮点展示,通过独特的卖点和亮点,戳中用户的痛点,勾起用户的痒点。

(4)其他页面细节准备,这包括实力展示、真伪对照、包装展示、优惠力度、品牌文化,等等。

(5)丰满文字描述,最重要的是会讲故事,让消费者有切身的感受。

(6)设计合理的页面结构。这些都是通过独特的文字、图片、视频来表现。淘宝直播也是打造爆款的有效手段。

7.2.3.6 爆款商品的优化

在打造爆款商品时会遇到以下一些常见的问题。

(1)店铺整体流量少。对于这种情况,卖家结合搜索关键词,对商品标题内容进行优化;充分利用微博、微信等多种渠道推广商品。

(2)商品被访量低。卖家要确定主推商品,放置在店铺最明显位置;结合搜索关键词,对宝贝进行优化推广;全面使用免费和付费推广工具,增加商品的展现机会;通过与KOL合作,提高商品的曝光度。

(3)搜索关键词少。卖家要了解主推商品所属类目的搜索关键热词,借助于淘宝提供的生意参谋等大数据工具,尽可能地把热词添加为商品的搜索关键词。

(4)客户跳失率高。卖家要与网店客服充分沟通,了解用户放弃购买商品的原因。

(5)产品详情页优化不足。卖家要进一步完善详情页,加入好评截图、文案描述等,带动销售气氛。

7.3 网店数据分析

用户一旦进入淘宝网并注册后,他在淘宝上的浏览、点击、收藏、加购物车、下单、购买等行为就会被记录下来;如果产生购买,则购买时间、购买商品、购买数量、支付金额等信息也会保存在后台;而他的个人信息,如所在地、地址、手机号等也被淘宝平台保存在数据库中。淘宝不会将这些个人隐私信息泄露出去,但可以对这些基于运营数据的信息进行统计,对用户的交易行为进行分析,以估计每位用户的价值,对每位用户开展有针对性的营销,这就是淘宝所谓的"千人千面"。同时,店铺卖家可以根据这些统计数据发现自身在产品选品、展现、营销推广、内部管理等方面的问题与不足,可以对自己销售商品所处的行业和竞争对手进行比较分析,进而进行有针对性的调整优化,争取网店利益的最大化和持续增长。

7.3.1 网店数据分析岗位介绍

很多规模较大的网店常常设有数据分析岗位。其职责主要是制订网店的数据分析与监控方案,进行数据采集、监测、分析、统计;根据网店的数据统计报表,进行系统的数据分析;对网店的 UV、PV、访问深度、跳失率、转化率、热点图等做专业的数据采集与分析;定期分析网店销售数据,根据当季、应季销售过程中商品储存状况,合理控制商品销售折扣,并及时提出促销建议方案;完成相关的店铺运营数据分析报告。

一个网店数据分析岗位的工作包括收集数据、整理数据、分析数据、得出结论四个部分。

(1)收集数据。通过各大数据平台收集相关的数据信息,如淘宝的生意参谋、京东的罗盘、百度的百度指数等平台。

(2)整理数据。将从各大数据平台收集的数据根据数据分析的目的进行分组归类、筛选、简单计算等方面的整理,以方便后续分析工作。

(3)分析数据。对之前整理的数据进行进一步的加工,根据分析目的以图形、表格等形式将这些数据呈现出来,清晰展现数据走势、变化等,并表述这些数据走势、变化的情况原因。

(4)得出结论。根据数据分析的情况整理并总结,完成分析报告,提出相应的调整策略。

7.3.2 数据收集

现在淘宝的网店数以百万计,竞争也越来越激烈。过去卖家只需要了解如何开店、如何上架商品等基础操作就可以将网店经营下去。而现在,不懂得网店管理与运营之道、不会进行数据分析,最终只会失败。卖家要懂得收集和整理网店数据,通过清晰明确的数据分析,找出网店运营的问题所在,通过适当的方法进行解决。

7.3.2.1 生意参谋

生意参谋是淘宝网店数据收集分析常用到的工具,生意参谋分别整合以前的量子恒道、数据魔方等工具,最终升级成为商家统一数据产品平台,将各种指标定性、定量地分析出来,从而为网店提供最准确的参考依据。在千牛卖家工作台中选择【数据】→【生意参谋】,即可进入，如图7-43所示。

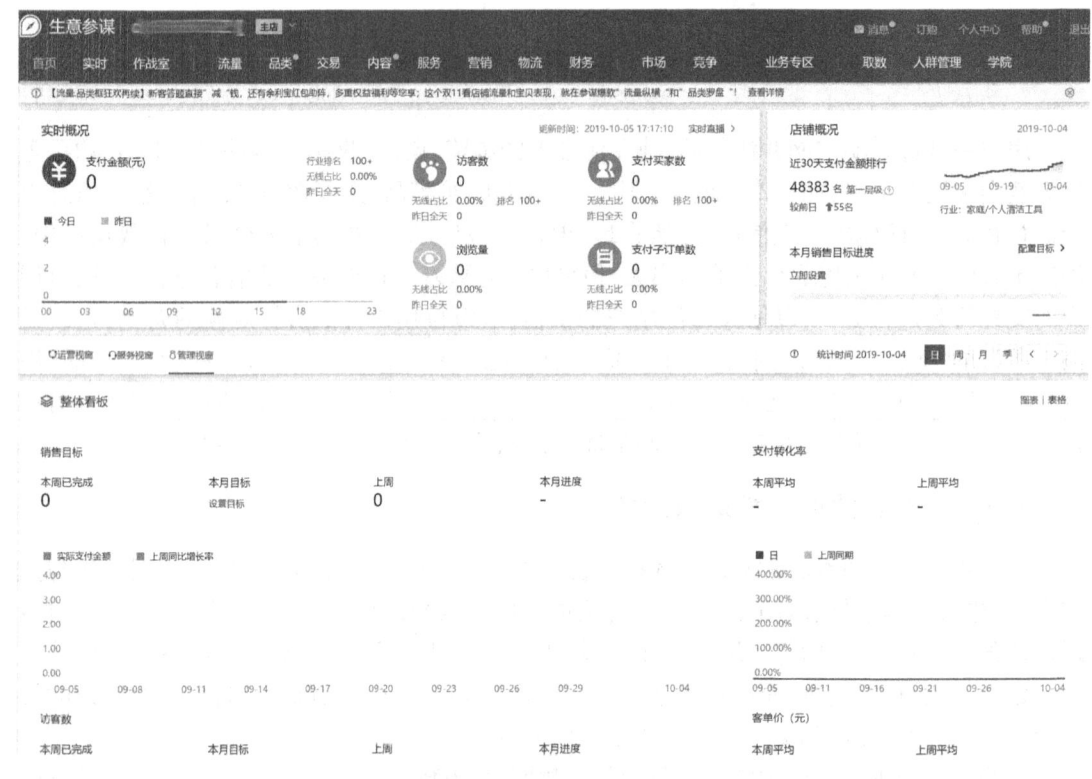

图7-43　淘宝生意参谋页面

生意参谋标准包是免费开放给店铺使用的，对于流量纵横、装修分析、竞争情报、市场行情、数据作战室等高级工具，则需要按年或按月交纳使用费，这也是淘宝网一项重要的收入来源。生意参谋中有多个版块，可以提供不同的数据。

(1)生意参谋的版块功能。

①首页。这是店铺的个性化首页、常见功能模块聚合的入口，是商家运营的页面。这个页面可以提供不同的视图，不同的统计时间等，如图7-44所示。

②实时。以店铺实时动态数据为切入点，提供实时数据的查询与分析；实时数据可以分别从电脑端、手机端和全部三种方式进行显示，如图7-45所示。

③作战室。这是围绕店铺日常监控、活动营销、大促作战三大场景打造的实时数据分析平台。

④流量。以店铺经营流量来源类型、途径，流量的地域、时间分布状况为核心，结合行业数据，对经营过程中的各个流量环节进行分析、诊断、建议等。

⑤品类。对店铺内每个商品的浏览情况、停留时长进行了统计，为店铺的商品结构优化调整提供数据支撑。

⑥交易。这里记录了店铺的交易状况，通过对买家数量、下单数量、支付金额等数据统计，可以指导卖家对店铺的成交情况进行深度分析。

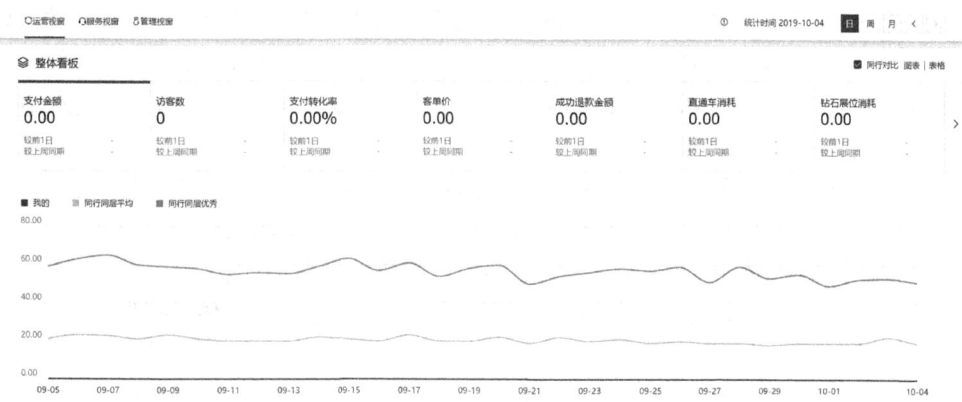

图 7-44　淘宝生意参谋首页的不同视图

图 7-45　淘宝生意参谋实时页面

⑦内容。这里的分析统计数据包含了所有淘系内容渠道数据,包括微淘、淘宝直播、必买清单、爱逛街、淘宝头条、有好货、问大家、生活研究所、我爱我家、买遍全球、每日好店、时尚大咖、潮流酷玩、生活家等渠道。

⑧服务。为客服主管、一线客服等角色提供数据监测分析、客服管理协同、客服辅助支持三个方面的功能,帮助店铺提升客服管理与执行能力,全方位优化服务体验。

⑨营销。营销是在淘宝中开展营销活动、营销工具以及活动效果的分析统计工具。

⑩物流。以展示每日物流为核心指标,包括物流概括、物流监控、订单跟踪、异常包裹等内容。

⑪财务。这里提供店铺日常管理中的财务功能和统计数据。财务分析需要获得权限才能统计数据,需要卖家上传销售中商品的80%的商品成本,并关注7天,就会被开放权限。

⑫市场。这是市场分析数据产品,可满足市场大盘全景洞察、市场机会深度解析、市场客群多维透视,实时监控分析4大核心场景;帮助店铺清晰了解市场结构,深度挖掘潜客需求,为市场扩展提供支持决策。

⑬竞争。这是对同行店铺、竞争品牌、竞争商品、品牌客户群等的监控统计版块。在竞争情报中可以查看竞争店铺的店铺流量来源;在数据作战室、市场行情、竞争情报中,不只能查看到其他店铺的数据,还会显示以支付金额拟合而成的指数形式。

⑭业务专区。这是淘宝平台中的天猫国际、农村淘宝、优酷自媒体、微博橱窗、飞猪度假等专题工具的版块。

⑮取数。提供数据定制、查询、导出等高端数据服务,卖家可以根据自己的需求灵活配置所需的数据及周期,下载相关数据。

⑯人群管理。人群管理是店铺的消费者运营工具,可围绕店铺、单品、大促、内容、服务等维度,一键圈选潜力人群,并通过钻石展位、短信、优惠券、店铺千人千面等渠道对其进行精准运营、追踪。

⑰学院。学院是培养卖家数据化运营能力的学习互动平台,帮助卖家快速了解生意参谋产品功能,理解数据意义,提升数据化运营能力的工具。

(2)生意参谋的流量来源。在生意参谋中将流量来源分为自主访问、淘内免费、淘外流量、付费流量、站外投放和其他六大类。

①自主访问指用户主动进入单品,例如,从收藏夹、已买到的商品等入口进入。

②淘内免费指用户通过淘宝内免费的流量渠道进入店铺,例如,淘宝搜索、淘宝首页、淘宝频道页面等入口。

③淘外流量指访客通过其他非淘宝来源渠道进入店铺,例如,百度、微博、抖音等。

④付费流量指访客通过淘宝内付费流量渠道进入店铺,例如,直通车、钻石展位、淘宝客、聚划算等付费推广方式。

⑤站外投放指用户通过在电脑端访问店铺在生意参谋中配置的外部投放链接,进入到店铺首页或商品详情页。

⑥其他指通过上述列出的渠道之外的其他渠道进入店铺。

7.3.2.2 阿里指数

阿里指数是阿里巴巴出品的基于大数据研究的社会化数据展示平台,网店卖家可以从这里获取以阿里电商数据为核心的分析报告及相关地区与市场信息,目前分为区域指数、行业指数两大模块,如图7-46所示。

(1)区域指数。从地区角度解读交易发展、贸易往来、商品概况、人群特征。可以了解一个地方的交易概况,发现它与其他地区之间贸易往来的热度及热门交易类目,找到当地人群关注的商品类目或者关键词,探索交易的人群特征。

(2)行业指数。从行业角度解读交易发展、地区发展、商品概况、人群特征。可以了解一个行业的现状,获悉它在特定地区的发展态势,发现热门商品,知晓行业下卖家及买家群体概况。

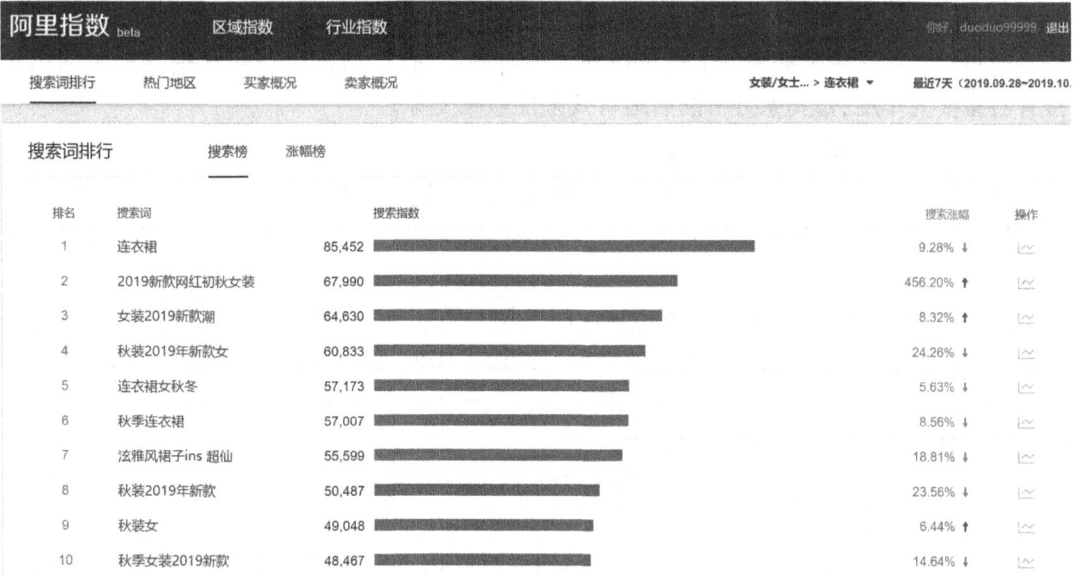

图7-46 阿里指数页面

7.3.2.3 百度指数

百度指数是以使用百度搜索的网民行为数据为基础的数据分享平台,是国内最重要的大数据统计分析平台之一。通过百度指数可以显示某个关键词在百度的搜索规模有多大,一段时间内的涨跌态势以及相关的新闻舆论变化,关注这些词的网民是什么样的,分布在哪里,同时还搜了哪些相关的词,帮助网店卖家优化营销活动方案。

(1)主要功能。百度指数主要功能包括基于单个词的趋势研究、需求图谱、舆情管家、人群画像;基于行业的整体趋势、地域分布、人群属性、搜索时间特征。网店可以进行竞品追踪、受众分析、传播效果等数据统计分析。

(2)使用方法。用户在注册百度账号以后,在百度指数的搜索框内输入关键词,即可看到对应的指数数据。百度指数也支持一些复杂操作。

①关键词比较检索。在多个关键词当中,用逗号将不同的关键词隔开,可以实现关键词数据的比较查询,现在最多支持5个关键词的比较检索。

②关键词数据累加检索。在多个关键词当中,利用加号将不同的关键词相连接,可以实现不同关键词数据相加。相加后的汇总数据作为一个组合关键词展现出来,目前最多支持3个关键词的累加检索。

以上三款数据收集工具,其中生意参谋更多偏重于提供网店运营相关数据,而阿里指数、百度指数侧重于行业数据的获取,卖家在进行行业分析、产品分析的过程中用得比较多。

除了上述的工具,如果在京东开店,可以使用京东的数据罗盘;在苏宁易购开店,可以使用苏宁云台助手。与百度指数类似的还有搜狗指数、360趋势等。

7.3.3 数据指标

通过生意参谋等数据统计工具可以获得各种数据,这些数据中有些数据指标对网店运营有着重要的作用,是卖家分析网店运营效果的数据支撑。

7.3.3.1 与流量相关的指标

(1)浏览量(PV)是指网店各页面被浏览的次数。同一个用户多次打开一个页面,浏览量就累计增加;浏览量显示了网店页面访客访问的次数多少,浏览量越大表示网店被浏览的次数越多。

(2)访客数(UV)是指网店各页面被访问的用户数。同一个用户多次打开一个页面,该页面的访客数不会累加;访客数代表的是单纯的访客多少,访客数越大,代表网店流量越大。

(3)访问深度是指用户一次性地访问了网店页面的数量。页数越多,表示用户的访问深度越深,网店页面对用户的吸引力越大。

(4)停留时间是指用户在一次访问中停留在网店中的时长。停留时间越长,表示网店对用户的吸引力越大。

(5)回头客占比是指之前在网店有过访问记录的用户数在所有访客数中的占比。回头客占比越大,表示网店的老客户营销做得越好。

(6)到达页浏览量是指通过某个入口给网店页面带来的浏览量。到达页浏览量越大,代表网店被访问的次数越多。如果广告位点击量和到达页面的浏览量存在差距,是因为网速原因,页面还没有被完全打开就被关闭了,不会计入到达页浏览量。

(7)到达页浏览量占比是指某来源的到达页浏览量占所有来源的到达页浏览量的百分比。某来源的到达页浏览量占比较大,代表这个来源的访问量越大。

7.3.3.2 与转化相关的指标

(1)跳失率是指只访问了一个页面就离开的访问次数占该页面总访问次数的百分比。跳失率越大,代表页面对访客的吸引力越小,越是需要改进。

(2)全店转化率是指成交客户数与访客数的百分比。全店成交转化率越大,说明网店在内在优化方面做得越好。

(3)商品成交转化率是指某商品的成交用户数与这个商品访客数的百分比。商品的成交转化率表现越好,说明商品的质量、主图、详情页质量越好。

7.3.3.3 与首页相关的指标

(1)首页停留时间是指用户在一次访问内停留在首页的时长。首页停留时间越长表示首页设计的效果越好,对客户吸引力越强。

(2)首页链接点击率是指首页导航链接点击率与首页总浏览量的百分比。首页的链接直接影响了从首页分到网店各个页面的流量大小,首页链接点击率越小,说明首页导航设计就有问题,没有很好地发挥导航的作用。

(3)首页跳失率是指访问了首页后没有再访问网店其他页面就离开的访客人数占所有访问首页人数的比例。首页跳失率越大说明网店首页对访客的吸引力越小,这时就需要对首页进行优化。

(4)首页宝贝的点击率是指首页展示商品的点击率占首页总浏览量的百分比。首页到宝贝页面的点击率反映了首页导航能力,点击率越小,越不利于全店商品转化。

7.3.3.4 与成交相关的指标

(1)拍下件数是指商品被拍下的总件数。拍下总件数越多,说明网店商品下单转化越好。

(2)拍下笔数是指商品被拍下的总次数,同一个商品一次被拍下多件只算做一笔。

(3)拍下金额是指商品被拍下的总金额。商品的拍下金额越大,说明该商品越有可能成为利润款商品。

(4)成交用户数是指在网店内成功交易的用户数。

(5)成交回头客数是指在网店中交易超过两次的用户数量,成交回头客数可以检验网店商品的质量和口碑。

7.3.3.5 与直通车相关的指标

(1)展现量是指直通车推广的商品在直通车展示位上的显示次数(不包含自然搜索)。展现量越大越利于引流。

(2)点击量是指直通车推广的商品在直通车展示位上被点击的次数。点击量越大说明产品的价格、主图等因素对用户的吸引力越大。

(3)费用消耗是指直通车推广的商品被点击所花费的广告费用。

(4)平均点击花费是指直通车推广商品花费除以点击量的数值。

(5)平均展现排名是指每次在直通车展现排名的总和除以展现量。

7.3.4 数据分析

在生意参谋上,不仅可以展现各种店铺的、商品的、竞品的、同行店铺的统计数据,还可以对很多数据进行下载,下载的数据保存为 Excel 表格。利用这些数据就可以进一步完成排序、分组、累加计算、制作图表等工作。

7.3.4.1 原始数据处理

从生意参谋中得到原始数据,这些数据一般比较杂乱,很难看出关键点,需要数据分析人员对数据进行整理加工。数据提取出来之后,要剔除无效或者无用数据,对有用数据进行排序、分组、计算等处理,将复杂的、无规律的数据处理后用统一的标准呈现出来,提升对数据处理的效率。

(1)排序。在数据处理的过程中,数据排序是重要的过程之一。排序后的数据可以一目了然地看出哪些数据的值最大、哪些数据的值最小,进而快速发现数据分析的突破点。

(2)分组。数据分析人员在数据收集过程中往往得到的数据量比较大,可能包含几个月的数据,同时可能还包含多种流量来源途径和转化率的数据。对于这些没有规律的数据,如果对其进行分组整理,在数据分析的过程中就可以减少很多工作负担,加快数据分析的效率。

(3)简单计算。数据分析人员对原始数据依据相关的公式进行加减乘除简单计算就可以得到所需的处理后的数据。例如,需要评价某个客服的咨询转化率来衡量工作效果,就可以通过对其一段时间内咨询介入数量和介入后成功下单数进行简单计算得出评价数据。客服咨询转化率=接入客户购买人数÷咨询接入总人数×100%。

7.3.4.2 数据图表

对于原始数据进行处理后,就可以进行数据分析。数据分析是一个繁杂的过程,需要使用适当的分析方法及工具,对处理过的数据进行分析,提取有价值的信息,形成有效结论。一般网店所需要观察的数据大致分为网店流量数据(浏览量、访客数、访问深度、停留时长、跳失率等)、交易数据(支付卖家数、交易额、转化率、客单价等)、转化数据(询单转化率、静默转化率、商品转化率等)、用户数据(用户生命周期、用户留存、用户客单价、用户类型)等。

在网店日常数据分析的过程中常常会用到一些数据图表。

(1) 折线图,可以清晰地帮助卖家快速看清楚网店的各项运营指标的变化趋势。例如,通过网店一段时间的流量折线图可以快速看出网店流量变化趋势。

(2) 柱状图,可以帮助卖家快速准确对比数据的大小,可以快速判断出网店流量来源的变化等。

(3) 饼状图,可以帮助卖家对比各项数据的占比。

7.3.5 效果分析

对网店进行数据分析的主要目的是对网店的各项工作的效果进行分析,更好地指导网店的日常运营工作,为后续的推广运营工作提供改进的方向和思路。

7.3.5.1 网络零售公式

在整个网络零售的绩效评判体系里面,网络零售公式是业内通用的一个法则。

$$利润 = 访客数 \times 全店转化率 \times 客单价 \times 购买频率 \times 毛利润率 - 成本$$

网店的运营效果通过这个公式就可以得出初步的结论。网店的利润主要受访客数、全店转化率、客单价、购买频率、毛利率这些指标的影响,并与它们成正相关关系;还与成本呈负相关关系。因此,要提高网店经营效果,其关键在于能够不断地优化这些指标。

7.3.5.2 各指标之间的关系

这些指标之间又依次排布,互为基础,依次分工。

(1) 市场的定位、选品、定价是整个网店运营的根基和首要任务,一旦确立,后续的店铺装修(视觉、美工、文案)、店铺推广、店铺促销活动也基本确定,店铺的毛利率基本确立。

(2) 访客量即店铺流量,是商家运营的又一重要指标,访客量的引入工作主要由推广部门负责,只有拥有一定的访客量,才能为后续成交打下良好的基础。拓展新客户的能力和挽留老客户的能力直接影响到店铺的成交规模。

(3) 转化率主要受流量有效性、店铺页面的装修水平、客服服务水平的影响。因此,转化率指标一般由推广部门、美工文案部门及客服部门共同负责。转化率是店铺业绩的关键,即便是再优质的商品、再庞大的流量,只有在上述几个部门共同努力下才能实现较好的转化。

(4) 客单价即店铺成交额与成交用户的比值,主要反映的是平均每个用户的购买金额。这既与店铺的商品结构、促销因素(关联搭配)有一定关系,又与客服的引导能力有一定关系。

(5) 购买频率是由商品应用频率属性和店铺商品性价比及服务水平共同决定的,有赖于全员共同努力。

(6) 成本主要由产品成本、推广费用、物流包装费用、人员工资、办公费用、摄影费用及企业税费等组成。随着现在网店竞争的加剧,正确地运营网店不仅要做到增加收入,还要节约成本。

7.3.5.3 网店各岗位分工考核指标

要提高网店经营业绩和利润就需要卖家除了掌握引入用户流量、提高用户关注度、转化率、客单价、用户回头率以及降低成本等工作以外,还需要掌握各个指标的分工体系及绩效衡量体系。一般而言,各岗位考核指标包括5个部分。

(1)推广岗位指标包括流量、流量结构、增长率、转化率、流量ROI(投资回报率)等。

(2)文案、美工岗位指标包括访问深度、跳失率、停留时间、CRT(点击率)、转化率等内容。

(3)客服岗位指标包括响应时间、接待量、询盘转化率、退货率、差评率、DSR(卖家服务评级)等。

(4)物流岗位指标包括打包数量、发货量、出错率、破损率、发货速度等。

(5)电商运营岗位指标包括商品收藏量、加购件数、销售额、转化率、毛利率、商品售罄率、资金周转率等。

习题 7

1. 根据本单元所讲解的内容,并利用互联网搜索相关技巧,对网店开展站内推广工作,包括店铺和商品的优化,微淘营销,开设淘宝直播,在网店中采用打折、秒杀、团购、满送、抽奖、限时特价、淘金币等店内活动。

2. 根据本单元所讲解的内容,并利用互联网搜索相关技巧,根据网店实际情况尝试使用淘宝客或直通车等方式开展站内付费推广活动。

3. 掌握在淘宝网中开设直通车的基本技巧,包括如何设置新建计划,选择宝贝,添加创意,添加关键词,设置出价等内容。

4. 尝试通过论坛、微博、微信、电子邮件、抖音、快手、直播等多种方式对网店和商品进行站外推广。

5. 根据网店实际情况,尝试参与淘宝网的促销活动。

6. 根据本单元"网店日常促销活动"的内容,结合网店的实际情况,制定一个完整的促销活动计划,包括活动的维度、活动的目的、活动的主题、活动时间与周期、活动的类型、活动内容的核心点、活动的消费者利益点等内容。

7. 根据本单元所讲解的内容,利用"生意参谋""阿里指数""百度指数"以及其他第三方工具,对网店进行基本数据分析,分析与流量、转化、首页、成交相关的各个指标,并制作相应的图表。